中国领导力提升系列 | 主编 胡月星

领导角色

孙立樵◎著

中国出版集团 研究出版社

图书在版编目（CIP）数据

领导角色 / 孙立樵著 . -- 北京 : 研究出版社 , 2017.1

ISBN 978-7-5199-0021-2

Ⅰ. ①领… Ⅱ. ①孙… Ⅲ. ①领导学—研究 Ⅳ. ① C933

中国版本图书馆 CIP 数据核字（2016）第 311360 号

领导角色

作　　者　孙立樵　著
责任编辑　寇颖丹
出版发行　研究出版社
地　　址　北京市东城区沙滩北街 2 号中研楼
邮政编码　100009
电　　话　010-64257481（总编室）010-64267325（发行部）
网　　址　www.yanjiuchubanshe.com
电子信箱　yjcbsfxb@126.com
印　　刷　三河市金泰源印务有限公司
开　　本　710 毫米 ×1000 毫米　1/16
印　　张　16.25
版　　次　2017 年 1 月第 1 版　2017 年 1 月第 1 次印刷
书　　号　ISBN 978-7-5199-0021-2
定　　价　45.00 元

《中国领导力提升系列丛书》编委会

参与研究单位

国家行政学院
中国人事科学研究院
中组部浦东干部学院
国家税务总局党校
北京市行政学院
上海市行政学院
黑龙江省行政学院
吉林省行政学院
广西壮族自治区行政学院
辽宁师范大学
宁夏回族自治区行政学院

支持协助单位

国家行政学院中国领导科学研究中心
中国人才研究会领导人才专业委员会
西安思源学院新发展理念与领导力研究中心

提升领导力是聚焦点（代总序）

胡月星

领导科学研究告诉我们，组织发展与领导力提升并不是同步的。组织规模增大，并不意味着领导力随之提升。组织规模小，并不代表没有强大领导力。有的组织诞生时规模很小，但能够逐渐壮大，关键就在于其具有强大领导力。我们党诞生之初人数寥寥，但犹如喷薄而出的朝阳，光照四方。成功的秘诀在哪里？就在于我们党拥有强大的领导力，正是这一核心力量使我们党焕发出旺盛的生命力。今天，我们党是拥有436万多个基层党组织、8779万多名党员的大党，但规模越大并不意味着领导力就越强。加强和改善党的领导，必须把提升领导力作为聚焦点。

那么，领导力究竟是什么？以往人们通常把领导力等同于权力，认为有权力就有领导力。这种观点至今还停留在一些人的头脑中，限制了人们探索提升领导力的视野。领导力与权力确实有密切关系，但绝不是对等关系，有权力未必就有领导力，否则就难以解释个别领导“有权无威”甚至“众叛亲离”的现象。权力仅仅是领导力的一种重要资源，而不是领导力的全部。在领导科学研究中，领导力存在于精神信仰、思想观念、规章制度等方方面面，既包括组织领导力，也包括个体领导力。组织领导力是由个体领导力积极作用而成的合力，这就像百川终归大海一样。组织领导力与个体领导力相辅相成、高度融合，共同提升政党的领导力。我们讨论加强和改善党的领导，当然需要从组织领导力角度去分析，但领导科学研究表明，重视个体领导力对于加强和改善党的领导同样至关重要。因为组织领导力最终要具体落实到领导干部行为中，如果各级领导干部缺乏领导力所必需的知识、能力、品质以及积极行为表现等，组织领导力就会失去来源，组织就会变得软弱无力。可以说，领导干部的领导力直接决定着党的领导力。一个政党领导力的缺失，很大程度上是因为领导干部领导力的缺失。当前，从提升领导力入手加强和改善党的领导，需要把组织领导力与个体领导力紧密结合起来，从“领”入手，由“导”贯通，实现“心”与“力”的积极融合。

用信仰目标实现“领”。信仰就是希望，目标就是方向。没有信仰目标的政党是没有希望的，没有信仰目标的领导干部是难堪大任的。成立 90 多年来，我们党的领导之所以坚强有力，就是因为我们党有信仰、有目标，让广大党员有使命感，让人民群众有方向感。一个政党如果不能让自己的党员有使命感就无异于乌合之众，如果无法让群众有方向感就会失去号召力和凝聚力。新形势下，加强和改善党的领导，尤其需要把党的领导与党所坚守的崇高信仰、党所追求的远大目标紧密结合起来。要让广大党员和人民群众明白我们党究竟从哪里来、往哪里去，信仰什么、追求什么，党对人民群众来说有着什么样的功能和价值。把这些问题讲清楚，人民群众就会拥护党、追随党。

用科学理念实现“导”。信仰的追求、目标的实现都要有科学的理念。一个政党所坚持的科学理念凝聚着政党的智慧，能够引领人民群众的行动。从这个意义上说，理念科学，领导力就强。我们党一直强调用科学理念实现党的领导。习近平同志在党的十八届五中全会上提出的创新、协调、绿色、开放、共享新发展理念，凝聚着全党的智慧，是统一全党思想和行动的指挥棒。领导干部能不能深入贯彻新发展理念，坚决纠正那些与新发展理念不相适应甚至背道而驰的错误观念与行为，直接关系我们党的领导力。领导干部要把学习贯彻新发展理念与提升领导力、加强和改善党的领导紧密结合起来。

用“心”与“力”的融合提升领导力。心为万力之本。提升领导力，从领导干部个体角度而言尤其要注重“心”与“力”的融合，具体而言主要包括以下几个方面：一是强调忠诚。忠诚是对“心”最重要的要求，是“力”的源泉。领导干部要对党忠诚，不论身在何方，不论处于何种境地，都要把对党忠诚作为自己的道德操守和行为准则，这样才能担负起组织重托。二是强调提升能力。有“心”无“力”，最终只能流于平庸。提升领导力，既要有“心”，也要有“力”。这就要求领导干部必须高度重视提升自己的能力。三是强调责任担当。责任是“心”，担当是“力”。当前，加强和改善党的领导特别需要领导干部有责任担当。有了责任担当，就能把“心”与“力”融合后的力量充分发挥出来，不断提升我们党的领导力。

原载《人民日报》（2016年04月15日07版）

目录

导 论

领导角色是一种社会典范，是领导者安身立命的基础。领导角色是研究领导学的突破口，也是做好领导工作的前提条件。领导者如何认知领导角色，按照时代需要转换领导角色，适应工作需要扮演好多种角色，是各级领导者必须认真思考的重要问题。

一、领导角色的研究意义

（一）领导角色研究是时代发展的需要

我们面临的时代，是飞速变化的时代。当今世界正处于大发展大变革大调整时期，国际形势正发生着极为深刻复杂的变化。世界多极化、经济全球化深入发展，科技革命孕育新的突破，社会信息化影响越来越大，国际社会相互联系、相互依存更加紧密。但是，世界和平和发展面临着诸多难题和挑战。我国改革开放以来，经济社会发生了翻天覆地的变化，综合国力有了很大的提高。但是，我国经济依然是粗放型经济，也积聚了大量的社会性、结构性的问题。如何保持经济社会持续健康发展，全力推进全面建成小康社会进程，最终实现“两个一百年”的奋斗目标，我们面临的任务也相当艰巨。世界全方位的变化，特别是互联网技术的迅猛发展，更带来了思想观念、思维方式、组织形式和领导方式的根本变化。面对这些变化，领导者只有审时度势，认清自己的领导角色定位，迅速转换新的领导角色，才能走在时代的前面，引领时代潮流，带领组织走上新的轨道。

（二）领导角色研究是领导工作的需要

世界经济、政治、社会和文化等方面的深刻变化，对我们传统的领导观念和领导方式提出了严峻的挑战。在新形势下如何决策、用人、协调、激励，领导者都面临许多新的难题。许多领导干部感到现在是："旧方法不管用，新方法不会用，硬办法不敢用，软办法不顶用。"当了多年领导干部，现在不知道如何做好领导工作了。特别是一些年轻干部有着旺盛的工作热情，整天是"眼睛一睁，忙到熄灯"，但也没有见到什么好的效果，感到非常的困惑。这并不奇怪，世界在变，我们也要变。领导工作千头万绪，当务之急是领导者要按照时代的要求，充分认清自己的角色，规范自己的角色行为，实现由旧的领导角色向新的领导角色转变，才能改进领导方式和领导方法，实现领导素质和领导工作的创新。

（三）领导角色研究是领导干部的需要

领导者是社会组织活动中的引导者、组织者和服务者。我们每一名领导者从走上领导岗位的那一天起，都有着扮演好领导角色的强烈愿望。但是，扮演领导角色的好坏主要取决于以下三个因素：一是领导者对领导角色的认知程度；二是领导者对领导角色素质的修养程度；三是领导者对领导角色转换的适应程度。因此，在新形势下领导者要切实履行好领导职责，做到为官一任，造福一方，推动全面建设小康社会事业，实现经济发展、政治清明、文化繁荣、社会安定的宏伟目标，领导角色也必须要与时俱进，自觉强化领导角色意识，遵循领导角色规范，加强领导角色修养，提升领导角色能力，通过扮演好领导角色，把自己塑造成优秀的领导者，才能够创造出更加辉煌的业绩，不辜负党和人民的期望。

二、角色概念辨析

“角色”，原本是戏剧中的名词，指戏剧中演员扮演的特定人物。剧本怎么写，演员就要怎样演。1935 年由美国的乔治·赫伯特·米德引入社会心理学范畴。他认为，自我个人是各种角色的总和，代表社会对占有一定社会地位的人所期望的行为。后来，“角色”一词广泛应用到社会各个领域。角色是一个抽象的概念，不是具体的个人，它本质上反映一种社会关系，具体的个人是一定角色的扮演者。角色可以由不同的职位和岗位担任，职位、岗位和角色的综合表现形式就是相应的职位说明书、岗位说明书和角色说明书。

社会学认为，社会角色是指与人们的某种地位、身份相一致的一整套权利、义务的规范与行为模式，是人们对特定身份的人的行为期望。社会角色是社会赋予人的社会权利与义务，它反映了每个人在社会中的地位和在人际关系中的位置，代表了每个人的身份，带有一定的使命感，是构成社会群体的核心，是实现社会价值的基础。社会学范畴的领导角色认为，从社会角色理论出发，领导者是导演。按政策和实际需要构思组织发展脚本，物色所需演员，使其不断适合表演要求。从社会互动理论出发，领导者是信息中转站的信息员。以领导者为中心形成信息广大的传播网络。从韦伯的科层制看来，领导者是控制者和施令者，制定对下属的各项要求和希望，不断鼓励下属向要求前进。

心理学认为，角色是处于一定社会地位的个体，依据社会客观期望，借助自己的主观能力适应社会环境所表现出来的行为模式。心理学范畴的领导角色认为，领导是心理医生。心理治疗有助于转变与合作，服务型领导最大的长处在于医治自己和别人的心理创伤。因此，领导需要尽可能多地了解下属的心理动态，根据下属的心态进行治疗和调节。美国社会心理学家约翰·蒂伯特和哈罗德·凯利认为，角色是社会对个体行为的期望系统；是个体对自身的特殊期望系统；是个体外显的可观察的行为。也就是说，社会对角色总有一定的要求与限制，角色享有一定的权利并须承担一定的义务，一整套权利和义务就构成某种特定的角色。

政治学认为，政治角色是由行为主体所承担的，与一定社会地位相联系的政治行为模式及其价值表现。政治学范畴的领导角色认为，从政治的本质和领导的基本职能出发，领导者是利益的分配者。按制度经济学的说法，是“分蛋糕的人”，下属对领导的服从实质上是对利益的追求，这种利益包括物质利益，也包括出于追随楷模而获得的心理满足。从利益分配角度，领导者也可以说是扮演裁判的角色，协调利益分配的不公平情况，调解利益纷争①。

一般角色理论认为，角色的主要内容包括三个方面：一是每个人在社会生活中都扮演着一定的角色。角色标明了个人在社会关系中的地位、作用、权力和责任。二是个人的角色扮演受社会的制约。个人扮演角色要受到环境、社会规范、领导者以及其他人的制约。三是社会的运作依赖于各种角色的扮演。社会角色是构成社会群体或社会组织的社会细胞，个人履行自己角色的过程，也是整体社会结构发挥其社会职能的过程。

总体来说，角色也称社会角色，是指个体在特定的社会关系中的身份及由此而规定的行为规范和行为模式的总和。具体地说，就是个人在特定的社会环境中相应的社会身份和社会地位，并按照一定的社会期望，运用一定权利来履行相应社会职责的行为。它规定一个人活动的特定范围和与人的地位相适应的权利义务与行为规范，是社会对一个处于特定地位的人的行为期待。

在社会生活中，每个人扮演着多种角色，集合许多角色于一身，就是一个角色集或称角色丛。比如教师角色，包括三个方面的意思：一是指教师的行为；二是指教师的地位和身份；三是指社会成员对教师的期望。

社会角色按照不同的标准分为：一是先赋性角色与获得性角色。先赋性角色是人与生俱来或在成长过程中自然获得的角色，它通常建立在遗传、血缘等先天的或生物的基础之上，比如儿子、公民等；获得性角色是后天通过自己努力或组织授予得到的角色，比如教师、局长等。二是显性角色和隐性

① 朱立言，雷强．领导角色论［J］．成人高教学刊，2002（1）．

角色。显性角色是在一个群体中大家熟知的角色，比如单位的领导者；隐性角色则是一个群体中大家不知道你的真实身份，比如在公共汽车中的乘客。三是正式角色和非正式角色。正式角色是被正式组织授予的角色，比如处长等；非正式角色则是某个民间组织挂名的角色，比如学会的会长等。

社会角色一般由三个要素构成：一是角色权利。角色权利是角色扮演者所享有的权力和利益。这里的权力是指角色扮演者履行角色义务时所具有的支配他人或使用所需的物质条件的权力。角色权益是指角色扮演者在履行角色义务后应当得到的物质和精神报酬。二是角色义务。角色义务是角色扮演者应尽的社会责任。包括角色扮演者“必须做什么”和“不能做什么”两个方面。三是角色规范。角色规范是指角色扮演者在享受权利和履行义务过程中，必须遵循的行为规范或准则。比如，法律、法规、制度、纪律等成文规范和风俗习惯等不成文规范。

社会角色一般具有以下特征：一是客观性。社会角色的产生和存在是客观的，任何一种社会角色的产生都是一定社会文化、历史积淀的结果，是社会生产和生活发展的产物。二是对应性。任何一种社会角色都是对应于另一种社会角色而存在的，没有相对应的角色作为前提，这种社会角色也就不存在。三是单一性。是指在现实的社会生活中，不存在角色权利、角色义务和角色规范完全相同的两种不同的角色；同样，也不可能存在对同一社会角色会有不同的社会期望和行为规范。四是职能性。角色乃是社会对个人职能的划分，它指出个人在社会活动中的地位，在社会关系中的位置，在人际交往中的身份。所有的角色都不是自己认定的，而是社会客观赋予的。五是扮演性。每个个体都必须在社会活动中扮演一系列角色，这是由其所处的背景和地位来决定，这就是社会标准。六是多重性。在社会关系系统中，个体是多重角色的统一体。七是固定性。社会角色通过社会位置来具体表现的，每个人都由其对应的角色位置来对号入座[①]。

① 俞国良．社会心理学［M］．北京：北京师范大学出版社，2006.

三、领导角色认知

领导角色是一个更为复杂的社会角色。如何正确认知领导角色，对于领导者和被领导者都有着重要意义。要想进一步研究清楚领导角色，我们必须从与领导学密切相关的管理学、公共管理学等方面探讨领导角色问题。一般来说，领导角色，是领导者在社会群体中的身份地位及其相应的行为规范的有机统一。具体地说，领导者应是群体利益的集中代表者和维护者；是群体意志的体现者和执行者；是群体活动的组织者和指挥者；是群体思想的教育者和学习者；是群体关系的沟通者和协调者。

加拿大管理学家亨利·明茨伯格（Henry Mintzberg），是经理角色学派的主要代表人物，他首先提出了管理者角色理论。管理角色（management roles），一般是指特定的管理行为类型。对于管理者真正做了什么？他们是怎么做的？为什么要这样做？明茨伯格并不轻易相信现成答案，他在读博士期间就对 5 位 CEO 的管理活动进行观察和研究。他发现管理者很少花时间做长远的考虑，他们总是被这样或那样的事务和人物牵引。他研究发现，那种从管理职能出发，认为管理是计划、组织、指挥、协调、控制的说法，未免太学究气了。所以，他主张不应该从管理的职能来分析管理，而应该把管理者看成各种角色的结合体。1973 年，明茨伯格在《经理工作的性质》（*The Nature of Managerial Work*）一书中提出："角色这一概念是行为科学从舞台术语中借用过来的。角色就是属于一定职责或者地位的一套有条理的行为。"他将经理们的工作分为 10 种角色。这 10 种角色分为三类，即：人际关系角色、信息传递角色和决策制定角色。

1. 人际关系角色。人际角色归因于管理者的正式权力。包括挂名者、联络者和领导者 3 种角色。挂名者是代表组织行使具有礼仪性质的角色，这是经理正式的权威，是一个组织的象征；联络者是经理与外部相关者建立良好的关系所扮演的角色；领导者是引导员工努力实现组织目标的角色，是企业的正式领导者。

2. 信息传递角色。管理者负责确保和其一起工作的人能够得到足够的信息，从而能够顺利完成工作。包括监督者、传播者、发言人 3 种角色：监督者持续关注内外环境的变化，接触下属或从个人关系网获取信息，识别组织潜在的机会和威胁的角色；传播者是上传下达必要的信息，以便员工切实有效地完成工作的角色；发言人是把信息传递给单位或组织以外的角色。

3. 决策制定角色。管理者负责做出决策，并分配资源以保证决策方案的实施。包括企业家、冲突管理者、资源分配者、谈判者 4 种角色。企业家是充当本组织变革的发起者和设计者，对机会进行投资管理的角色；冲突管理者是处理组织运行过程中遇到的冲突或问题的角色；资源分配者是决定组织资源用于哪些项目；谈判者是花费了大量时间进行必要的谈判，以确保组织朝着正确目标迈进的角色。

这 10 种角色是一个相互联系、密不可分的整体。人际关系方面的角色产生于经理在组织中的正式权威和地位；这又产生出信息方面的 3 种角色，使他成为某种特别的组织内部信息的重要神经中枢；而获得信息的独特地位又使经理在组织做出重大决策中处于中心地位，使其得以担任决策方面的 4 种角色。这 10 种角色表明，经理从组织的角度来看是一位全面负责的人，但事实上却要担任一系列的专业化工作，他既是通才又是专家。

20 世纪 80 年代以来，以罗伯特·奎恩（Quinn）和罗尔博（Rohrbaugh）为代表的一群学者，对管理行为进行了广泛的实证研究，1983 年他们出版了《成为一位卓越的管理者》一书，提出了“竞值架构理论”（Competing Values Framework），并以此界定了 8 种看似相互矛盾又必须兼顾的管理角色。

竞值架构最初源于一项关于有效组织衡量指标的研究，他们在对为数众多的各项指标统计分析的基础上，发现了支撑组织效能的两个主要维度：第一个维度（即直角坐标系横轴）与组织重视方向（Organizational Focus）有关，左方组织重视内部性，即员工福利及发展，右方组织重视外部性，即组织自身的福利和发展。第二个维度（即直角坐标系纵轴）与组织结构偏好（Organizational Preference for Structure）有关，下方组织强调稳定与控制，上方组织强调变革与弹性。这两个维度就组成了 4 个象限、4 种组织模型。

这一理论之所以被命名为“竞值架构”，是因为这 4 个模型的原则看上去互相冲突。组织必须要有很强的适应性和柔韧性，同时，又希望组织是稳定的和可控制的。竞值架构的 4 个象限，分别代表了 4 种最主要的组织管理理论模型。

1. 人际关系模型（Human Relations Model）。此模型强调组织的灵活性和内部性，非常重视组织的凝聚力、人员士气及人力资源发展等，并以此为组织效能评估原则。

2. 开放系统模型（Open Systems Model）。此模型强调组织的灵活性和外部性，非常重视组织的支持成长、资源获取以及外部支持等。

3. 理性目标模型（Rational Goal Model）。此模型强调控制力与外部性，认为组织会通过规划、目标设定等理性行为达到产出与效能最大化。

4. 内部流程模型（Internal Process Model）。此模型强调控制力与内部性，非常重视信息管理、沟通及稳定、控制在组织中的作用。

罗伯特·奎恩还运用组织效能的竞值架构模型，对领导力进行了研究和阐述。通过他的研究，将领导行为划分为 8 种角色类型。

1. 导师（Mentor）。一个管理者如能恰当扮演好导师的角色，他将是一位关怀的、设身处地的管理者，表现出对下级的体恤与关怀。但如果太过分强调导师的角色，则会成为心软的、放纵的管理者。

2. 促进者（Facilitator）。一个能扮演好促进者角色的管理者，是一位重视过程、注重团体、促进互动的管理者，但如果太过强调参与，则会变成过度民主，进而损害管理生产力。

3. 监督者（Monitor）。能扮演好监督者角色的管理者，是一个对业务十分娴熟的技术专家，主要从事相关信息的收集活动，能使下属按部就班、有条不紊地完成组织的目标。但这种角色扮演过分，则会导致缺乏想象力、墨守成规和吹毛求疵。

4. 协调者（Coordinator）。一个能扮演好协调者的角色，他将会是一个可靠的、可信任的管理者，强调结构运作的持续稳定，对维系组织的团结有很大的帮助；但过度时则会成为一个事事责难，甚至过分多疑的管理者。

5. 指导者（Director）。管理者如能恰当地扮演好指导者的角色，他将会是一位果断的、英明的管理者，能为下属提供处事的框架、原则和方向。但若过分则会沦为抱残守缺、刚愎自用者。

6. 生产者（Producer）。这是一位工作取向、发起行动的管理者，强调生产与任务的达成。如果过分沉溺于这一角色，则可能产生个人主义、爱出风头的印象。

7. 经纪人（Bmker）。懂得扮演掮客角色的管理者，是一位资源取向、政治上十分机敏的管理者，能为组织争取和获取资源。然而过度热衷于争取资源的管理者，则可能变成狂热的机会主义者。

8. 革新者（Inmvator）。一个能恰如其分扮演为革新者角色的管理者，是一位有创造力、聪明的、能预见变革的、带领改革的管理者。但是，过度求变有时会导致不切实际、理想化，进而浪费资源。

罗伯特·奎恩认为，管理者的工作具有多样性和琐碎性，管理者处于组织的焦点地位，管理者是权力和责任的混合体。高效的管理者有能力担任多重的、竞争性的领导角色，管理者甚至被期待能够扮演所有 8 种角色。但是，这一领导力模型结果主要依据于理论研究，代表了一种关于领导力可感知的承载基础的学术假设，而不是经验论证，他们需要同时考虑到并平衡好各项角色的竞争性需求。

企业老板在传统意义上是企业的所有者，这给人感觉老板代表了企业的一切。其实，老板在企业不同时期需要扮演不同作用的角色。有人研究老板在企业中所扮演的角色应完成 4 次转变。

第一阶段：工兵角色。企业在创业过程中，白手起家，企业的基因性、方向性、原则性的东西都需要老板亲自设定，而且事无巨细，老板都要亲自过问甚至亲自动手。也就是说，在创业阶段，老板担任着企业几乎全部的角色。这时候想当甩手掌柜根本不可能。

第二阶段：监工角色。企业在人员都基本到位、基本框架搭起来之后，一切经营业务都进入了正常的运转轨道。这时，老板也就没必要大小事情都亲自出马了，主要工作就是监管员工是否按规章制度办事，经营中是否有新的问题出现，一旦出现问题立即组织人马解决。这时期的老板尽管可以做甩手掌柜不干具体的活儿，但必须盯在一线，也就是必须亲自管理企业。

第三阶段：经理角色。企业运转发展到一定程度，不但经营工作纳入了正常的轨道，就连管理工作也都日渐常规化、程序化，此时老板把日常的监管工作交由各监管部门进行，按照企业的规章制度进行程序管理和经营企业。

第四阶段：总裁角色。此时企业发展到一定规模，形成了一个股东联合企业，企业的运营完全市场化和社会化，有了成熟的企业文化和特色的品牌和声誉，企业的经营管理由职业经理人团队来负责，企业老板重点考虑的是企业战略管理，扮演的是无为而治的领导角色。

如果企业老板能够随着企业的发展完成以上角色的转变，企业就能够逐步发展壮大。如果企业老板认为自己是全才型的人，有能力同时扮演好所有的角色，随着企业规模的不断做大，要想打造“百年老店”只能是异想天开。

在公共管理者角色研究中，1983 年美国维吉尼亚州立理工学院魏姆斯利（Wmsley）等 5 位教授发表的《黑堡宣言》（*Blacksburg Manifesto*），对公共管理者的角色阐述最具典范性，反映了公共管理者的特殊使命和角色内涵。

1. 执行与捍卫宪法的角色。公共管理者在就职时已宣誓要护宪及行宪，行宪的预期目标是营造一个稳定且有效运作的政治体系，而终极目标则是增加机会，促进平等以及持续地改进和提升全民的生活品质。这是公共管理者的天职。

2. 人民受托者的角色。公共管理者受人民的托付，在治理过程中扮演正当与重要的角色，不能屈服于强烈短视的压力，应考虑长远的全民利益。公共管理者要不惧强权，更不能妄自菲薄，只把自己当成工具，应以追求公共利益为职责。

3. 贤明少数的角色。公共管理者要能做到众人皆醉我独醒，不可人云亦云，要扮演贤明的少数，而不是随波逐流追求时尚的“喧嚷的多数”或有权的少数，他们有责任通过吸引民众参与公共事务，使贤明的少数变成多数。

4. 平衡轮的角色。公共管理者必须对外在环境有回应或有反应，但绝不是像地震仪一样忠实地从事刺激反应的记录，或像忠诚的仆人一样只听命行事，也不能只是很有技巧地在各种利益集团间躲闪、求存。公共管理者要肩负专业责任，也就是要以维持公共利益及宪政运作为职志，公共管理者应以其合法权力及专业判断在治理过程中的各种势力中，扮演平衡轮的角色。

5. 分析者和教育者的角色。公共管理者应该或必须能够有意识地了解自己决策的价值体系与假定，为自己的所作所为提出合理说明并尽量将人民纳入治理过程。公共管理者应扮演分析者与教育者的角色，以增加民选领导、民意代表、所有在治理过程中的参与者，乃至一般民众对公共事务的了解，并向他们灌输公共利益的观念①。

在领导学领域研究领导角色的论述也逐年增多。其中，《领导论》的作者詹姆斯·麦格雷戈·伯恩斯认为，领导角色必须从“外部”和“内部”两个方面来探讨：一方面，社会形势呼唤这种角色的出现，即“外人”需要他的影响，需要他在社会和政治领域推动或阻碍他们的行为；另一方面，他来自一个人对自己在社会关系中地位的认识和理解。一个人所处的地位已不容他不去思考和扮演自己的角色，即顺应他自己的要求②。

也就是说，领导角色由内外两个系统组成。外在系统，是指领导者所处的时代背景、社会特征、组织环境、人际关系、权力渊源等，这些因素构成了领导者外在角色条件，这些条件将支持或者制约领导者的行为，决定领导者的先赋角色和规定性角色。领导者应该协调好这些角色要素，否则，其角色存在的基础会受到损害，甚至引起角色失败。内在系统，是指领导者的自身素质、角色认知和自我期望，这是领导者角色扮演的内在质的规定，构成

---

① 张成福，党国英 . 公共管理学［M］. 北京：人民大学出版社，2001.

② ［美］詹姆斯·麦格雷戈·伯恩斯 . 领导论［M］. 常健，孙云海等译 . 北京：中国人民大学出版社，2006.

了领导者角色行为的内在动力，促使领导者去努力追求自致角色，更好地扮演自觉角色。

中国人民大学朱立言教授认为，在新时代领导者应扮演以下三类角色：一是领导者应是知识、经验和智慧的传播者，这种新角色被称为“教师”“师傅”“教练”和“导师”等。二是领导者应该联合群众，设计组织，成为变革的控制者，这类角色常被称为“设计师”“社会建筑师”和“组织缔造者”等。三是领导者应该传播领导技能，做未来潜在领导者的培养者，这类角色被称为“领导铸造者”“栽培者”和“超级领导者”等[①]。

国际组织学习协会（SOL）创始人彼得·圣吉在《第五项修炼》一书中提出，21世纪领导新角色是：设计师、仆人和教师。他认为，领导者是组织系统的设计师，通过设计组织制度和流程如何让组织动起来；领导者是帮助大家实现共同愿景的仆人，使大家能够为自愿追求的、共同认可的、有价值的目标而奋斗；领导者是教师，是下属学习的辅导者，促进每个人学习成长。

彼得·圣吉指出，领导者能够在4个层次上影响人们对真实情况的看法：事件、行为变化趋势、系统结构和使命故事。而学习型组织的领导者则应兼顾这4个层面，但焦点主要放在系统结构和使命故事上，并且教导组织中所有的人都这样做。领导者是教师，教的不是如何形成愿景，而是如何促进每个人学习。领导者还必须扮演仆人，指的是一种待人处世的态度。领导者的首要任务是要关心组织中的人，因为他们是组织中核心与精神之所在。自然的运行永远是循环不已，智慧的领导者顺应自然的运作法则，从服务和慷慨之中，体认到内心的丰足，从无私之中和帮助别人之中，变得更有能力、更有成就。

英国剑桥大学商学院著名教授安德鲁·D. 布朗在《六维领导人》一书中，提出了现代领导者应该具备的6种角色：这就是令人信服的英雄、技艺高超的演员、充满自信的不朽者、明智的权力经纪人、作用显著的外交家、自愿

① 朱立言，雷强．领导角色论［J］．成人高教学刊，2002（1）．

的牺牲者。他认为，最成功的领导者是令人信服的英雄，他们使普通人也能看到达到成功的可能，是解放者、榜样和创造者，对他们组织的贡献鼓舞和激励着其他人。最好的领导人应是演技高超的演员，他们懂得如何采取正确的领导行为使其他人确信他们的权利，经常将他们的重要信息传递给他们的追随者。伟大的领导人是自信的不朽者。他们是思想新颖、富于创意的思想独立的人，高度的自信推动他们达到了最高的目标。令人钦佩的领导人是精明的权力运用者，他们知道要实现目标如何发动他们的追随者。最有能力的领导人是外交大使，他们有很强的协调能力，并运用人际关系处理能力使组织更为团结。给人影响深刻的领导人是那些时刻都准备着做出牺牲的领导人，他们很少想到自己，不怕牺牲自己的短期利益来换取职业生涯的或者他所领导的那些人的长期利益[①]。

另外，美国著名领导学专家史蒂芬·柯维认为，领导者是“雁群领导”典范，他们既是带头人，又是跟随者。他认为，领导者应该像雁群飞行那样，领头雁是由大家轮换担任的，领导者要学会什么时候在前面当“领航员”，什么时候退到后面当跟随者。美国组织心理学创始人之一艾德加·H. 斯克因认为，领导者是鼓舞者、文化创造者和变革者。领导的核心是激励人，通过创造组织文化和领导变革，提升人的信心和能力。我国管理心理学家俞文钊在《领导心理学》一书中认为，领导者是群体组织者、教育者、群体利益代表者、信息使用者和传播者角色。如此等等，不一而足。

领导角色具有以下基本特征：一是社会性。领导角色是社会角色的组成部分，具有一般社会角色的基本特性；二是示范性。领导角色是领导职能、地位和行为规范的反映，实际上是告诉人们什么是合格的领导者。英国萨里大学教授约翰·艾德欧认为，领导就是榜样。三是感召性。领导者在组织中所处的特殊地位，对群体会产生重要的影响力，引领大家自觉地朝着组织目标前进。四是复杂性。领导角色是一个角色集，是由多种角色集合而组成的

---

① ［英］安德鲁·D. 布朗 . 六维领导人［M］. 唐宁玉，张岩译 . 上海：上海译文出版社，2002.3

综合体。五是非我性。领导角色是组织和社会对领导者的期望和要求，不是由个人赋予和认定的。领导者要想胜任领导角色，必须首先履行责任担当，完成自我的超越。

根据以上的分析，我给领导角色下了一个尝试性的定义：所谓领导角色，是指领导者在领导活动中，按照所处领导地位、身份相一致的权力规范和行为模式的要求，以及社会期望所扮演的特定人物。就是说，领导角色规定着领导者应该成为一个什么样的人。在这个定义中包含着 3 层含义：

1. 领导角色是领导者社会地位和身份的外在表现。领导者所处的地位、身份不同，他们所扮演的领导角色要求是不一样的。这是一种职位要求。也就是说，领导者要首先明确“我是谁？”——我是领导者。这既是角色知觉，也是角色定位。角色知觉是指领导者对自己所充当角色的自我认知，领导者是进行领导活动和建立领导关系的行为主体，领导者扮演的角色是一种特殊的社会角色，不能混同于一般老百姓，是领导老百姓谋幸福的人。领导者不是天生的，领导者要想成功地扮演领导角色，首先就要“入戏”“入位”。

2. 领导角色是领导者权力规范和行为模式。不论处于哪一层次的领导者，组织都对他的权利、义务和行为规范有着特殊的规定。这是一种组织要求。也就是说，领导者要明确“我应该是谁？”——称职领导者。这既是角色领悟，也是领导规范。角色领悟，是指领导者对自己所充当角色的自我认识。领导规范，是指社会和他人对领导者的素质标准和行为准则的角色期望。领导者自觉地将这种他律性规范内化为自律性规范，就是规范意识。加拿大著名社会学家欧·戈夫曼认为，“角色”意味着任职者纯粹根据处于他这种地位的人所应遵守的规范来行事。所以，我们可以说，“角色”与“规范”具有内在同一性，或者说角色就是规范。领导者具备一定的规范意识，不仅可以经常用社会的道德和政治准则、纪律、法规、制度、标准等约束自己的行为，而且可以对自己是否称职进行多方位、多层次的评价。衡量一个领导者是否真正具有领导角色意识，就看他是否真正把握作为一个领导者应遵守的各种规范，并率先垂范，身体力行。

3. 领导角色是人们对处于特定地位的领导者的期待。领导者扮演的角色，不仅要满足于职位要求、组织要求，更要满足于社会要求，也就是老百姓的期待和要求。自古以来，对“清官”的向往一直是中国人民的永恒情结。这种“清官”情结，既是一种社会要求，也是一种角色期待。也就是说，领导者要明确“我必须是谁”——优秀领导者。所以，领导者不能为官不为，只有做到勤政为民，才能够满足人们对领导角色的期待和要求。

20 世纪 90 年代初期，我在《中华读书报》上看到王宏甲写的一篇他创作《无极之路》的体会文章。记得其中他谈到河北无极县名的来历，传说和包公有关。包拯为官清正廉洁，人称“包公”“包青天”。包公在朝廷当监察御史，专门惩治贪官。一些受到惩治的皇亲国戚非常憎恨包公，总是在皇帝面前说他的坏话，时间长了皇帝就信以为真，一气之下把包公贬到了河北定远县（今无极县）当一个县令。包公到此后，并没有感到悲伤，还是一如既往地为老百姓办事，很快把这个县治理得非常好。

不久，皇帝觉醒过来，感到对包公处理不公，更主要的是反腐败的需要，就要把包公召回来。当地百姓听说包公要走，一方面为包公高兴，好人终得好报；另一方面又为自己感到悲哀，好不容易遇到一个好官又走了。善良的百姓怎么表达自己的心情呢？他们听说包公明天早晨鸡一叫就走，目的是不打扰百姓。老百姓非常感动，为了让包公在此多待一点时间，各自都自愿把自己家的鸡杀了。第二天包公看到天大亮了，正纳闷怎么鸡还不叫呢？这时百姓蜂拥而来给他送行。这件事传到皇帝那里，皇帝也很感动，就下令把定远县改名就无鸡县，以此来表彰包公。随着历史演变，变成了今天的无极县。

包公廉明清正，刚直不阿，是清官典型。据查，包公不曾在无极县任职，无极从未称过定远县。尽管如此，有关包公的故事确实在全县广为流传，县里很多商铺自古就以“定远”命名。全国只有 3 处包公祠，无极县城就有一座建于宋代的包公祠。由此可见，无极县民对包公的崇敬、爱戴和向往之情极深。这也说明包公扮演的是一个成功的优秀领导者角色，他既符合职位要求、组织要求，更符合社会期望。所以，他才能够被千古传诵，成为历代官吏的楷模。

领导角色期望是社会群体、组织成员对领导者的期待，或者说是人们希望他是怎样的一个领导者，期望着他怎样去做。角色期待源自于心理认同度，这是来自外界的角色期待。每个人从他人的期待中体会出符合自己身份的行为标准，体会到社会的要求。期望角色即理想角色，是社会或组织为角色规定的理想行为规范模式的状态。角色期望既意味着一种关心和信念，也意味着一种制约和促进，是对角色行为的限制和要求。

总之，以上研究表明，领导角色是领导者的角色集，是由多种角色集合而组成的综合体。领导角色又是随着时间和环境的变化而变化的，在不同的时间和环境条件下领导者要扮演不同的角色。我们研究领导角色的含义，实际上是弄清楚什么是一名优秀的领导者？领导者应该扮演什么样的角色？

四、现代领导者新角色

领导角色是一个内容广泛的概念，其中包括多种角色类型。根据我对领导角色研究多年的体会，我认为现代领导者主要应该扮演好以下 6 种角色，这也就是本书研究的主要内容。

（一）领导系统的“设计师”

领导者扮演的“设计师”角色，是指那些能够未雨绸缪，为组织设计出正确发展方向、战略规划和组织架构，并能够善于避免问题，影响和率领被领导者实现共同目标的领导者。

现代领导者要扮演好“设计师”角色，首先，要构建共同愿景。所谓愿景，是指能够描绘出来的一种可能性的未来图画。回答的是“我们往哪里去？”领导者要把握正确的方向，传播美好的愿景，调动人们对美好愿景的信心与热忱，促使人们共创神圣使命。其次，要制定发展战略。战略是对全局、未来和长远的谋划。“不谋万世者，不足谋一时；不谋全局者，不足谋一域。”领导者要明确角色定位，成为高瞻远瞩、统领全局的战略家。要搞好顶层设计，按照“以终为始”的原则，自上而下统筹规划，整体联动，集中有效资源，实施战略驱动，高效快捷地实现战略目标。再次，要建立避免问题机制。领导者要树立避免问题的领导理念，善于防患于未然，通过科学的系统设计，把问题解决在萌芽之中。要建立避免问题的评价标准，更加注重潜绩的考核和应用。要建立避免问题的领导机制，通过设计好科学的机制来实施领导。最后，要打造组织文化。领导者要扮演好组织文化缔造者、示范者、传播者和推动者的角色，塑造领导文化，构建和提升文化领导力，以科学的愿景吸引人，以正确的思想影响人，以优秀的人格激励人，以完善的制度塑造人。

（二）用人成事的“教练员”

领导者扮演的“教练员”角色，是指那些借鉴教练理念和技术，退居组织边缘，根据下属不同需要进行调适启发，为下属指方向、点路子、教方法，做好辅导和服务工作，善于用人成事的领导者。

现代领导者要扮演好“教练员”角色，第一，要培养下属的责任心。所谓责任心，是指领导者对自己所负责任的认识、情感和信念，以及与之相应的遵守规范、承担责任和履行义务的自觉态度。也就是爱岗敬业、勇于担当的精神。领导者要不断地激发和培养下属高尚的责任心，使其忠诚履责、尽心尽责、勇于担责。第二，要传播崭新观念。领导者要从信念的层面入手，督促下属自觉学习，更新观念，提升能力，领导下属迎接挑战、实现成功，创造价值。第三，教会下属行动。领导者不是告诉下属如何做，而是要灌输给下属行动的理念，授之以渔，创造更好的环境，让下属学会自己解决问题。第四，学会用人成事。领导者是团队建设大师，要做到用人之长，打造凝聚力，发挥出团队的威力。第五，做善于讲故事的高手。领导者要将组织核心价值观、使命、政策等整合成简单的故事，以平等的态度来解释这些东西背后的道理，让下属和群众懂得这是与他们自己的利益相关的事情，焕发起他们的热情与干劲。第六，鼓励下属创新。领导者要培养下属的创新精神，建立鼓励创新、宽容失败、允许试错、责任豁免的机制，激励更多想作为、能作为、善作为的人大显身手。

（三）善于组织的“牧羊人”

领导者扮演的“牧羊人”角色，是指那些像“牧羊人”那样，站得高、看得远，时刻注意周围环境变化，善于统筹整合各种资源，借助组织的力量实现预定目标的领导者。

现代领导者要扮演好“牧羊人”角色，第一，要做一个会“偷懒”的牧羊人。就是要善于授权，培养替代的领导者，变带领型领导为引导型领导。第二，要善于使用各种人才。领导者要善于用人所长，变短为长，而且要将不同人的长处组合起来形成一股合力。第三，涵养借力的智慧。借力而行是领导者成就大事的最高境界，领导者要做“善借力”的智者。不仅要善于借助外部“硬实力”，使各种物质资源发挥作用，而且要借助“软实力”，也就是借外部智力为我所用。同时，要把借力与借智统一起来，用有形的力充实无形的智，用无形的智提升有形的力。第四，利用组织化的方式做事。古今中外任何成就大业者，都是善用组织的高手。中国共产党为什么能？就是因为我们党是以民主集中制武装起来的，有着严密组织纪律性的政党。领导者要依靠严密的组织层层传导、层层实施，从而使上下一心，步调一致才能取得胜利。第五，用制度管权管事管人。制度是指组织在管理活动中，为了达到组织目的所必须实施的基本运作规程，以及组织所有成员所应遵守的共同的行动准则。领导者要树立制度先行的理念，通过建立公平合理制度，优化制度执行流程，建立起用制度管人、管事的机制，用制度来保证权力的良性运行和领导决策的落实。

（四）甘当公仆的“服务员”

传统的统御型领导者是领导他人，现代的公仆型领导者是为他人服务。领导者扮演的“服务员”角色，是指那些退居在幕后，认真对社会负责，甘愿全心全意为人民服务，为人民群众排忧解难，带领人民谋幸福的领导者。我们党常称其为“人民公仆”和“人民的勤务员”。

现代领导者要扮演好“服务员”角色，首先，要有甘于吃亏的精神。要把为人民群众谋利益作为最高的人生价值，有不计名利得失、甘于吃亏、勇于奉献牺牲的政治品德和职业操守。其次，要学会退到组织边缘。领导者是公仆，就应该退到组织的边缘，围绕追随者的需求和组织目标做好服务，并在为他人服务的过程中享受追随者的成功喜悦。再次，要真心实意地帮助他人。领导者的伟大之处在于他对人类的关怀，其倡导的核心元素是爱、关心和包容。领导者要怀有服务为先的美好情操，用威信与热望来鼓舞人们，随时给下属和群众充电，让他们把能量都激发释放出来。最后，要超越让人喜欢的心理屏障。领导不是一种赢得公众好感的竞赛，领导者不可能让人人都满意。优秀的领导者在被领导者心目中的形象，应该是一个坚持原则、敢爱敢恨的人。这就需要超越自我，通过真诚服务赢得追随者。当领导者退后几步，就能享受到为他人服务带来的人间温情。

（五）善于激励的“鼓舞者”

鼓舞有鼓动、鼓励，因为欢悦而兴奋之意。领导者扮演的“鼓舞者”角色，是指那些借鉴教练员和啦啦队长的激励方式，成为下属的支持者和鼓励者，为下属和群众撑腰打气，让下属焕发出高昂的热情投入工作的领导者。领导的核心是激励。领导者应该是“煽情高手”，用激情领导团队，用激情鼓励下属激情工作，想方设法督促下属跟上领导者的脚步。

现代领导者要扮演好“鼓舞者”角色，第一，要懂得“良将无赫赫之功”的道理。就是说，优秀的将领从来都不炫耀自己显赫的功勋，他把军功章都给了下属，但谁也不否认他是良将。这也是我们领导者应该追求的领导境界。“良将无赫赫之功”，也是老子“无为”思想的应用。领导者放弃事必躬亲的做法，将自己从前台调整到后台，给下属建功立业的机会，忠实地做下属的支持者，让下属舒心地在台前表演，事后把功劳都给了下属。第二，要引爆下属的潜能。灌能是指导下属独立完成任务，减少对领导者的依赖，使下属达到自动、自发、自觉、自成境界。领导者要做灌能的高手，就需要找到那个引发下属潜能的引爆点，把隐藏在下属身上的潜能充分挖掘出来。第三，要学会正确的激励。领导者要经常给下属以表扬为主的正激励，这种“零成本”激励，往往会涌现出很多优秀的人才。领导者要重在培养亲和力，使下属获得尊重感；要帮助下属取得业绩，学会欣赏下属的成就，使下属获得成就感；要为下属提供良好的工作环境，使下属获得幸福感；要给下属提供适度挑战性的工作，使下属获得自豪感。第四，要善于赢得追随者。所谓追随者，是指那些心甘情愿追随领导者行动的人。领导者必须具备优秀的思想、品格、作风、工作方式等个性化特征，来吸引下属主动自觉地选择追随。领导者要引导被领导者由自发变成自觉，由自在变成自为，由消极变成积极，由被动变成主动，由分散变成合作，才能够真正实现领导。第五，要甘愿为下属担责。领导者首先是敢于担当的领导者，才发挥领导作用。领导者的担当精神，突出表现在敢于为下属承担责任。这样才能得到下属的敬佩，才能赢得下属的信任和追随。领导者甘愿为下属担责，不仅是领导者人格的魅力，更是进行责任激励的高超领导艺术。这样能够激发下属的责任感，增强事业感，从而激发出更大的积极性。

（六）领导潮流的“变革者”

变革是任何时代的主题，领导是一种变革的力量。领导者扮演的变革者，就是指那些打破组织陈腐格局，催化组织变革，并推动组织前进的领导者。具体表现为：变革者是陈规陋习的挑战者、时代风尚的引领者、领导工作的创新者、变革工作的推动者、变革目标的捍卫者。变革者依靠强大的变革领导力，通过理想影响、精神鼓舞、智力激发、个性关怀等方式带动追随者，在兼顾各方共赢的情况下取得最终的变革成果。

现代领导者要扮演好“变革者”角色，第一，要树立正确的变革领导观。领导需要变革，变革需要领导。领导与变革是互动的。领导者就要不断适应变革、领导变革、推动变革，做变革的先锋和向导。但是，在面对变革的时候，我们必须弄清楚 3 个问题：我们为什么要变革？到底要变革什么？要变成什么样？这些问题事前想清楚了，变革才能越变越好，否则就会走上歧路和邪路，甚至会犯颠覆性错误。第二，要善观大势适应变革。领导者要永远做好变革准备，解放思想、更新观念、与时俱进，科学地分析判断形势，认清时代潮流，审时度势，因势利导，趋利避害，顺乎民心，合乎民意。要增强工作的预见性，主动适应新变化，抢抓新机遇。第三，要因势而生引领变革。领导者要善于发动变革，创造改变，掌握变革的主动权，统筹规划，合理安排，做好顶层设计，制定好变革战略。要通过制定愿景宣传变革带来的好处，增强变革的危机感，放大变革的动力，减少变革的阻力，感召追随者的理解和支持，让大家自觉接受变革。要热情鼓励下属和群众变革，勇于承担因变革造成的一切后果。要有进行变革的决心和毅力，成为变革的先锋和中流砥柱，引导变革向着正确的方向前进。第四，创造改变推动变革。领导者要有较强的变革领导力，要从改变人们的心态开始，带领员工顺利度过变革的心理舒适期、心理发展期和心理恐慌期。要尽量降低变革的阻力，特别是人的思维习惯和群体压力。要善于把握变革的最佳时机。要对下属施加足够的压力，注意将压力保持到能够接受的水平，并适时做出调整。要充分发挥群体力量，防止变革成为“一个人的战斗”。要注意循序渐进，防止欲速则不达。第五，要鼓励下属创新变革。领导者要为被领导者提供时时都能够感受到的组织支持，帮助训练被领导者学会改变，让他们有能力参与变革。要进行机制创新，实行差别化的激励政策，营造有利于创新的文化环境，建立参与约束、激励相容的创新激励机制，把个人目标和组织目标相结合，个人贡献与利益获得相挂钩，促使被领导者保持旺盛的创造力和开拓进取精神。

五、学会领导角色转换

领导者扮演着各种各样的角色，其角色扮演成功与否直接影响到组织的兴衰和事业的成败。由于时代和领导工作的变化，需要领导者适时转换领导角色。我们这里说的领导角色转换具有两层含义：一方面是说，领导者是一个角色集，随着工作环境、场合和职位等方面的变化，这就要求领导者必须根据场所变化，学会调整领导角色，以适应领导角色的需求。另一方面是说，领导角色是一个动态的概念，这就要求领导者必须根据时代变化，自觉抛弃不合时宜的旧的领导角色，转变到与时俱进的新的领导角色。德国著名哲学家尼采说，伟大的人是自己理性形象的扮演者。领导者在扮演领导角色时，绝不能随心所欲，也必须按照时代和职场的需要，适时地转换领导角色，尽快缩短角色转变的停顿期和缓冲期，理性地扮演好领导者角色。

（一）由“船长”向“设计师”转换

领导控制的方式一般有两种：一种是直接控制；一种是间接控制。领导者扮演“船长”角色，船上的大事小情都由他一个人发号施令，但他只能在事情发生之后，就事论事地解决问题，所实施的控制方式是直接控制，其影响力是有限的。而领导者扮演的“设计师”角色，是在事情发生之前，就设计好可能出现问题的解决方案，所实施的控制方式是间接控制，其影响力是巨大的。“船长”和“设计师”角色的根本区别就在于：“船长”是解决问题；“设计师”是避免问题。直接控制解决问题与间接控制避免问题，在领导效果上是完全不一样的。所以，现代领导控制方式的变化，要求我们领导者必须学会由“船长”角色向“设计师”角色转换。

（二）由“运动员”向“教练员”转换

领导者的职责主要是出主意、用干部，也就是主抓大事。但是，许多领导者往往喜欢扮演“运动员”角色，什么事情都愿意事必躬亲，对谁也不放心。现代领导观认为，领导应该扮演“教练员”角色，需要退居边缘，平时训练好队员，战前善于排兵布阵，战时实施具体指导，为下属指方向、点路子、教方法、灌能量，让下属自己去行动。特别要成为下属的导师，在思想和精神上引导他们成为追随者。“运动员”和“教练员”角色的根本区别在于：

运动员是靠自己成事；教练员是靠用人成事。所以，现代领导职责的变化，要求我们领导者必须学会由“运动员”角色向“教练员”角色转换。

（三）由“领头羊”向“牧羊人”转换

领导拉动的方式有两种：个人拉动和组织推动。领导者扮演的“领头羊”角色，主要是在前面起带头作用，靠的是领导者个人力量和精神来拉动他人前进，至于后面的人是否愿意跟着走，自己也无能为力。这时领导者充其量是一个“劳动模范”，只能发挥劳模的带头作用，其力量是有限的。领导者扮演的“牧羊人”角色，主要是组织推动，靠的是组织法规和装备力量来推动他人前进。而且领导者身处“羊群”之外，能够高瞻远瞩，有效地管控方向和整个队伍的行动，其作用是巨大的。“领头羊”与“牧羊人”角色的根本区别在于：领头羊发挥的是个体劳模作用，牧羊人发挥的是组织领导作用。所以，现代领导拉动方式的变化，要求我们领导者必须学会由“领头羊”角色向“牧羊人”角色转换。

（四）由“官僚”向公仆转换

领导者做工作所追求的心理满足方式一般有两种：受人喜欢和受人尊重。扮演那种“官僚”角色的领导者，是指那些一心只想当官，不愿做事的人。他们追求的是怎样快做官、做大官，在现有选人体制机制下，他们为了捞到更多选票和好评，就不愿得罪人，不敢坚持原则，他们追求的心理满足是受人喜欢。而公仆所追求的是全心全意为人民服务，他为了工作就要秉公办事，坚持原则，必然要得罪人，也不可能让大家都喜欢。但是，即使那些憎恨他的人，从内心也不得不对他们表示尊重，因为他们是秉公办事。“官僚”和公仆的根本区别在于：“官僚”所做的一切是不情愿的付出，付出是要有回报的；而公仆所做的一切是无私的奉献，奉献是不要求回报的。这是一种思想境界的差异，是人心所向，也是“官僚”难以理解的。所以，现代领导心理满足方式的变化，要求我们领导者必须由“官僚”角色向公仆角色转换。

（五）由“裁判员”向鼓舞者转换

领导者评价方式一般有两种：宣传自己和宣传他人。一种领导者往往喜欢宣传个人的业绩，把什么功劳都归于自己；一种领导者往往喜欢宣传下属的业绩，把功劳都归于下属和群众。这两种评价方式带来的结果是不一样的：那种越是想把成绩揽在自己身上的领导者，越是揽不过去，因为大家不买账，这种领导者常常得到不幸的结局。而那种越是想把成绩推给下属的领导者，越是推不出去，因为大家感到这些成绩是他领导有方所致。两者的领导效果是显然不同的。“裁判员”和鼓舞者的根本区别在于：裁判员只是在评价事；而鼓舞者是在激励人。领导的核心就是激励。被领导者受到领导者激励的驱策，会全力追求超越自我的成就感，想方设法督促自己跟上领导者的脚步。所以，现代领导自我评价方式的变化，要求我们领导者必须由“裁判员”角色向鼓舞者角色转换。

（六）由管理者向变革者转换

现代领导理念的变化趋势是：放弃管理，学会影响。领导与管理是一个硬币的两面，它们有着密切的联系，但也有本质的区别。领导与管理根本区别在于：管理是正确地做事情，领导是做正确的事情；管理是靠控制力，领导是靠影响力；管理是程序的工作，领导是变革的力量，管理是安于现状，领导是挑战惯例；管理是接受现状，领导是强调未来。可见，领导需要变革，变革需要领导。领导者的主要任务就是变革，在变革中寻求机会和创造价值。领导者扮演的变革者，是陈规陋习的挑战者、时代风尚的引领者、领导工作的创新者、变革战略的推动者、组织愿景的捍卫者。他们作为组织变革的催化剂，致力打破组织内部的陈腐格局，反对墨守成规、故步自封、迷信权威的保守思想和教条主义，不断创造有利于变革的环境，并推动组织不断向前发展。所以，现代管理与领导理念的变化，要求我们领导者必须由管理者角色向变革者角色转换。

CHAPTER 01

第一章

领导系统的“设计师”

太上，不知有之；其次，亲而誉之；其次，畏之；其次，侮之。信不足焉，有不信焉。悠兮其贵言。功成、事遂，百姓皆曰：我自然。

——老子

领导者是群众的主心骨。他必须高瞻远瞩，未雨绸缪，为大家指明正确的方向，设计出激动人心的战略，善于避免问题少走弯路，从而影响和率领群体实现共同愿景。这必然要求领导者顺应时代需要，学会由“船长”角色向“设计师”角色转换。

一、何谓“设计师”？

在领导活动中，人们往往习惯于把领导者比喻为船长，认为船长能够凭借他的智慧和经验给人们指明准确的航向，处理航行过程中出现的各种问题。但是，当笔者看过美国大片《泰坦尼克号》后，笔者发现自己对船长的认识发生了彻底的改变。笔者最难忘的场景是这艘大型游轮在冰海沉没前船长组织营救的悲壮场面。当船长命令船员发电报和信号弹求救无济于事，然后将所有的救生艇都放出去，还有上千名乘客无处可逃。当影片中一个妇人怀抱着婴儿走到船长面前问：“船长，我该怎么办？”船长无言以对，转身走到驾驶室呆坐无语。为什么他不回答妇人的问话？因为他所想到的办法都用上了，也无法挽救巨轮沉没，他此时唯一的选择只能是坐以待毙！

为什么昔日发号施令的船长，此时却失去了任何威力？为何曾被认为是永不沉没的巨轮，却发生了旷世惊天的灾难？当后人分析沉船的原因时发现，关键问题是出在这条船的设计方面。设计师没有考虑整体船只的骨架、体积应与当时的钢材等加工材料的水平相匹配，导致船只与冰山相撞之后整个龙骨断裂。同时，船底排水舱与船舱相连，当一只排水舱进水后，其他船舱也跟着进水，从而使沉船悲剧最终不能幸免。不难看出，船长的作用固然重要，但设计师却起着关键作用。没有好的设计师，再好的船长也不可能挽救沉船的命运。

那么，船长与设计师的根本区别在哪里？船长是一船之长，他只是在船上事情发生后就事论事地解决问题，所实施的控制方式是直接控制，其影响力是有限的；而设计师是在陆地上设计好可能出现的问题的解决办法，从而避免问题的出现，所实施的控制方式是间接控制，其影响力是巨大的。所以，船长是解决问题；设计师是避免问题。

美国管理学家彼得·圣吉在《第五项修炼》一书中认为，21 世纪的领导者首先应该是组织系统的设计师。他认为，领导者作为组织的设计师其工作是"化除"问题而不是"解决"问题。也就是说，领导者在组织中不应该扮演一个"收拾残局者"的角色，而应该是一个"运筹帷幄者"。这就要求领导者必须及时发现组织中即将出现的问题，设计一套程序和方案，把这些问题消除在萌芽状态之中，做到防患于未然。

设计师（a designer; a creator）原是专业称呼，是对设计事物之人的一种泛称。通常是指在某个特定的专门领域创造或提供创意的工作，从事艺术与商品结合的人。设计师主要体现在创造力，丰富的想象力、创新力和前瞻力，是设计师与工程师的重大区别。随着时代的发展，设计已经从专业活动变成了社会活动，领导工作中也常常用"设计师"来比喻领导者。所以，我们这里讲的"设计师"角色，是指那些能够未雨绸缪，为组织设计出正确发展方向、战略规划和组织架构，并能够善于避免问题，影响和率领被领导者实现共同目标的领导者。

直接控制解决问题与间接控制避免问题，在领导效果上是完全不一样的。邓小平之所以被世人称颂为"总设计师"，就是因为他科学地设计了中国特色社会主义的宏伟蓝图，清晰地勾画了中国“三步走”战略，为中国的现代化建设及和平崛起铺平了道路。当前，规划中国改革开放的新航程，让改革走出僵局与困境，需要一个新的设计师。习近平以他的勇气、担当、实干精神站在了这个位置上，并且通过走一条“好路”“新路”，使他作为全面深化改革“顶层设计师”的形象日益清晰。所以，领导者要培养“设计领导力”，努力把自己塑造成优秀的“领导设计师”。

二、构建组织愿景

现代领导者扮演的“设计师”角色，不是一般的设计师，而是实现共同愿景的“设计师”。所谓愿景，是指描绘出来的一种可能性的未来图画。回答“我们往哪里去”的问题。通俗地说，就是一个人从心灵深处用景象来呈现的奋斗目标。领导者扮演“设计师”角色，就是要设计出大家真正想得到的理想结果。彼得·圣吉根据自己与多位领导者合作的经验指出，领导者的设计工作，首先要做的是确定组织的发展愿景、价值观和最终使命。德鲁克也说过，“领导力就是愿景”。领导者的首要任务，就是通过设立共同愿景调动人们的积极性，为组织注入生机和活力，促进组织快速又健康地发展。

领导者构建组织愿景，首先要指引正确方向。领导者应该是组织中最先展望未来，最先传播蓝图的人。领导者如果期望别人愿意加入他们的行列，就应该为组织及部属勾勒未来远景，着力使部属的梦想与希望活化起来，促使他们看到未来充满令人振奋的可能性，引导他们去找到地平线上的某点，并且鼓励人们对远景的信心与热忱，让他们愿意坚定不移地朝着既定目标前进。

1917 年 6 月 16 日，全俄工兵代表苏维埃第一次代表大会在彼得格勒召开。在 1000 多名代表中，770 人声明了自己所属的党派：社会革命党，285 名；孟什维克，248 名；布尔什维克，105 名。布尔什维克在代表中连 10% 都不到，人数最少。孟什维克党人、临时政府邮电部长策烈铁里在会上高声宣称，在俄国没有哪一个政党敢于单独掌握全部政权，并对国家今后的命运负责。代表席上一个身材不高、目光锐利的人站起来，大声回答："有这样的党！"回答者是布尔什维克党人的领袖列宁。

在俄国敢如此回答的，只有列宁一人。列宁的自信来源于对人类社会发展规律的把握，来源于对过去和未来的透视。1917 年 4 月，列宁回国，在火车站欢迎会上就喊出"社会主义革命万岁"的口号。当时"二月革命"刚刚成功，临时政府刚刚建立，党内外对这一口号均感到不可思议，怀疑列宁犯了超越革命发展阶段的左倾错误。《真理报》声明说："对于列宁同志的总公式，那是我们所无法接受的，因为它的出发点是认为资产阶级民主革命已结束，指望这一革命立即转化为社会主义革命。"但列宁言中了。6 个月后，震动世界的十月革命爆发，建立了世界上第一个社会主义国家。

1930 年 1 月 5 日，毛泽东给黄埔军校第四期毕业生、红四军第一纵队司令员林彪写信预言："但我所说的中国革命高潮快要到来，决不是如有些人所谓'有到来之可能'那样完全没有行动意义的、可望而不可即的一种空的东西。它是站在海岸遥望海中已经看得见桅杆尖头了的一只航船，它是立于高山之巅远看东方已见光芒四射喷薄欲出的一轮朝日，它是躁动于母腹中的快要成熟了的一个婴儿。"这就是预见中国革命未来的名篇：《星星之火，可以燎原》。正是毛泽东工农武装割据思想，使中国革命走上了正途。

毛泽东最终让全党信服并被推举成全党的领袖，并在党的七大将毛泽东思想作为党的指导思想，是因为他的战略方针被证实是最成功、最有效和最正确的。抗战初期毛泽东与王明的路线之争，也恰恰反映了这种情况。1937 年 8 月，中共党内就围绕抗日高于一切，还是党和革命的利益高于一切的问题，发生过激烈的争论。从洛川会议的讨论情况清楚地看出，毛泽东及其支持者是少数，而大多数与会者并不赞同毛泽东关于党的利益高于一切的主张。11 月王明回国带回莫斯科关于"抗日高于一切"的政策规定之后，党的绝大多数领导人支持王明的主张。但是仅仅两年之后，国共关系以及抗日战争的现实就让几乎所有党的领导人意识到了毛泽东高人一筹的预见力。当共产党按照毛泽东的主张，把主要力量放到开创敌后根据地和发动群众，组建抗日武装方面来之后，共产党的力量发展就取得了突飞猛进的巨大效果，不仅成为敌后抗战主力，而且具备了战后与国民党一争高下的实力[1]。

习近平总书记是一名坚定的共产主义信仰者。上任伊始，即向世人宣示坚持社会主义的道路自信、理论自信、制度自信，既不走封闭僵化的老路，也不走改旗易帜的邪路，及时粉碎了敌对势力的政治图谋，重挫了别有用心者的嚣张气焰，坚定了举国上下走中国特色社会主义道路的信心和决心，展现了中国共产党强大的政治定力。

指导思想是一个政党的精神旗帜，高擎思想旗帜，全党才知所趋所赴。中国共产党是用先进思想孕育催生、用科学理论指导武装起来的马克思主义政党。建党 95 年以来，始终把马克思主义科学理论作为自己的行动指南，并坚持在实践中不断丰富和发展马克思主义。党的十八大以来，以习近平为总书记的党中央站在新的历史起点上，不忘初心，高扬旗帜，坚持目标导向和问题导向相统一，以深邃的战略思维、辩证思维、创新思维、底线思维，提出了一整套具有战略性、前瞻性、针对性的新思路新举措，团结带领全党和全国各族人民同心协力、苦干实干，不断开辟治国理政新境界，开创党和国家事业发展新局面，为我们破解发展难题、赢得发展主动和优势指明了前进方向。

IBM 是目前全球最大的 IT 公司，近几年来的年收入均在 800 亿美元以上，并连续位居《财富》全球企业五百强的前 20 位。创始人托马斯·沃森父子半个世纪以来所持有的坚定的信念，是 IBM 成功的重要原因之一。这些信念造就了 IBM 独特的企业文化，同时也赋予 IBM 力量并成为取胜的法宝。小沃森在总结 IBM 成功经验时说：“我认为一个公司的成败，在于它如何有效运用组织成员的能力和才智，如何帮助大家找到共同的目标，以及如何透过代代相传的改变而保持共同的目标与方向。我发现能屹立数年的大组织，并非得力于组织形态与行政技巧，而在于信念的力量，以及信念对于组织成员

① 杨奎松．我看毛泽东的成功之道［J］．领导文萃，2012（8）上．

的吸引力。因此我的理念是：任何公司想要生存、成功，首先就必须拥有一套完整的信念，作为一切政策和行动的最高准则。其次，必须遵守那些信念。处在千变万化的世界里，要迎接挑战，就必须准备自我求变，而唯一不变的就是信念。换句话说，企业的成功，主要是跟它的基本哲学、精神和驱策动机有关。信念的重要性远远超过技术、资源、结构、创新以及时效。”然后，他还引用英国经济学家沃尔特·白芝浩的话作为佐证：“坚定的信念造就了坚强的人，然后又使他们变得更加强壮。”最后他补充道：“随着人们变得强壮，他们所在的企业也随之强壮起来了。”

领导者构建组织愿景，要向大家传播美好愿景。拿破仑说过一句名言：“领导者是贩卖希望的人。”领导者是以远景引领众人努力前行的人。那么，他们必须着力使部属的梦想与希望活化起来，促使他们看到未来充满令人振奋的可能性，而人们对远景的信心与热忱，正是引燃灵感的火花。尤其是迈向远景的路途既艰辛又漫长，当人们逐渐感到疲累甚至放弃的时候，领导者要懂得鼓舞人心，让他人愿意继续坚持下去。

美国管理学家彼得·圣吉认为，领导者的设计工作不仅包括设计组织的政策、策略和系统，更重要的工作是为组织设计基本观念，也就是组织活动时所依据的愿景、核心价值观和最终目的。吉姆·柯林斯在《基业长青》一书中指出，那些真正能够留名千古的宏伟基业都有一个共同点：有令人振奋、并可以帮助员工做重要决定的“愿景”。对于任何组织而言，是否拥有一个美好的愿景，是该组织能否从优秀迈向卓越的重中之重。

2016 年 7 月 5 日，美国著名管理学大师彼得·圣吉应中国浦东干部学院邀请，做了《系统领导力——中国成为系统变革的全球领袖》主题演讲。他认为，系统领导者是能够在更大范围内催化合作并促成改变的那些人。在他看来，促成多组织共创过程的发生，需要 3 个核心能力：一是“看清复杂”，是对世界的系统感知和思考；二是“滋育热望”，是通过共同愿景让每个参与者都能找到他们真正的关切；三是“反思性会谈”，这是一个在充分信任基础上展开集体反思对话的团队学习过程。三者就像一个板凳的三条腿，在促成改变中缺一不可。他强调指出，没有人能改变别人的心智模式，我们只能去创设一种学习过程和氛围，使人们能够放下固有观念、打开头脑，引导人们在不断的实践与反思中实现深层的自我学习和改变[①]。

“中国梦”是党的十八大会召开后，习近平总书记所提出的指导思想和执政理念。2012 年 11 月 29 日，习近平把“中国梦”定义为“实现中华民族伟大复兴，就是中华民族近代以来最伟大梦想”，并且表示这个梦一定能实现。“中国梦”的核心目标也可以概括为“两个一百年”的目标：就是到 2021 年中国共产党成立 100 周年和 2049 年中华人民共和国成立 100 周年时，逐步并最终顺利实现中华民族的伟大复兴。具体表现是国家富强、民族振兴、人民幸福；实现途径是走中国特色的社会主义道路、坚持中国特色社会主义理论体系、弘扬民族精神、凝聚中国力量；实施手段是政治、经济、文化、社会、生态文明五位一体建设。“中国梦”的最大特点，就是把国家、民族和个人作为一个命运的共同体，把国家利益、民族利益和每个人的具体利益都紧紧地联系在一起。“中国梦”一经提出，就产生强大的号召力和感染力，成为中国走向未来的鲜明指引，成为激励中华儿女团结奋进、开辟未来的一面精神旗帜。

习近平认为，实现“中国梦”这一伟大愿景，不仅有利于中国人民，也能够造福世界各国人民。习近平指出：“中国梦与中国人民追求美好生活的梦想是相连的，也是与各国人民追求和平与发展的美好梦想相通的。”“中国梦要实现国家富强、民族复兴、人民幸福，是和平、发展、合作、共赢的梦，与世界各国人民的美好梦想相通。”[②]这是因为我们同住一个地球村，我们的事业是同世界各国合作共赢的事业。为此，习近平指出，当前国际形势复杂多变，面临各种风险挑战。世界各国命运紧密相连，已经成为不可分割的命

① 林颖，孔振澎 . 聆听彼得 · 圣吉：以系统领导力促共享、共创、共赢［EB/OL］. 中国浦东干部学院网 .

② 习近平主席在美国加利福尼亚州安纳伯格庄园同美国总统奥巴马举行中美元首第一场会晤［EB/OL］. 新华网，2013-06-07.

运共同体。我们应该发扬同舟共济的精神，共同建设一个更加繁荣、稳定、和谐的世界[①]。习近平在联合国发展峰会上倡议："国际社会加强合作，共同落实2015年后发展议程，努力实现合作共赢。健全发展协调机制。各国要加强宏观经济政策协调，避免负面溢出效应。区域组织要加快一体化进程，通过域内优势互补提升整体竞争力。"[②]2016年9月初，习近平在G20杭州峰会期间发表重要讲话，为构建创新、活力、联动、包容的世界经济描绘了愿景，推动了世界经济增长达成"杭州共识"，为世界经济复苏开辟新路径，向国际社会充分展现中国的责任与担当，受到了国际社会的普遍赞誉。

2016年9月10日，湖畔大学在喜马拉雅推出首部线上公开课：马云告诉你什么是使命、愿景、价值观。看后感觉非常值得，促使我们思考什么是愿景？马云认为，愿景是要有阶段性的，5年、10年、20年会怎么样。愿景不是说我明年业绩涨个20%大概差不多了，这不是愿景，这是目标。我们在西方的公司会经常问这个问题，20年后你的公司到底怎么样啊？20年我没想过啊。那你这个公司有问题。你要有至少10年、20年的设想和规划，这叫愿景。阿里刚成立的时候，我们提出的愿景是这家企业要活80年，这家企业要成为世界十大网站之一。这是我们的两个愿景，愿景不能太多。我那时候觉得，人生就活80年差不多了，朦朦胧胧觉得企业如人。但后来，我们提出了活102年，我们99年成立，活102年就可以横跨3个世纪。现在百年企业已经空化了，都说要百年企业，你要真正做到目标明确。如果做的不是我们要的，不是开心的，那我们可以明天就把公司关了。

马云曾在日本街上看到一个小店门口挂了一块牌，"本店152周年店庆"。他很好奇跑进店里一看，店面不会超过20个平方米，一个老头和一个老太在做糕点。马云问："你们这个店有152年啊！"老人说："152年。我们家的糕点提供给了日本皇宫。"马云说："你怎么不想搞得大一点？"老人说："挺

① 习近平同英国首相卡梅伦再次会晤［N］. 光明日报，2015-10-22.

② 习近平在联合国发展峰会上的讲话——谋共同永续发展做合作共赢伙伴［EB/OL］. 新华网，2015-09-26.

好的，我们几代下来就在这个地方做，我们挺享受的。”马云无比的感动，他们过得快乐、舒适。

所以，企业做大，不一定快乐；做小，不一定不幸福。我们中国人很多时候都是在说，企业要做好、做大、做强。其实阿里在早期的时候，我最迷茫的时候，2002 年、2003 年、2004 年是一分钱都没有赚。1999 年到 2000 年最头疼的是，投资者天天问你，你的商业模式是什么，你的营收、你的利润是多少？我那时候，觉得最大的收入是什么：每天有很多的感谢信、E-mail 发到阿里巴巴，感谢我们让他挣到了钱。虽然我从他们身上没挣到钱，但他从我这儿挣到钱了，我觉得这东西有价值。只要有价值的东西，一定能赚到钱。除非你太愚蠢，你为了融更多的资，讲泡沫故事，你就玩完了[①]。由此可见，领导者构建的愿景应该是共同愿景，不仅要体现组织存在的价值，更要体现每个人的成长价值。只有这样的共同愿景，才能够吸引人为之奋斗！

领导者构建组织愿景，要共创神圣使命。愿景是与使命共生共灭的。什么是使命？使命是应该承担的责任和义务。譬如，IBM 公司的使命是，“无论是一小步，还是一大步，都要带动人类的进步”。合伙人管理模式咨询专家王国钟说，使命就是拿出命来、全力以赴干一件事情。大凡优秀领导者都是通过使命来驱动团队，而不是通过利益的驱动。三流的管理者是通过钱来驱动员工；二流的管理者，通过钱 + 情感的方式来驱动员工；而一流的管理者是通过使命的方式来驱动员工。毛泽东在当时那么艰苦的条件下，凭什么能够把所有人凝聚在一起？为什么中国革命先驱们在没有个人利益的情况下，还是为革命甘洒热血，前赴后继？这不是利益的驱动，而是使命的驱动。领导者的任务，就是使命的驱动。

领导者是设计师，是说领导者既不是“船长”，也不是“舵手”，而是船体本身的设计师。所谓设计师就是科学设计组织系统的各个组成部分，使之相互协调配合，发挥出组织的整体功能。具体说来，领导的设计工作是一个

---

① 湖畔大学推网络公开课　马云再谈企业使命感［EB/OL］. 搜狐财经，2016-09-12.

对组织要素进行整合的过程，不仅要设计组织机构、管理体制、组织政策，更重要的是要提出组织发展愿景、基本理念和发展战略。

彼得·圣吉在《第五项修炼》一书中写道：领导者的设计工作也是整合。学习型组织领导者重要的设计工作包括整合愿景、价值观、理念、系统思考以及心智模式这些项目。类比元件公司总裁史塔达认为，“领导者的新工作将包含设计组织和它的政策，这需要把公司视为一个系统，不仅内部各个组成部分相互连接，也要与外在环境连接，还需要明了系统的整体绩效要怎样运作才能更好”。汉诺瓦公司总裁欧白恩说：“组织设计的首要工作是设计基本理念——我们进行所有企业活动时所依据的愿景、核心价值观和最终目的。”史塔达说：“组织的整体设计包括一些无形的事物，甚至包括难以察觉、却能使事情密切结合在一起的价值观在内。”

美国爱玛客作为一家国际领先的专业服务公司，被《财富》杂志评为全球最受尊外包服务业第一名。它的全球员工约 27 万人，在 45 个国家和地区提供服务，年营业额超过 100 亿美元。爱玛客公司的成功，是在德鲁克的管理思想指引下成功的一个典型。爱玛客引发员工释放能量的核心举措就是让员工达到使命上的认同。针对受教育程度不高的蓝领工人的使命观教育有着不小的难度。爱玛客公司针对一万多名员工，开展了粗浅易懂的使命的板报与绘画比赛。每一个清洁工，每一个运送病人的工人，每一个水电维修工，都要用他们的双手来诠释他所理解的使命是怎么一回事，这些图片或者绘画，虽然表面看似幼稚，但其实在整个过程中，他们已经从内心里理解了企业的使命是什么。最后，这些作品中的优秀设计，被做成非常精美的宣传页，印发在公司所有的相片上，让员工来体会他们自己所设计的作品。这些小小的动作都很好地实现了员工们对于公司理念的认同①。

1984 年，张瑞敏因为德国“利勃海尔”的项目第一次出国。一位德国朋友带着他参观德国市场的时候，问张瑞敏：“你知道你们中国的什么产品在德

① 李国柱 . 爱玛客：释放管理的能量［J］. 当代经理人，2009（11）.

国最畅销吗？”张瑞敏摇摇头。德国朋友说：“烟花和爆竹最畅销。”德国友人一句不经意的话，深深地刺痛了张瑞敏：“难道中国人只能永远靠祖先的四大发明过日子吗？”此刻，30多岁血气方刚的张瑞敏，有一种热血沸腾的感觉，一个伟大的梦想从此时常萦绕在他的脑海里：要让海尔产品不仅在德国市场上畅销，更能畅销世界！正是在这一梦想强大的牵引与召唤下，张瑞敏和他的海尔卧薪尝胆，韬光养晦，奋发图强，一步步地由“中国的海尔”驶向“世界的海尔”的彼岸。

“中国梦”是习近平总书记提出来的。它关系着中国未来的发展方向，凝聚了中国人民对中华民族伟大复兴的憧憬和期待，是整个中华民族不断追求的梦想，是亿万人民世代相传的夙愿。如何实现这个伟大愿景？习近平坚定表示：“实现中国梦必须走中国道路，必须弘扬中国精神，必须凝聚中国力量。”党的十八大以来，以习近平为核心的党中央审时度势，提出了一系列治国理政的新理念新思想新战略，这些思想集中体现在习近平总书记系列重要讲话之中。有人概括为党的最新理论成果的“四梁八柱”：实现中华民族伟大复兴的中国梦，统筹推进“五位一体”总体布局，协调推进“四个全面”战略布局，新发展理念，社会主义核心价值观，经济发展新常态，供给侧结构性改革，“一带一路”，构建以合作共赢为核心的新型国际关系，“人类命运共同体”，等等。这些都是以习近平同志为总书记的党中央，提出的治国理政的新理念新思想新战略，是构成党的最新理论成果的“四梁八柱”，为我们向新的奋斗目标前进提供了基本遵循[①]。

“中国梦”作为一个共同目标，需要整合具体目标得以落实。据新华网报道，习近平每到一个地方，首先看的往往是这个城市的规划。原因何在？规划决定未来。规划好了，城市才有发展；规划坏了，城市就要走弯路，浪费发展良机。一个城市的规划如此，更何况是一个国家的发展。习近平以实

---

① 黄坤明．高扬马克思主义政党的精神旗帜——深入学习习近平总书记“七一”重要讲话精神［EB/OL］．人民网，2016-07-05.

现国家富强、民族振兴、人民幸福的“中国梦”目标为总引领，以“全面建成小康社会、全面深化改革、全面推进依法治国、全面从严治党”的“四个全面”为总规划，并设计了实现共同目标的具体路线图与时间表，这就是“两个一百年”奋斗目标：到2020年建党100年时全面建成小康社会，到2050年新中国成立100年时建成富强民主文明和谐的社会主义现代化国家。习近平把战略愿景与阶段性目标有机结合起来，更好地构筑了中国精神、中国价值和中国力量，为中国特色社会主义事业提供源源不断的精神动力和道德滋养。

实现“中国梦”的伟大愿景，需要凝聚协同各方面力量。社会主义建设的任务众多，习近平运用协同学的观点统筹中国特色社会主义事业发展问题，强调各方面工作要系统谋划，他将社会主义事业作为一个系统工程整体推进。党的十八大以来，以习近平为核心的党中央以“中国梦”为大方向，把社会主义道路的推进发展，小康社会的全面建设，改革开放的整体走势紧紧聚集在一起，形成了统一的领导工作体系。习近平在中央政治局讨论“十三五”规划纲要时指出：“党的十八届五中全会提出要实现十三五时期发展目标必须把协调发展的重点放在：必须牢牢把握中国特色社会主义事业总体布局，正确处理发展中的重大关系，重点促进城乡区域协调发展，促进经济社会协调发展，促进新型工业化、信息化、城镇化、农业现代化同步发展，在增强国家硬实力的同时注重提升国家软实力，不断增强发展整体性。”[①]习近平根据新形势新情况，提出了全面建成小康社会的总体目标要求：当前和今后5年，我们的中心工作是全面建成小康社会。全面小康，重在“全面”，意指是要解决发展中的不平衡问题，增强发展的整体性和全面性。既要东部率先，也要西部开发、中部崛起、东北振兴；既要城市繁荣，也要农村小康；既要物质丰裕，也要精神丰富；既要经济建设，也要国防融合发展。这些目

① 中共中央关于制定国民经济和社会发展第十三个五年规划的建议［EB/OL］. 新华网，2016-03-17.

标要求与实现“中国梦”的总方向相一致，与中国特色社会主义事业总布局相衔接。只有增强协同性才能让小康社会的全面建成和持续发展行稳致远。

美国通用电气（GE）在100多年前创建这家公司的时候，那时候爱迪生发明了电灯泡，他们公司第一个使命就是“让天下亮起来”。那个时候的电灯泡，大概只能亮两三分钟，灯泡里面的钨丝马上就烧没了。所以从老板到员工，都希望这两分钟的亮，能做到20分钟。招进来的人，都认同这个事情。GE发展到今天为止，一切都围绕着电气。所以，加入这家公司的人充满着荣耀感：“我的工作是让世界亮起来。”

美国迪斯尼的使命是：make the world happy，即“让世界快乐起来”！所以，他们最早招进来的员工都是很开心的人，悲观的人没办法进这个公司。他们的戏剧、电影，所有东西都是让大家开心。如果你有这样的使命，你招聘的角度是完全不一样的，你建的组织也完全不一样。

马云认为，你的使命很庸俗，你招不到好的人。你的使命很高大，那些实实在在的人又不来。使命需要想明白3个问题：你有什么、你要什么、你能放弃什么。我把这称为“使命感”。只要是一个组织，他要能生存下来，一定是有一个坚强的使命。阿里巴巴的使命是让天下没有难做的生意。这个使命听起来好像很宏大，但是你真正相信，才会有人也相信。

三、制定发展战略

战略是对全局、未来和长远的谋划。领导层次不同，对领导者的技能要求也是不一样的。对于基层干部来说，需要的是过硬的业务技能；而对领导者的要求，不仅要成为业务内行，更要具有领导技能，特别是战略谋划能力。美国前总统尼克松认为，“领袖人物一定要能够看到凡人所看不到的眼前利害以外的事情，他们需要站在高山之巅极目远眺的眼力”。所以，领导者要获取事业的成功，就必须扮演好战略家角色。

制定发展战略，首先要明确角色定位。领导者需要实干精神，但不能做只埋头拉车，不抬头看路的“实干家”，要成为高瞻远瞩、统领全局的战略家，在危机时刻能够为组织指明正确的方向，为组织制定出宏伟战略。所谓领袖，就是看得比别人仔细，比别人远，且比别人早一步先看到的人。

实干家和战略家的干部区别在于：实干家注重的是策略问题；战略家注重的是战略问题。管理包含着领导，领导包含着管理，但两者是有根本差异的：领导是做正确的事，管理是把事做正确；领导是带来变革，管理是维持秩序。其实领导和管理是相对而言的，如果说管理是为了组织规范有序，那么领导就是要使组织活跃起来，从规范状态变为激发和运动状态；如果说管理是为了组织维持日常工作正常运转，那么领导就是让组织不断创新、不断超越。管理学有一种观点："不要因为你的下属能力不够去替代他，而要因为你的下属权限不够去支持他。"德鲁克讲："作为一个领导者，应该聪明地做事而不应该卖力地做事。"

目前要改变一些领导者"角色错位"的不正常状况，关键在于各级领导者"角色归位"。《吕氏春秋》有句话说得好："贤主劳于求贤，而逸于治事。"这是指英明的君主一般都要花很多时间去寻找贤才，而不会浪费太多的时间在治理一些小事上。如果领导者花很多时间用于管理事务，而不去设法寻求贤才，那就是本末倒置的做法。为此，领导要做好自己分内的正事。副手的事、分外的事让别人做去。领导要抓好"四两拨千斤"的大事。毛泽东同志说过，出主意、用干部是领导两件大事。出主意是谋事，用干部是选人。事谋准了就"事半功倍"；人选准了就能起"酵母"作用，用好一个人，带动一群人。领导要解决好群众关心的难事。到最困难的地方去"雪中送炭"，到划定线路之外去调查研究，听群众原汁原味的呼声，感受群众的疾苦，为他们排忧解难。

20世纪90年代，我在黑龙江省老干部活动中心搞过一次问卷调查，其中有一个问题是："您做了一辈子领导工作，接触了许多领导者，您最佩服的领导者是谁？"这些老干部有填写毛泽东、周恩来、刘少奇等中央领导的。但有一个人的名字引起了我的注意，因为许多老干部填了一个我不熟悉的名字——欧阳钦。我就找一些老干部访谈，有人告诉我欧阳钦是新中国成立初期黑龙江省的省委书记。我问他们为什么这么佩服欧阳钦？一位老干部给我讲了一个故事，说欧阳钦有一个外号叫“九三学社”。意思是说他上午 9 点上班，下午 3 点下班，这个期间在省委工作，你找他汇报工作、研究问题都可以。下午 3 点他回家以后，没有重大问题一概不许打扰他。你看这个省委书记当得多牛，别人 8 点上班他 9 点到，别人 5 点下班他 3 点跑，这不是典型的“迟到早退”吗？其实不然，他是在家里静下心来思考战略问题。可以说欧阳钦是一个战略家。实践证明他在任期间，是黑龙江发展最好的时期之一。戏剧舞台上曾有过这样一副对联：“三五人千军万马，六七步四海九州。”说的是戏剧表演中的艺术表现手法，引申到领导工作，如果给你三五个人，你能使其发挥千军万马的作用，则是达到了举重若轻的境界。

美国 IBA 公司总裁郭士纳对计算机技术一窍不通，他接手该公司时许多人对他表示怀疑。他上任时就直接对这些专家说，我不懂你们的技术，但我长期是你们的客户，我比你们更了解客户需要什么。他把 IBA 公司由技术导向型转变为客户导向型，他取得了成功。实践证明，领导是善于授权者。一个组织越强化等级权力，越强调集权控制，组织成员的依赖心理就越重，工作创造性和积极性随之会明显地减弱，甚至是完全丧失。与之相反，一个组织越强调授权，越主张权力下移，组织成员的学习力、创造力就越强，组织必然会越来越强大。

美国管理学家吉姆·柯林斯在与杰里·I. 波勒斯合著的《基业长青》一书中，提出了“造钟，而不是造时”的重要思想。吉姆·柯林斯指出：“伟大的公司的创办人通常都是制造时钟的人，而不是报时的人。他们主要致力于建立一个时钟，而不只是找对时机，用一种高瞻远瞩的产品打入市场；他们并非致力于高瞻远瞩领袖的人格特质，而是致力于构建高瞻远瞩公司的组织特质，他们最大的创造物是公司本身及其代表的一切。”“造钟”就是建立一种机制，使得公司能靠组织的力量在市场中生存与发展，而不必依靠某个人、产品或机会等偶然的东西。随着市场的进一步完善与规范，企业必须越来越依靠一个好的机制，包括好的组织结构、好的评价考核体系、好的战略管理等。

张瑞敏一直认为他需要做的是组织设计师。他认为“我每天考虑的是给每个人创造一个空间，能把他们的价值充分发挥出来。未必一定在海尔，它只是一个平台，谁来都行”。海尔正在进行上述变革，原来金字塔状的科层制变成网络性的组织。封闭的传统企业以自我为中心，海尔则要成为互联网上的一个节点，将各种资源联合起来。张瑞敏用他发现的一个悖论来说明这么做的原因：硅谷的初创企业在成为大公司前有很多创新，一旦壮大了却通过科层制压制创新；他们看到某个公司可能会对自己造成威胁，就收过来，目的不是发展，而是保证自己不出问题。

互联网时代，传统的分工式变成分布式，由此带来去中心化和去中介化。张瑞敏把大公司拆成许多小公司，让大家自己来创业。海尔用了两年时间从8.6万人“瘦身”至6万人，被去掉的相当一部分人是中层管理者。海尔不再是一个管理机构，而是数千个小公司构成的创业平台，每个员工都可以创业。张瑞敏称之为创造性重组，原有的都被打碎，然后重新来组织。

随着企业一起转型的还有员工和客户。员工原来的定位是被雇用者和执行者，现在变成创业者和合伙人。如果做得好，还可以入股成为股权持有者，为此海尔一下子冒出很多股东。原来企业面对的顾客，变成了互联网的节点——用户，海尔根据用户的要求来改变，用户融入企业共同创造新价值。哈佛商学院把它写成了一个案例，受到师生的欢迎。这也海尔互联网思维的杰作。

过去10年前，张瑞敏每天忙于研究市场变化、召开各种会议，制订战略和目标，然后分解到各个部门。现在，他只需要盯住创业团队，关注能不能吸引风投，全球最好的资源愿不愿意来。美国企业界有一句话说，什么是好企业？就是企业内部没有激动人心的事发生。如果你事先没有将事情筹划好，那么肯定打败仗。因此，高明的领导者懂得身居高层就要想大事、做大事，我们要实现由埋头拉车的“实干家”向高瞻远瞩的战略家角色转变。

领导者制定发展战略，要搞好顶层设计。“顶层设计”原是一个工程学术语，本义是统筹考虑项目各层次和各要素，追根溯源，统揽全局，在最高层次上寻求问题的解决之道。管理学认为，顶层设计就是按照“以终为始”的原则，通过系统的分析把经营管理目标设定好，把用户心目中理想的完整产品描述清楚，把实现目标的关键要素和主要挑战罗列出来，从而根据目标去配置资源，倒排时间表，形成一个通俗易懂的剧本，然后让各个职能的管理者按照“剧本”上的分工扮演好自己的角色。第二次世界大战以后，顶层设计概念被西方国家广泛应用于军事与社会管理领域，也成为政府统筹内外政策和制定国家发展战略的重要思维方法。中共中央关于“十二五”规划的建议中首次出现“顶层设计”这一新名词，目前已成为中国新的政治名词，预示着中国改革事业进入了新阶段。

顶层设计是运用系统论的方法，从全局的角度，对某项任务或者某个项目的各方面、各层次、各要素统筹规划，以集中有效资源，高效快捷地实现目标。顶层设计的特征：一是顶层决定性，顶层设计是自高端向低端展开的设计方法，核心理念与目标都源自顶层，因此顶层决定底层，高端决定低端。二是整体关联性，顶层设计强调设计对象内部要素之间围绕核心理念和顶层目标所形成的关联、匹配与有机衔接。三是实际可操作性，设计的基本要求是表述简洁明确，设计成果具备实践可行性，因此顶层设计成果应是可实施、可操作的。

通常而言，顶层设计多以规范性的文本呈现，其构成主要包括8个方面：一是主题，明确工作指向。二是主体，明确责任单位或领导。三是目标，明确工作任务，细化工作目标。四是载体，确定工作抓手。五是流程，明确工作步骤。六是路径，明确工作切入点、突破口和路线图。七是组织领导，明确工作分工，落实领导责任。八是考核奖惩，明确量化考核项目、分值权重计分办法、督查验收程序和考核结果运用。在领导工作中，每一个顶层设计应根据实际需要确定具体形式，不可机械照搬，拘泥定式。

顶层设计就是一个总体规划的具体化。如果光有规划，缺乏具体的实现手段，则在总体规划之下很可能又造成各自为政、分兵把守的局面，造成资源难以共享，信息难以互联互通的后果。例如，要完成某一项大工程，就要实现理念一致、功能协调、结构统一、资源共享、部件标准化等系统论的方法，从全局视觉出发，对项目的各个层次、要素进行统筹考虑。

做好顶层设计需要把握好6个关键要素：一是前瞻性预判。顶层设计首先要求领导者面对不确定的未来，能够高瞻远瞩，先知先觉地预测未来。二是从后往前看。就是把终极目标描述清楚，形成一幅令人向往的画面，让大家看清未来，明明白白地去做事。三是系统化思考。就是系统地思考实现终极目标的条件，从源头上努力寻找“根本解”。四是方法论支撑。把系统性的思考上升到理论的高度，形成可以重复复制的成功模式和做法，才能够基业长青。五是数据化分析。必须形成一套科学的决策机制和管控体系，学会用量化的语言去沟通、分析和决策。六是科学化分解。必须把任务变成“动作”，再把“动作”用标准化的流程和工具变成“规定动作”。

顶层设计在社会发展和管理领域的运用，也可以理解为国家层面的“战略管理”。改革的顶层设计就是要从国家战略的高度统筹改革与发展的全局，使改革与发展按照我们的预期目标迈进。“顶层设计”不同于改革开放初期的自下而上的“摸着石头过河”，而是自上而下的“系统谋划”。改革开放之初，中国经济建设首先发力，但社会建设相对滞后，成为经济攻坚的瓶颈。长期以来我国的社会建设明显滞后于经济建设，而文化体制改革、民主体制改革也出现了短板效应，不利于经济改革的纵深推进，因此，多领域改革必须通过顶层设计，齐头并进。具备全局性、协调性、战略性、长远性等特点的顶层设计，在当前的经济社会转型期和关键期，越发彰显其重大意义。

顶层设计是自高端开始的总体构想。“不谋万世者，不足谋一时；不谋全局者，不足谋一域。”顶层设计不是闭门造车，“拍脑袋”拍出来的，而是一种民主集中的过程。改革开放30多年的成功，恰好是顶层设计呼应了来自基层的强大发展冲动。改革是一个系统性工程，顶层设计就是要自上而下，但必须要有自下而上的动力，要通过社会各个利益群体的互动，让地方、社会及各个所谓的利益相关方都参与进来。“顶层设计”与“底层冲动”结合才能取得改革的成功。

我国的顶层设计，主要是抓牵一发而动全身的关键问题，抓长期以来导致各种经济社会矛盾的核心问题，抓严重影响我国经济社会健康稳定发展的重大问题。唯有如此，才能纲举目张，为解决其他问题铺平道路。在改革开放 30 多年基础上继续深化改革，需要全面推进经济体制、政治体制、文化体制、社会体制改革创新，不能就经济谈经济。特别是搞顶层设计，就应从国家稳定发展的顶层和最高利益出发，实事求是，不设思想框框，碰到什么问题就解决什么问题。

加强顶层设计必须在深入实际调查研究的基础上进行，必须同基层干部群众的实践探索相结合。政策的生命力总是源于实践。从安徽小岗村村民探索“大包干”到深刻变革农村经济格局的家庭联产承包责任制，从高度集中的计划经济体制到充满活力的社会主义市场经济体制等重大改革之所以取得成功，关键在于改革领导者对群众意愿的深度关切，对社会主义市场经济发展规律的深刻把握，对基层探索实践经验的及时总结。因此，顶层设计在调研谋划阶段，要问政于民、问计于民、问需于民，把实际情况摸清、摸透、摸准，把群众中无序的分散的意见集中起来，研究形成有序的系统的意见，这就是汲取群众的智慧和力量。在推进实施阶段，要到群众中去做宣传、解释、动员，使决策和部署为群众所理解和拥护，成为群众的自觉行动，这就是团结带领群众向前进。在考核评价阶段，要把群众的接受度、舒适度、满意度作为最高的检验标尺。

顶层设计需要站在国家层面总揽全局，统筹兼顾各方利益。在利益多元、诉求多样的条件下，能否从维护最广大人民根本利益出发，围绕科学发展主题谋划设计方案，决定着顶层设计的成效。要创造条件让不同群体的利益诉求都有机会充分表达，在最大范围倾听民意，最大限度集纳民智，最大限度整合民力，就会形成最能代表广大人民群众利益、体现社会公平正义和时代进步潮流的改革方案，凝聚起最广泛的改革共识，为深化改革、攻坚克难提供源源不断的强大动力。

设计师作品是否优秀，不仅在于是否当下收获赞誉，更在于能否经受住时间考验。而要迎接这种考验，必然要在设计之初就见微知著，把控大局，经略未来。在掌舵中国、绘制改革蓝图时，习近平强调：要从全局看问题，“真正向前展望、超前思维、提前谋局”。在他眼中，中国面临着多条道路，有封闭僵化的老路，有改旗易帜的邪路，这些路要么不实行改革开放，要么否定社会主义方向，都是死路。他的改革蓝图排除了各种干扰，坚定地认为“我们的方向就是不断推动社会主义制度自我完善和发展，而不是对社会主义制度改弦更张”。在他的改革蓝图中，初期的重点主要放在那些更具体的承诺上：放松计划生育政策；废止劳教制度以及设立国家安全委员会。但这只是改革舞台的序幕，在十八届三中全会上习近平明确指出，这“不是推进一个领域改革，也不是推进几个领域改革，而是推进所有领域改革”。习近平强调，要深入研究全面深化体制改革的顶层设计和总体规划，加强对各项改革关联性的研判，把经济、政治、文化、社会、生态各方面的体制改革有机结合。而在这一系列改革规划中，最不一般的当属依法治国，习近平正在将改革未来系于法治。他一再强调要“依法治国，首先是依宪治国；依法执政，关键是依宪执政”。即便是眼下大刀阔斧的反腐风暴，最终也将纳入法治轨道，“把权力关进制度的笼子里，形成不敢腐的惩戒机制、不能腐的防范机制、不易腐的保障机制”。依法治国写入中共三中全会改革决定，又成为四中全会主题，无疑是谋及深远。

最能体现“顶层设计”的全局性、系统性意味的，莫过于十八届三中全会、四中全会所绘制的全面深化改革和全面推进依法治国的宏伟蓝图。中央政治局会议、中央深改组会议、中办国办联合下发的文件，都可以视作对这两次会议顶层设计蓝图的具体落实和拓展。比如，高频的制度设计，涵盖的领域非常广阔：在国家安全层面，有首份《国家安全战略纲要》；在经济领域，有国企改革、财税制度改革、农村土地制度、自贸区试点等；在社会领域，户籍制度改革、养老金并轨、事业单位改革、高考招生制度改革、媒体融合发展等都有涉及；在政治领域，则有司法体制改革、党政领导干部的选拔任用、党的统战工作条例、纪检干部派驻和选拔办法、协商民主发展等。在频密而丰富的制度设计中，既有诸如司法、财税、户籍制度等牵一发而动全身的具有全局意义的体系改革，也有诸如《京津冀协同发展规划纲要》这样针对某一个地区统筹发展的意见，还有“一带一路”“亚投行”等国际战略设计；媒体融合发展、足球改革等具体而细微的领域，也被上升至国家层面统一规划。

领导者制定发展战略，要实施战略驱动。战略决定成败，战略重在落实。战略是对组织未来的美好憧憬，是指引组织前进的方向，是通向美好未来的桥梁。梦想生愿景，方向出目标，路径保落地，梦想、方向和路径这 3 个关键战略要素相互支撑，构成一个有机整体，共同驱动着组织成长。

领导者设计出来的政策与策略没有人能够执行，这种设计是无效的。究其本质而言，设计是一项整合的科学，因为设计是使某种事物实际上发挥效用。赫门米勒家具公司的赛蒙说：“如果一辆车子在雨天的路上很难控制，纵然车子有最好的传动系统、最好的座椅和最好的引擎，我们仍不能说这辆车的设计很好。因此所谓设计就是确认各个组成部分能够互相搭配，发挥整体的功能。”设计是领导的重要功能，也都把设计当成一项整合的工作。史塔达认为：“领导者的新工作将包含设计组织和它的政策，这需要把公司视为一个系统，不仅内部各个组成部分相互连接，也要与外在环境连接，还需要明了系统的整体绩效要怎样运作才能更好。”因此，设计师在确定战略规划后，主要的工作是实施战略驱动，将决策目标层层传递给组织的成员，形成成员与组织之间的互动。

战略驱动要激发梦想，与下属共建共享。十几年前，当时的阿里巴巴还不大，淘宝网还在运筹之中。广东的一个网络公司也在开发“网络商城”这样类似的项目。为了调查市场和竞争对手的情况，这家公司的总经理带人奔赴杭州，几经周折找到了阿里巴巴研发团队所在地。时值中午，只见一帮开发人员正在吃方便面，一边吃一边工作，整个研发环境显得乱七八糟。然而，令这位总经理惊奇的是，这些研发者对着电脑，个个两眼放光，似乎他们正在干着一项非常伟大的事业。当这位总经理与对方聊起淘宝网的未来时，更是感受到一股神奇般的力量，虽然淘宝网项目仍在规划之中，但似乎这帮研发人员个个都觉得前景一片光明，成功就在眼前。此次考察归来，这位总经理决定放弃“网络商城”项目的开发，他的主要理由是，我们无法与阿里巴巴竞争，他们不只是在做项目，他们充满梦想，他们是在为理想而战，而我们只是在开发项目而已。所以，战略驱动必须激发下属的梦想，才能激发出强大的力量[①]。

战略驱动要态度坚决，树立榜样和标杆。设计师如果抛出蓝图后就不管不顾，不参与作品的完成，即使他再胸有成竹，人们对其作品的认同度和信心也会大打折扣。改革者设计师同样如此。具体到今天的中国，困难更为艰巨复杂，对新阶段改革设计师的实干、担当、负责有着更高的要求。习近平亲上火线主导改革的负责姿态，说明中央最高层的决心和担当超出了世人的预料。在反腐方面，“老虎苍蝇一起打”，反腐呈现常态化、无死角、无盲区特征，赢得中外称赞。在改革方面，从重拳反腐打击利益集团，到简政放权下放600多项审批权，从财税改革问世到户籍改革破冰，再到四中全会部署依法治国方略，军队现代化改革提速等，一些涉及深层次利益调整、多年未有进展的改革强势推进。不仅如此，习近平还兼任中央全面深化改革领导小组、中央网络安全和信息化领导小组、中央军委深化国防和军队改革领导小组、中央财经领导小组的组长职务，在多个层面驱动改革引擎。“反腐，他上树信仰，中立坐标，下画红线；改革，他亲自挂帅，加强顶层设计，中国梦引领新常态。”对这两年习近平治国理政、主导改革的成绩单，国防大学教授公方彬如是总结，“习式风格”已经形成，他是中国大国道路的新设计师。

在中共改革史中，顶层设计和试点试验一直并行不悖。因为基层的经验，总能体现最鲜活的改革实际。进入改革深水区，中央在司法改革、自贸区、地方债、农村土地改革等重大改革方面，都精心设计了相应的试点。从中国的改革史看，不断体现出中央顶层设计与基层自主创新的结合。地方自主的

① 朱先春．企业驱动三大方法［M］．北京：中华工商联合出版社，2015.

试验，会为中国改革带来不同的范本和经验；而由中央选择试点进行改革，则包含了对整体改革战略的思考和设计。这样既能够调动两个积极性，又能够防止出现颠覆性错误。

在地方经济社会发展中，各地领导者也积极运用顶层设计来进行领导工作。例如，广西近年来在制定全省发展战略时，根据新定位新使命提出了“双核驱动战略”。双核驱动是：以珠江—西江经济带、北部湾经济区为核心进行驱动。三区统筹是：把北部湾经济区、珠江—西江经济带、左右江革命老区三地进行统筹规划。战略目标是：建成面向东盟的国际大通道、西南中南地区开放发展新的战略支点、“一带一路”有机衔接的重要门户。实施措施是：打造双核、形成驱动、三区统筹。从实施结果看取得了明显的效果。

战略驱动要规划路径，确保战略落地。战略规划所需要的不只是拥有可预见性的方式，更重要的是如何使预见成为现实。如果不能落到实处解决实际问题，就没有任何意义。落实是战略设计的落脚点和价值点所在。在设计阶段，要牢牢把握这一点，不仅要有科学合理的目标定位，也要有具体明确的“任务书”“时间表”“路线图”“责任状”，使顶层设计具有较强的操作性，便于下面贯彻执行，具体落到实处。坚决防止重设计轻落实、有责任无追究的状况发生。这种战略驱动方法，在党的十八大以来，已经成为领导方法新常态。

任何远大目标都需要分解才能实现。领导者在制订目标时，要有引领方向的最终目标，最终目标是宏大的。同时，更要有具体的绩效目标，明确衡量目标实现的标准。山田本一是日本著名的马拉松运动员，他曾在 1984 年和 1987 年的国际马拉松比赛中，两次夺得世界冠军。记者问他凭什么取得如此惊人的成绩，山田本一总是回答：“凭智慧战胜对手！”大家都知道，马拉松比赛主要是运动员体力和耐力的较量，爆发力、速度和技巧都还在其次。因此对山田本一的回答，许多人觉得他是在故弄玄虚。10 年之后，这个谜底被揭开了。山田本一在自传中这样写道：“每次比赛之前，我都要乘车把比赛的路线仔细地看一遍，并把沿途比较醒目的标志画下来，比如第一标志是银行；第二标志是一个古怪的大树；第三标志是一座高楼……这样一直画到赛程的结束。比赛开始后，我就以百米的速度奋力地向第一个目标冲去，到达第一个目标后，我又以同样的速度向第二个目标冲去。40 多公里的赛程，被我分解成几个小目标，跑起来就轻松多了。开始我把我的目标订在终点线的旗帜上，结果当我跑到十几公里的时候就疲惫不堪了，因为我被前面那段遥远的路吓到了。”可见，当目标被清晰地分解，目标的激励作用就显现出来了。当我们实现了一个目标的时候，我们就及时地得到了一个正面激励，这对于培养我们挑战目标的信心具有非常大的作用。

在新常态下，我国把战略驱动的重点放在了创新驱动上。2015 年 3 月 23 日，中共中央国务院出台了《关于深化体制机制改革加快实施创新驱动发展战略的若干意见》，总体思路和主要目标措施，就是营造激励创新的公平竞争环境，建立技术创新市场导向机制，强化金融创新的功能，完善成果转化激励政策，构建更加高效的科研体系，创新培养、用好和吸引人才机制，推动形成深度融合的开放创新局面，加强创新政策统筹协调，为到 2020 年我国进入创新型国家行列提供有力保障。创新驱动发展，是我们改革开放以来的最可贵的经验，是发展的强大动力，也是战略驱动的重点路径。为此，要进一步解放思想，破除思想和理论羁绊，培育发展新动力，突破体制机制障碍，开拓新的发展空间，构建发展新体制，创新和完善宏观调控方式，才能推动我国各方面创新发展。

四、建立避免问题机制

在领导活动的舞台上，领导角色的要求，不是让领导者站在前台去充当演员角色，而是在后台充当导演的角色，去为那些演员们创造演出的条件，去为他们发挥自己的潜能和积极性进行铺垫，去指挥他们如何互相配合演好一台戏。所以，设计师是一项幕后工作，不容易被人们看到。正如周恩来所说的，所谓领导就是让人民群众感觉不到我们是在领导。

其实，早在几千年前伟大思想家老子，就曾对领导者角色分为 4 个层次：

“太上，不知有之；其次，亲而誉之；其次，畏之；其次，侮之。信不足焉，有不信焉。悠兮其贵言。功成、事遂，百姓皆曰：我自然。”老子在这里划分了 4 个层次的领导者：最低层次的领导者动辄侮骂下属，下属必然对其恨之入骨，他们靠的是以“权”压人。第二层次的领导者采用高压政策和强制惩罚手段，只能使人敬而远之，他们靠的是以“法”治人。第三层次的领导者平易近人，又能给被领导者以实惠，从而受到人们的拥戴和赞誉，他们靠的是以“德”服人。最高层次的领导者人们仅仅知道领导者的存在，但从不受干涉，功成事遂，百姓说这是我自然做的，他们是以“道”御人。从古到今的领导者大致也没有逃脱这 4 种领导角色，其领导效果也以此相差甚远。大道至简，领导者要有所为更要有所不为，才能达到“治大国若烹小鲜”的境界。

建立避免问题机制，是以隐性的领导观为指导。它要求领导者退到幕后，通过设计情境、改变情境等方式来间接地影响被领导者；通过法律和制度来制约、规范被领导者的行为；通过建立组织机构和组织文化等形式来影响被领导者的态度。从而使被领导者并没有感觉到领导者在领导自己，然而却实实在在地接受了领导者的影响。

建立避免问题机制，首先要树立避免问题的领导理念。设计师的高明之处就在于能够避免问题的发生。领导者如何成为一个高明的“设计师”？首先，就要树立避免问题的领导理念。领导者的主要任务是指引方向、规划未来、掌控全局。作为一名领导者，能够在事后解决问题固然可喜，但能够在事前避免问题出现，才是领导者追求的最高境界。

战国时期，魏文王和名医扁鹊在一起闲聊。魏文王问扁鹊：“听说你家兄弟三人都精通医术，到底哪一位医术最好？”扁鹊回答说：“大哥最好，二哥次之，我最差。”魏文王不解地问：“我只是听人说你的医术最高明，怎么从来没有听说过他们呢？”扁鹊回答说：“这是世人不明就里。我大哥治病于患者病情发作之前，给患者一些小药铲除了病根，患者觉得自己没有什么大病，就认为我大哥的医术一般；我二哥治病于患者病情刚发作之时，人们也认为他只能治些小病；而我治病于患者病入膏肓之时，大家看到我给患者下药手术后起死回生，所以认为我的医术最高明。”魏文王听后连连称道。神医扁鹊自责盛名难副，我们领导者理应有扁鹊这样的自知之明，要善于防患于未然，通过科学的系统设计，把问题解决在萌芽状态之中，才是最高明的领导者。

2005年12月16日，笔者曾在人民日报发表一篇文章，题目是“下决心解决问题”。一些地方或单位问题成堆、积重难返，分析原因主要不是这些问题不能解决，而是不想解决，一些领导干部往往是遇到问题绕着走。所以，笔者认为领导干部的职责就在于解决问题，应该在全党倡导“下决心解决问题”的风气。为了实现好、维护好、发展好最广大人民的根本利益，就必须动真情、想实招、敢碰硬、求实效。通过下决心解决一个个实际问题，才能赢得人民群众的真心拥护和爱戴。

时隔多年，笔者看到了这则魏文王与扁鹊的故事，感到领导者光解决问题还不够，更重要的是能够避免问题。也就是说，要把问题解决在萌芽状态。所以，笔者又写了一篇题为“避免问题比解决问题更重要”的文章。笔者认为，避免问题不是逃避问题，而是用一种积极的工作态度去思考如何避免问题的发生。

多年来丰田公司始终保持自己在汽车制造业的美誉度，专家们归因于“丰田生产系统”。这种生产模式强调持续的改进，丰田赋予每位一线工人都有发现问题的“拉灯”权力，从而提醒产品存在潜在缺陷或进程问题。如果不能及时解决这些问题，丰田会停止整条装配生产线。这种体制使大家都有可能成为问题发现者。丰田产品质量飙升，是因为丰田在制造中发现问题的时间远比其他汽车制造商早。丰田发现如果不缩小问题发现和问题发生之间的时间差，导致严重失败的可能性就会急剧增加。丰田明白，过早干预那些潜在问题，可能会发生一些误报警的事件，但是结果证明，这总比问题发生并扩散后再去解决更划算。

四川汶川地震是留在中国人民心中永远的痛。当我们为几万生命葬身废墟悲痛之时，也为安县桑枣中学2000多名师生用时1分36秒全部跑出的奇迹而喜泣。这一奇迹应归功于该校叶志平校长坚持每学期组织一次的紧急疏散演习。更难能可贵的是，地震那天叶校长在外出差，全校师生却无一人伤亡。叶志平校长之所以被网上评为最“牛”的校长，就是因为他达到了领导的最高境界：防患于未然。爱因斯坦曾说过：“发现问题可能比解决问题更重要，因为解决问题可能仅仅是数学上或实验上的技能问题而已，而发现问题，提出问题，从新的可能性、新的角度去考虑问题，标志着科学进步。”所以，我们领导者不应该只会扮演收拾残局的高手，而应是运筹帷幄的设计师，把问题消除在萌芽状态中。

建立避免问题机制，要确立避免问题的评价标准。在领导科学研究过程中，笔者发现许多领导干部对避免问题的工作方法并不感兴趣，工作往往是“脚踩西瓜皮，走到哪里滑到哪里”。而且笔者发现，如果一个地方或单位一年下来没有发生任何大的问题，没有谁说这里的领导干部干得好；如果一个地方或单位屡屡发生问题，而这里的领导干部处理得很好，往往得到上级的表扬，甚至被称为有能力的干部加以重用。

特别是1998年的洪水，让笔者对这个问题有了更深入的思考。在大水来临之前，笔者到松花江上游的一个县去讲课，发现这里只有县城或村镇附近有些像样的江堤，沿江的广袤田野几乎没有什么像样的江堤。回来后不久，500年一遇的大洪水来了，笔者在电视上看到该县县委书记亲自跳进决堤口，和干部群众一起手挽手与洪水搏斗，场面非常感人。笔者脑子里闪现一句话：“沧海横流，方显出英雄本色。”洪水退后，笔者在电视里看到该县县委书记被评为抗洪英雄，不久被提拔为某市副市长。当地的农民也是兴高采烈，破草房被冲垮了国家给盖别墅，庄稼被淹了双倍补偿，全国各地的捐款捐物人人有份。大家像过年一样欢喜。

洪水退后，笔者到松花江下游的一个县讲课，和学员闲谈时，有人说洪水来时，他们的县委书记、县长在“睡大觉”。笔者很不解地问：他们不怕丢官？学员告诉笔者，这里新中国成立以来历任县委书记、县长都坚持修江堤，这次 500 年一遇的大洪水该县没有受灾。但是，该县干部群众并不高兴，因为洪水过后，该县领导也没有被评为抗洪英雄，更没有提拔重用。农民的破草房还是破草房，庄稼还是收入那么几个钱。当地百姓气愤地说，怎么不让我们也淹了！听到此言，笔者不由得在心里发问：谁是抗洪英雄？

带着这个疑问，笔者思考了很久。两个县领导和百姓不同的命运，到底是什么原因造成的？思前想后，笔者认为还是我们的评价标准出了问题。要使想干事、能干事、干成事的干部不吃亏，就应该建立避免问题的评价标准。我们知道，干部评价标准是检验干部德才的标尺，也是一根指挥棒，有什么样的评价标准就会出什么样的干部。如果我们偏重于考察干部的显绩，就会使那些热衷"形象工程"，满足于就事论事地解决问题的"船长"式的领导者得意忘形；如果我们偏重于考察干部的潜绩，才会使那些善于避免问题出现的"设计师"式的领导者大量涌现。

在现实工作中，设计师的贡献很少得到肯定。其原因在于设计是一项幕后工作，不容易被人们看到。今天出现的成果是在过去长期工作的基础上取得的，而今天工作所带来的利益要到长远的未来才有可能显现。对于那些一心要急于博取名声的人来说，默默无闻的幕后设计工作对于他们根本没有吸引力。当然，这并不是说设计师型的领导者的工作没有回报，他的回报来自组织成员能够通过领导者的设计创造出自己意想不到的结果，这就会使领导者为自己从事的幕后设计工作深具满足感。

这使我想起 1998 年发大水时哈尔滨人街谈巷议的一件事。在 20 世纪 80 年代，中央给哈尔滨市划拨了一笔水利巨款，当时的市长宫本言主张在道外区沿江一带往地下修一条混凝土的防渗堤，以解决道外区域大面积江水渗透问题。当时，有些领导提出现在是百废待兴，是否可以拿这些钱先建些工厂解决待业青年问题，盖些房子解决百姓住房紧张问题。宫本言力排众议，把这些钱在道外区、南岗区段修建了防浪堤。这些江堤修建了许多年也没有起作用，对此非议也很多。但是，到了 1998 年大洪水来了，哈尔滨没有受到严重影响，这时人们才想起宫本言市长做了一件好事。可见，做避免问题的领导干部是不好当的。没有对党和人民的赤胆忠心，没有大智大勇的无畏精神，是不可能做到的。

时代发展到今天，我们不能再让这种保护落后的干部评价标准进行下去。党的十八大以来，党中央提出“四个全面”战略布局和“五大发展理念”，树立了新的科学发展观和政绩观，建立起科学的党政领导班子和领导干部综合考核评价体系，并且提出既要金山银山，更要绿水青山，用政策制度保护生态环境等措施。这对于形成正确的用人导向，改进领导干部作风，防止和遏制腐败都有着重大意义。

2013 年 12 月，中组部印发《关于改进地方党政领导班子和领导干部政绩考核工作的通知》要求评价领导干部的政绩：一要突出科学发展导向，不简单以 GDP 论英雄，要看全面工作的实际成效。二要完善政绩考评指标，探索建立干部差异化考核评价机制，把民生改善、社会进步、生态效益、党的建设、政府债务等指标纳入重要考核内容。三要强化考核结果使用，不简单地把经济增速与干部的德能勤绩廉画等号，将其作为干部提拔任用、高配干部或末位淘汰等依据。四要实行责任终身追究，制定违背科学发展行为责任追究办法，已经离任的也要追究责任。

权力就是责任，责任就要担当。2016 年 6 月 28 日，中共中央政治局召开会议审议通过了《中国共产党问责条例》。条例贯彻党章，坚持问题导向，对于失职失责造成严重后果、人民群众反映强烈、损害党执政的政治基础的都要严肃追究责任，既追究主体责任、监督责任，又追究领导责任，释放出有责必问、问责必严的强烈信号，并且层层传导压力，让失责必问成为常态。可以预见，随着各项制度的确立和执行，领导者最终会发现，设计师所得到的称颂和回报要远比传统的领导方法更为有效。

建立避免问题机制，要形成避免问题的领导机制。高明的领导者是设计师，往往通过设计好科学的机制来实施领导。我国现在存在的许多问题是和我们的机制设计不合理有关，有许多漏洞可钻。譬如，在反腐败问题，如果我们像新加坡那样建立起一种使领导干部“不想贪、不能贪、不敢贪、不值得贪”的综合防腐机制，我国的腐败问题就会大大减少；如果我们在各个社会系统中都设计好组织规范和制约机制，我们就不会发生那么多重大事故；如果我们在人才问题上，改变过去那种“伯乐相马”模式为“赛场比马”机制，我们的人才流失和人才浪费现象就能够得到有效遏制。

现在制约各方面发展的最大问题是人才问题，各单位都在喊人才缺乏，大力招聘人才。可是总出现“墙里开花墙外红”的晕轮现象。我说现在最大的问题不是如何招聘人才，而是如何留住人才。靠什么留住人才？人们常说，要靠事业留人，靠待遇留人，靠感情留人。我说这些不够，更重要的是要靠机制留人。海尔集团总裁张瑞敏就说过：“企业的成败靠人，但作为企业领导人，你的任务不是去发现人才，而是建立一个可以出人才的机制，这就是造船。”这种良好机制的建立，比老板具有敏锐的发掘人才的能力更重要。

领导者在实施领导活动时，也要学会构建避免问题的领导机制。2009 年，中组部、中纪委在江苏省睢宁县进行县委权力公开透明运行试点。如何真正公开权力？时任睢宁县委书记的王天琦认为，我们议定了公开的边界。除了党纪法规限定不能公开的，其他都要公开、全程化的公开，甚至通过媒体直播公开。比如，凡关系全县长远发展或事关广大群众切身利益的重大决策，都扩大列席人员范围，现场全程由广播、电视、网络全媒体直播，并设立现场热线电话、开通网络和短信平台，让党员和群众反映愿望，提出建议，表达心声。2009 年 9 月初，睢宁县全程直播县委全委会实况，实现公开议决。

怎么认识县委书记权力？首先，凡是组织都有权力，县委书记作为一个县党组织的主要负责人，必须要有干正事的权力。但这个权力在当前县级较为封闭的权力运行体系中，往往容易被扭曲，很容易成为县委书记的“食邑”。县委有 3 个主要权力——决策权、用人权和监督权，容易被扭曲的是前面两个权力，而县委书记在其中常常被认为是“操盘手”。以前，决策权容易出现县委和县政府不分彼此，眉毛胡子一把抓，而在用人权上易出现“暗箱操作”。现在经过改革，在决策权方面主要明确了县委与县政府的分工，在用人权方面强化了组织程序，各个环节公开，全程接受监督，县委书记就从“操盘手”变成了“主持人”。

建立避免问题的领导机制，最重要的是要建立科学的程序，才能够保证机制落到实处。大家都熟知一个分粥的故事：有7个和尚住在一起，每天分一大桶粥。要命的是大家都抢着吃，粥每天都是不够。于是，他们通过抓阄决定谁来分粥，每人轮一天，一周下来只有自己分粥的那天是吃饱的。后来，他们推选出一个道德高尚的人出来分粥，大家开始挖空心思去讨好他，时间一长就产生腐败，搞得整个团体乌烟瘴气。然后，大家开始组成3人的分粥委员会和4人的评选委员会，但他们常常互相攻击，扯皮下来，粥吃到嘴里全是凉的。最后，想出来一个方法：轮流分粥，但分粥的人要等其他人都挑完后拿剩下的最后一碗。为了不让自己吃到最少的，每人都尽量分得平均。这样，大家快快乐乐，和和气气，日子越过越好。同样是7个人，不同的分配制度，就会有不同的风气。所以，领导者要扮演“设计师”角色，一定要设计好公平公正公开的运行机制，才能从根本上解决问题。

莱茵河流经9个欧洲国家，是沿途好几个国家的饮用水源，由仅有12个人的莱茵河保护委员会在有条不紊地管理，而且是一个民间组织，没有制定法律的权力。在没有制定法律的权力，也没有惩罚机制的前提下，12人是如何能够管理好莱茵河的呢？一是各成员国对污染的认识都很明确，认为一个流域就是一个大的生态系统，彼此息息相关；二是决策会议少，执行会议多。莱茵河委员会的最高决策机构为各国部长参加的全体会议，每年召开一次，决定重大问题，各国分工实施，费用各自承担。但是执行讨论的会议一年要开70多次。最重要的是制度的精心设计和有效，虽然主席轮流转，秘书长却总是荷兰人。因为荷兰是该河最下游的国家，对于治理污染最有责任心和紧迫感，在河水污染的问题上也最有发言权。我们从来不缺少文件、制度、人力甚至资金，缺少的是有创意的、人性化的、精心设计的有效制度和能够不折不扣地落到实处的协调执行力。治理好中国的江河污染，莱茵河的经验值得借鉴。

2014年，广西在“美丽广西”乡村建设活动中，资源县建立了倒逼管理机制，破解工作中的“五难”问题，收到了很好的效果。一是以目标倒逼责任机制，破解工作职责量化难。为根除干好干坏、干与不干一样的问题，通过“定责任、报指标、月评比”三举措，破解工作职责难量化的问题。二是以社会倒逼部门机制，破解社会监督融合难。通过公开活动全程增强透明度，开展群众评议增强实效性，拓展互动渠道提升参与度，倒逼部门狠抓落实。三是以下级倒逼上级机制，破解上下角色转换难。通过述职评议实现上下互动，双向考核彰显倒逼实效。四是以问题倒逼整改机制，破解问题整改见效难。通过创新方式找准四风问题，围绕问题落实整改措施，以捆绑考核促进整改实效。五是以督查倒逼落实机制，破解工作任务落实难。通过采取抓自查找差距、列清单抓暗访、抓通报传压力、抓督查促整改、抓约谈严追究的五步工作法，形成督查倒逼落实机制，实现活动全程督导①。

因此，高明的领导者是设计师，他们在事情没有发生前就已经设计好避免问题出现的良好机制。这种通过设计好科学的机制，靠机制来实施领导的方式，比领导者具有多么强的领导能力更重要。对于各级领导干部来说，我们现在的首要任务，是要学会由“船长”角色向“设计师”角色转变，如此方能承担起时代赋予我们的重任②。

五、打造组织文化

我们这个时代是充满竞争的时代，这种竞争已经由科技与人才的竞争走向文化与服务的竞争。特别是文化与经济相融合产生的竞争力，已经成为一个国家最根本、最持久的竞争优势。联合国教科文组织认为，“发展最终应以文化概念来定义，文化的繁荣是发展的最高目标”。组织文化是一个组织在长期发展过程中逐渐形成的，为其成员所认可、接受和共同遵守的一系列价值观念、指导思想、道德风尚、管理制度、行为规范等的总和。组织文化是组织的灵魂，是组织的价值观，是组织的基因。梁漱溟先生说：“文化，就

① 文飞．建立倒逼机制解决“五难”问题［N］．桂林日报，2014-07-13.

② 孙立樵．“船长”与“设计师”［J］．领导科学，2006（12）．

是一个民族的生活样法、样式。”

组织文化的形成和发展会受到很多因素的影响，组织领导者是其中非常重要的一个因素。在任何组织中，领导者往往是组织新文化的倡导者和培育者，在组织文化的建立和形成过程中，扮演着组织文化设计师的角色。松下幸之助创立了松下文化，韦尔奇缔造了通用文化，张瑞敏创立了海尔文化，柳传志创立了联想文化，任正非创立了华为文化。所以，美国企业文化专家斯坦雷·M.戴维斯在《企业文化的评估与管理》一书中指出：“不论是企业的缔造者本人最先提出主导信念，还是现任总经理被授权重新解释主导信念或提出新的信念，企业领导者总是文化的源头活水。”Schein也指出，领导者的唯一职能就是文化的创造和管理，组织领导者或创始人的个人假设，以及领导者和成员之间在感情上相互作用的方式都能决定组织文化的风格①。因此，领导者在组织文化的建立过程中，扮演着缔造者、示范者、传播者和推动者的角色。

领导者打造组织文化，首先要塑造领导文化。组织文化的范围很广，领导者的主要任务是塑造领导文化。所谓“领导文化”（Leadership Culture），是领导者在社会文化传递中所习得，在长期领导实践活动中所积淀和创造，由组织成员共同认可的价值理念、思维方式、行为模式和精神风貌等方面的总和。具体来说，领导文化是领导者群体或个体关于领导活动的过程、本质、规律、规范、价值以及方式方法等各方面内容的综合反映，是领导过程在领导者心理反映上的积累或积淀，是领导者开展领导活动的内驱动力和精神导向。领导文化从一定意义上说，是长期领导活动所形成的一种“领导场”，是组织成员所认同和遵守的集体人格，是由领导者的精神因素、组织的领导氛围等方面构成的影响其下属群众的一种心理力量。领导文化具有模式性、连续性和变化性特点，主要表现为下属群众对组织和领导者的归属感、认同感和信任度。

---

① ［美］埃德加·沙因.企业文化与领导［M］.朱明伟，罗丽萍译.北京：中国友谊出版公司，1989.

与此相关的还有一个概念：什么是文化领导？文化领导（Cultural Leadership），是领导者通过创造和发展独具特色的组织文化，并以此来规范下属行为、引领和激励下属群众实现共同目标的领导过程。一般来讲，领导者所管辖的地方不仅是一个实现管理效率的单位，它更是一个文化场所。我们的一切工作都是以培养道德高尚、身心健康、知识丰富、能力出众的人才为目的。领导者的文化力量最主要是通过理想、信任和友情来感召人、鞭策人，使得领导的道德权威发生作用。文化领导的行为主要是通过价值进行领导，以柔性管理实现领导，形成文化共同体来支持领导。

领导者打造组织文化，重在构建文化领导力。领导者在完成领导文化建设之后，就需要全力构建文化领导力，这是实现文化领导的重要手段。所谓文化领导力，是领导者通过构建组织文化和领导风格，依靠自己和下属群众所形成的共同价值观念和行为模式，在领导过程中所表现出来的一种能够吸引、感召下属群众自觉为实现领导目标而奋斗的能力和力量。正如美国奥格斯堡学院的 Peter J. Stark 博士认为，21 世纪多元文化领导力是将所有的知识集合在一起，是一种与集体的互动，创建环境，引导他人思考并不断地改进。他所强调的文化领导力是通过影响他人，让他人自己意识到不足并改进，学会自己解决问题。因此，我们可以看出以上三者概念的区别：领导文化注重的是一种领导文化氛围；文化领导强调的是一种领导过程；文化领导力则突出的是一种领导能力和力量。

文化领导力是领导力的灵魂，在领导活动中起着导向作用、规范作用、调控作用、凝聚作用、驱动作用和辐射作用。文化领导力不仅可以内化为领导者个体行为的思想、动机和热情，塑造领导人格，调节和引导领导行为，为领导者提供判断是非、选择行为的内在依据，而且能够对全体成员的价值及行为取向起引导作用，引导下属思想和纠正行为偏差，约束和规范群体行为，产生巨大的向心力和凝聚力，形成强烈的使命感、持久的驱动力，提升组织的社会知名度和美誉度，从而有利于组织的健康发展。

领导工作最重要的是做人的工作。领导者要想影响和领导群众，一靠真理的力量，二靠人格的力量。为此，文化领导力就要具备以文化为内核的愿景引导力、思想渗透力、人格亲和力、文化整合力，为领导工作注入生机和活力。

1. 愿景引导力。领导者吸引群众最重要的方式是树立正确的目标。所以，领导者要适时为下属群众构建愿景和指明方向。所谓愿景，就是对组织成员共同期盼的组织终极目标的规划和描述。这是潜藏在人们心中的一股令人感召的力量。世界著名领导力大师约翰·麦斯威尔认为，30 年以前重视的是管理，现在转型成为领导力。为什么会有这种转型呢？因为市场转变的速度实在太快了，根本来不及管理。所以，领导者必须冲到前面去，先知道会有什么事情发生。愿景引导力是文化领导力的首要能力。吉姆·柯林斯在《基业长青》一书中指出，那些真正能够留名千古的宏伟基业都有一个共同点：有令人振奋、并可以帮助员工做重要决定的“愿景”。领导者的重要职责就是通过提供共同愿景来充分激发组织成员的热情，形成一股势不可当的力量。

2. 思想渗透力。领导者影响群众最重要的力量是影响力。这种影响力不仅包括权力影响力，更重要的是非权力影响力。非权力影响力是领导者个人品德、知识、才能出众而使大家佩服所产生的一种无形的精神感召力。其中，非权力影响力中最有力量的是思想的影响力和渗透力。思想力是思想对客观物质世界的作用力。毛泽东之所以伟大，就在于他所创立的毛泽东思想指引着中国革命和建设取得巨大的成就。即使他离开我们 30 多年，今天的中国依然无时无处都会感受到毛泽东思想的影响。因此，优秀的领导者一定是思想深刻的人。他们不仅自身具有先知先觉，而且能够潜移默化地影响下属群众的价值取向，提升下属群众的士气。

3. 人格亲和力。领导者凝聚群众最重要的是靠人格亲和力。亲和力是使人亲近、愿意接触的力量。一个亲和力强的领导干部，人们往往感情上更容易接近，心理上更容易接受，工作上更容易合作。亲和力源于人对人的认同和尊重，亲和力所表达的不是人与人之间的距离的远近，而是心灵上的通达与投合。这种亲和力是以善良的情怀和博爱的心胸为依托，是一种发自内心的特殊禀赋和素养。具有亲和力的人，会每天都保持自信乐观向上的心情去面对每一个人，这将使别人加深其信任感。因此，对于领导者来说，最重要的是在高尚的道德人格基础上，不断为下属群众传递和提升乐观向上、豁达愉悦的“正能量”，使大家在和谐融洽、信任友好的氛围中更加积极主动、创造性地开展工作。

4. 文化整合力。领导者组织群众最重要的方式是打造组织文化。由于组织环境和员工成分不同，组织文化的建设需要不断地进行调整和整合。文化整合力需要领导者具有很强的包容力，尊重历史、求同存异是整合组织文化的前提。特别是对文化整合模式选择时，要有对多元文化的容忍度。不仅力求单一文化的统一性，也要容纳文化的多元性。所以，领导者只有形成一体多元的组织文化，并使之成为下属成员的工作和生活习惯，才能达到通过文化创新实现领导目标的目的。IBM 公司的价值观，从“尊重个人、服务客户、追求完美”，调整到“成就客户、创新为要、诚信负责”，体现出 IBM 与客户的关系也不是简单的采购关系，而是合作伙伴的关系。他们在帮助客户成功的同时，也实现了 IBM 调整为“全球整合企业”的目标。

领导者打造组织文化，需要运用文化领导力。领导者运用文化领导力，需要在秉承传统、立足现在、展望未来的基础上，通过构建符合实际的独特组织文化，以科学的愿景吸引人，以正确的思想影响人，以优秀的人格激励人，以完善的制度塑造人。

1. 以科学的愿景吸引人。共同愿景是大家共同追求和认可的有价值的目标。领导者的任务是能够适时为下属勾勒出美好的组织愿景，并使所有下属成员都能够理解、接受和投入这个愿景中来。为此，领导者要善于构建共同愿景，提供精神动力，以科学的愿景吸引人。领导者在制定共同愿景的过程中，要有步骤地引导下属成员进行积极思考，弄清我们的组织目前发展到了什么地方、希望到达什么地方，以及如何到达所希望去的地方。这样才能使大家时刻关注目标，并将目标成为内化愿景、引领下属不断向上的精神力量，从而使组织成为下属成员人生价值得以实现的场所。

愿景形成的过程还是个人领导力向组织领导力转化的过程。一般来讲，组织愿景首先是在领导者的头脑中形成，之后在领导团队中达成共识，最终发展成为整个组织的愿景和价值观。领导者提出的愿景首先是个人能力和魅力的综合表现，只有领导者提出的愿景成为组织愿景的时候，才能成为组织领导的力量。只有达到这样一种状态，才可能把组织打造成一个以价值观为基础的战斗堡垒。

习近平总书记在参观《复兴之路》大型展览后的演讲中，为全中国人鲜活地描绘出“中国梦”的美好愿景。他说：“实现中华民族伟大复兴，就是中华民族近代以来最伟大的梦想。这个梦想，凝聚了几代中国人的夙愿，体现了中华民族和中国人民的整体利益，是每一个中华儿女的共同期盼。历史告诉我们，每个人的前途命运都与国家和民族的前途命运紧密相连。国家好，民族好，大家才会好。实现中华民族伟大复兴是一项光荣而艰巨的事业，需要一代又一代中国人共同为之努力。空谈误国，实干兴邦。我们这一代共产党人一定要承前启后、继往开来，把我们的党建设好，团结全体中华儿女把我们国家建设好，把我们民族发展好，继续朝着中华民族伟大复兴的目标奋勇前进。”

习近平的这段演讲被认为是中央新执政理念的诠释：他点明“中国梦”的含义就是中华民族的伟大复兴；指明了“中国梦”的性质就是中华民族和中国人民的整体利益；阐释了实现“中国梦”的基本条件是国家好，民族好，大家才会好；强调了实现“中国梦”的现实要求是空谈误国，实干兴邦。这就是愿景领导的奥妙之处。

2. 以正确的思想影响人。正确的思想和先进的理念，是文化领导力的灵魂。有理念才有信仰，有信仰才有追求，有追求才有成功。领导首先是思想领导，然后才是行为领导。对于领导者来说，思想的影响力永远超过领导职务的影响力。卓越的领导者，应当是有深厚的理论素养，富有真知灼见，并能够把先进的思想和理念转化为大家都认同的观念，引导和教育大家自觉遵循和行动的人。

思想力是一股强大的力量，它是一切领导力的源泉。有思想力的领导者，在正确思想的指导下，可以催生正确的工作方法，使其在工作中挥洒自如，顺利到达成功的彼岸。而缺少思想力的领导者，不仅人生平庸，而且贻误事业。思路决定出路，格局决定结局。思想有多远，你的事业就能走多远。正如法国前总统戴高乐所说："眼睛所到之处，是成功到达的地方，唯有伟大的人才能成就伟大的事，他们之所以伟大，是因为他们决心要做出伟大的事。"

珍奥集团董事长陈玉松也说过："我们在生活的路上走得不好，不是路太狭窄了，而是我们的思想太狭窄了，所以最后堵死我们的不是路，而是我们自己的思想。世界上所有的路都在思想里，一切的成功都出自思想力。"所以，文化领导的核心是思想领导，优秀领导者一定是位思想家。领导者要将古人追求的"立德、立功、立言"的"三不朽"统一起来，不仅用先进的思想塑造自我，更要将先进的思想渗透到领导工作之中，让思想产生巨大的生产力。

3. 以优秀的人格激励人。文化领导力的本质是提倡以文化的力量实现领导。这就要求领导者不要依赖权力，通过控制的方式进行领导，应当积极创造组织文化，从关注人的自由、情感、价值出发，为下属创造一个宽松和谐的人文工作环境，引领下属成员树立正确的价值观，自我设置目标，积极主动地进行自我领导。不仅如此，领导者更应当依靠自身的行为示范力，通过塑造高尚的道德人格来实施领导。神州数码控股有限公司主席兼首席执行官郭为认为："一个公司的领导力首先是企业文化的体现。优秀的领导力，首先看企业文化有没有号召力。"

领导者不仅要做组织文化的倡导者、缔造者、推行者，更重要的是要让个人的理念领先于他人，并且能把领先的理念转化为组织的理念、体制和规则。高尚的道德人格是领导者的道德尊严、道德品质、道德境界以及所实现的社会道德价值的总和，是领导者长期养成的良好的道德行为的升华。这种道德人格是一种道德品质，一种精神境界，一种价值取向，也是领导者的一种无形领导力。孔子云："其身正，不令而行；其身不正，有令不行。"无数经验和教训告诉我们：做官先做人。只有具备高尚的道德人格，才能赢得下属和群众的真心拥护和支持。

4. 以完善的制度塑造人。所谓制度文化，是人类为了自身和社会发展的需要而主动创制出来的有组织的规范体系。法律制度、政治制度、经济制度以及人际关系准则等，都是制度文化的反映。制度文化一般由 3 个层面构成：一是传统、习惯、经验与知识积累形成的基本层面；二是由理性设计和经法律制度确认的政治、经济、社会、文化等正式制度的高级层面；三是包括机构、组织、设备等的实施机制层面。一个具有文化领导力的领导者，一定能够因地制宜，构建起适合本组织发展的制度文化。

文化的影响力是以精神力和制度力为基础产生的。领导者的任务不仅是建立一系列制度，而是按照组织的特性和目标，将这 3 个层面进行耦合，将制度标准化、标准流程化、流程习惯化，才能形成真正的制度领导力。为此，领导者在建设制度文化时，不仅要注意将价值观转化为实际可操作的管理制度，而且要将这些制度内化为下属群众的工作和生活习惯，从而形成组织的“集体性格”。特别要注重在制度中突出组织发展的目标追求、价值观念等精神文化方因素，赋予制度以灵魂。同时，要注意刚柔相济，把握制度的精神实质，在不违背原则的前提下将硬性制度柔性化，让下属群众切实感受到组织管理制度的人情味，促进管理效益的最大化。正如《基业长青》作者柯林斯和波拉斯认为的那样，企业基业长青的奥妙在于“造钟”而非“报时”。领导者应当致力于建立组织，而非使公司依赖于领导个人魅力而存在[①]。

① 孙立樵．文化领导力的构架与提升［J］．党政论坛，2013（4）．

CHAPTER 02

第二章

用人成事的“教练员”

一个伟大的领导人必须是一个教育家，使远见与人们熟悉的现实之间得到沟通。

——亨利·艾尔弗雷德·基辛格

领导者的职责主要是抓大事、懂全局、管本行。领导者要成为下属的导师，学会退居边缘，为下属指方向、点路子、教方法、灌能量，让下属自己去行动，靠善于用人成就事业。这就必然要求领导者学会由“运动员”角色向“教练员”角色转换。

一、何谓“教练员”？

在领导工作中，有“事必躬亲”型的领导者，他们往往“眼睛一睁，忙到熄灯”，事无巨细都喜欢亲力亲为，总感到让年龄大的人干不忍心，让年轻的人干不放心，只有自己动手才安心。这是典型的“运动员”式的领导方式，极易束缚和影响下属的积极性和创造性，领导效果也不理想。也有“垂拱而治”型的领导者。他们往往是“劳于求人而逸于治事”，达到了“无为而治”的境界。孰是孰非，一目了然。

三国时期的蜀汉丞相诸葛亮，是杰出的政治家、军事家，被后人称为鞠躬尽瘁、死而后已的楷模，但却是一个地道的事必躬亲型的领导者。《资治通鉴·卷第七十·魏纪二》记载：亮尝自校簿书，主簿杨颙直入，谏曰：“为治有体，上下不可相侵。是故古人称‘坐而论道，谓之王公；作而行之谓之士大夫。’故丙吉不问横道死人而忧牛喘，陈平不肯知钱谷之数，云‘自有主者’，彼诚达于位分之体也。今明公为治，乃躬自校簿书，流汗终日，不亦劳乎！”

这段话的意思是说，治理国家是有制度规定的，上司和下级做的工作不能混淆。丙吉不问横道的死人而忧耕牛气喘，陈平不肯告知皇上钱谷之数，是因为他们都懂得各司其职的道理。如今您管理全国政务，却亲自校改公文，终日汗流浃背，不是太劳累了吗？可见，如果领导者过于表现自己的能力，团队成员无所事事，组织必然自取败亡。只有集中精力处理最重要的事情，才是高明的领导者正确的角色定位。所以，老子云：“知人者智，自知者明。胜人者有力，自胜者强。”

有人把领导者分为4个层次：四流领导者是自己干，下属没事干；三流领导者是自己干下属就干，自己不干下属就不干；二流领导者是自己不干，让下属干；一流领导者是自己不干，下属玩命干。就像有人形容国内有些企业的领导者是：总经理做总监的事，总监在做经理的事，经理在做员工的事，员工在谈论国家大事。这是典型的“运动员”式领导方式。

华为总裁任正非的用人之道之一，就是砍掉高层领导的“手和脚”，即强调高级领导要砍掉他们勤于做事的“手和脚”，只留下用来仰望星空、洞察市场、规划战略、运筹帷幄的“脑袋”。高层领导者不能习惯性地扎到事务性的工作中去，关键是要指挥好团队作战，而不是自己卷着袖子和裤脚，下地埋头干活。任正非要砍掉他们的手和脚，就是要他们头脑勤快，而不要用手脚的勤快掩盖思想上的懒惰。高层领导者就是确保公司做正确的事情，要保证进攻的方向是对的，要确保进攻的节奏是稳妥的，要协调好作战的资源是最优的。

现代领导观认为，领导应该是一名“教练员”，需要退居边缘去辅导，去服务，实施具体指导，让下属去自己行动。美国管理学家佩罗指出：“领导就是放权给一批人，让他们努力奋斗，去实现共同的目标。”因此，领导者的职责就是指引方向，提供服务，为组织创造一个良好的环境和氛围。什么是具体指导？具体指导就是指方向、点路子、教方法，点到为止。

例如，篮球比赛前，好的教练员往往是把战略战术制定好，队员训练好、队伍搭配好、心理调适好。真正比赛时教练员却退居场外，抱着膀子在那里观敌瞭阵，关键时刻喊一声暂停，把大家召集过来三言两语告诉一个绝招，让球员去临场发挥，队员发挥得好就能够很快扭转败局。优秀教练的座右铭是：“让别人赢，自己才能赢！”这就要求领导者由台前退到幕后，扮演好“平台搭建者”“资源组织者”和“团队服务员”的角色。所以，评价一个球队教练员的好坏，不是看他自己球打得如何，而是看他领导的球队打得怎么样。

由此可见，一场球非要你上场才能打赢的话，你是运动员；如果你靠出主意摆兵布阵，靠调动别人的积极性把球打赢了，你才是教练员。所以，运动员与教练员的根本区别在于：运动员是靠自己成事；教练员是靠用人成事。教练员靠的是训练好队员，善于排兵布阵，调动队员的积极性把球打赢。而不是看到运动员打得不好，就自己冲到赛场上去。高明的领导者都懂得，领导的本质就是用人成事的艺术。领导者切记：教练员式的领导者不是为下属打工，而是要教会下属做工；不要跟下属比干活，而要激励下属当劳模。

笔者经常宣传一个观点，领导是一所学校，好领导是一名好老师。20世纪末，美国麻省理工学院彼得·圣吉博士的《第五项修炼》一书在中国出版发行，使中央高层和民众都接受了一个新名词：建立“学习型组织”。所谓学习型组织，是以共同愿景为基础，以团队学习为特征的横向网络系统。它强调“学习＋激励”，不但使人勤奋工作，而且使人“更聪明地工作”，以提高群体智商，达到组织和个人共同发展的目标。该理论认为，创建学习型组织要求组织的各个构成要素都有适应性的新发展，尤为重要的是组织中领导者角色的转变和领导能力的提高。

为此，他在书中专门写了一章“领导新角色”，认为21世纪领导新角色是设计师、仆人和教师。其中，领导者扮演教师角色，是说作为教师的领导者，不是简单地命令下属做这做那，而要像教师那样循循善诱，启发心智，挖掘潜能，传授本领，帮助他们发展。这样，追随者能够独立自主地工作，感到自我价值的满足，从而表现出极大的工作热情。那么，领导者不仅要让追随者知道干什么，还要让他们明确为什么干和怎样去干。由此可见，教师与教练员有异曲同工之处。

有效的领导者就是有效的教育者。教育和领导是相互联系、不可分割的整体。基辛格说过："一个伟大的领导人必须是一个教育家，使远见与人们熟悉的现实之间得到沟通。"前任美国防大学司令官佩里·史密斯少将说："传授知识与做领导是密不可分的，一个领导必须愿意传授技术，分享洞察力和经验，与他人密切配合，帮助他人走向成熟。通过传授知识，领导可以鼓舞、激励并从多方面影响自己的下属。"张瑞敏认为："我在海尔的角色定位，一是扮演设计师，制定企业发展战略，对企业进行战略管理；二是扮演牧师，像牧师布道一样，把企业文化渗透到每个员工的头脑中去。"

詹姆斯·麦格雷戈·伯恩斯认为，教师和领袖在实质上有着相同的意义，"从根本的意义上，教师和领袖已经变得密不可分"①。有效领导就是有效教育，教育和领导是相互联系的整体，实际上存在这样一个等式：领导力 = 教育 + 学习。可见，教师与教练员有许多共同之处。他们除了传授知识和技能之外，更侧重在价值观念、心理状态以及精神信仰等方面引导下属，甚至成为社会公众的导师，在思想和精神上引导社会公众和追随者。

真正讲清楚领导者是"教练员"角色，还是起源于 20 世纪 70 年代美国的教练技术（Coaching）。一个叫添·高威（Timothy Gallway）的网球教练，他运用"焦点集中法"，在 20 分钟内让一个完全不会打网球的人学会基本熟练地打球。添·高威解释说，我并没有教他们打网球的技巧，我只是帮助他们克服了自己不会打网球的固有意识，他们的心态经历了从"不会打"到"会打"的转变。这件事引起了美国一家大型企业 AT&T 公司高层管理者的兴趣，他请添·高威去给企业经理讲课，在授课过程中，经理们不停地记录，课后

---

① ［美］詹姆斯·麦格雷戈·伯恩斯．领袖论［M］．刘李胜等译．北京：中国社会科学出版社，1996.

添·高威发现经理们记录的和网球毫不相干，全都是企业管理方面的内容，经理们已经将运动场上的教练方式转移到企业管理上来，这样，添·高威也就成为教练技术的先驱。添·高威认为，“教练就是指导你如何进行行为改变，这是一种通过对话及惯用方式来创造环境的艺术，这种惯用方法就是指导人们以全身心投入的态度朝着自己期望的目标前进”。

随之，世界上一些著名企业，如美孚、IBM、波音公司、麦当劳、惠普、宝洁公司、爱立信、国泰航空、BPAMOCO石油公司、英国航空公司等都在内部推行教练技术。管理者从体育界优秀教练的身上引发了这样的思考：第一，教练注重人的能力和潜质，注重心灵沟通和交流；第二，体育界的团队总是很有激情和创造力，意志力、目标感和团队意识都很强。正是这种思考促使诞生了一种新的管理方式——教练技术。教练技术是将体育教练训练运动员的方式移植到管理中发展出来的一种个性化、一对一的领导方式和管理技术。其基本做法就是教练员注重心灵沟通和交流，采用一种高指挥、高支持的方式，一边通过指挥的方式调整员工的技能，一边通过支持的方式激发个人潜能和创造力，寻找最适合自身发展的工作方式，从而有效快捷地达到目标。

教练技术被誉为21世纪最具革命性的管理理念，是一种新兴的有效的管理技术。教练技术在领导活动方面实现了传统领导角色的转变，变特权型领导为服务型领导、变带领型领导为引导型领导。被誉为“全球第一CEO”的美国通用电气公司前CEO杰克·韦尔奇，长期致力于推行教练式领导模式。他说：“没有最好的运动员你就不会有最好的球队，企业队伍也是如此——最好的领导人实际上是教练”，“伟大的CEO应是伟大的教练”。

作为一个领导者考虑的不是本人如何打球，而是要把整个球队带好，让球队把球打好，让下属找到自己的用武之地，把自己的能量充分发挥出来，这是一个很大的转变。所以，教练技术的本质是以人为本的激励。我们研究的“教练员”角色，就是领导者借鉴教练技术，根据下属不同个性心理需要进行调适启发，充分关注与激励每一个下属，调动他们的主观能动性，通过双向沟通和协助来实现个人成长，进而实现组织发展和团队成员的共赢。

情商大师丹尼尔·戈尔曼（Daniel Goleman）研究发现，教练型领导能够帮助员工认识自己的长处和短处，并与他的职业发展联系起来，给予充分的指导与反馈，让员工在工作中成长。丹尼尔·戈尔曼还发现，“不管以前是一个和气的民主型领导，还是一个以身作则的带头型领导，不管是一个霸气的强制型领导，还是个严肃的权威型领导，如果对教练型领导风格不熟悉，就会影响领导和组织员工潜力的发挥，影响领导和组织取得最好的成绩”。所以，教练型领导与传统领导方式相比，更着重强调以人为本，激发个人潜能和主观能动性，寻找最适合自身发展的工作方式，从而有效快捷地达到目标。美国学者杰瑞·W.吉雷在《绩效教练》一书中，提出了一种新的管理理念——绩效教练法，要求领导者应当“停止管理”，转而“开始指导”。

领导者在实施教练型领导的过程中所承担的角色，一般概括为：回应者、引导者、促进者、支持者、教育者和授权者。所谓回应者，是说教练型领导要像照镜子一样，引导下属看清自己的问题和盲点所在，并就其表现的有效性给予直接的回应，然后以中立的身份辅以教练技巧，促使下属自愿地去污除垢，整理衣冠，精神抖擞地去实现目标。

所谓引导者，是说教练型领导要起到指南针的作用，引导下属看到自己的人生目标。目标比盲点还要重要，看不到自己目标的时候，整个世界都是他的盲点。因此，领导者在教练过程中要授人以渔，激励和帮助下属认清自己所肩负的任务与使命，找到以最少资源达到最佳效果的捷径，才能起到目标导向和激励的作用。

所谓促进者，是说教练型领导者要像火箭升空的催化剂那样，通过专业教练技术的聆听、发问、分享、体验、交流、整合、应用、嘉许、支持、挑战等，激发下属充分挖掘潜能，促使下属行为发生改变，从而达到从平凡到优秀，从优秀到卓越。

所谓支持者，是说下属的目标就是领导的目标，在下属实现目标的过程中，作为教练的领导者永远是支持者和服务员。当下属取得进步、获得成功时，领导者会以此为荣，支持下属再接再厉，再创新高；当下属遇到障碍时，领导者能够理解下属的感受，积极进行心理保健，引导下属打开内心桎梏，支持下属挑战困难、知难而进，锻炼成长。

所谓教育者，是说教练型的领导者对于下属要承担教育者的角色，特别是对于新职员要采用体验式学习方法，让他们自愿参与活动，分析他们所经历的体验，鼓励和指导他们学习新知识，使其获得新技术和新感悟，开发其内在动机和潜力，从而将这些知识和感悟应用于日常生活和工作。

所谓授权者，是说当下属有杰出才能可以为组织做出特别贡献时，教练型领导者应该勇于授权，给下属创造发挥才能的机会，放手让下属自己做主，为下属提供信息和人力，并调整组织的发展环境，消除影响组织绩效的障碍，让下属有更大的发挥空间和条件，从而做出更加杰出的贡献。

由此可见，教练技术是通过专业的策略、工具、架构与方法，协助企业解决问题、订立行动计划、达成目标、改善决定、突破障碍并取得卓越成果的管理与领导技术。是支持当事人走出迷局、获得更大成就的有助于自我启发、自我醒觉、自我成长的方法、策略与工具。教练型领导者，就是有效运用教练技术于领导工作中，注重开发下属的能力和潜质，实施个性化的培养方式，引发团队智慧，使被教练者实现卓越成果的领导者。

2011 年 12 月 25 日，华为总裁任正非的一篇文章《一江春水向东流——为轮值 CEO 鸣锣开道》在各大网站开始流传。这篇文章在回顾了华为曲折而艰辛的成长道路的同时，也谈了他自己的心路历程。任正非说：“到 1997 年后，公司内部的思想混乱，主义林立，各路诸侯都显示出他们的实力，公司往何处去，不得要领。我请人民大学的教授们，一起讨论一个‘基本法’……从此，开始形成了所谓的华为企业文化，说这个文化有多好，多厉害，不是我创造的，而是全体员工悟出来的。我那时最多是从一个甩手掌柜，变成了一个文化教员。”

也可以说，从那一刻起华为从个体户转型成为现代企业，而任正非也从商人蜕变为一个有理想的企业家。任正非从此开始真正做一个领导者最正确、最重要的工作——成为一名教导者，向他的员工宣扬企业的价值观，传递企业文化。领导力大师沃伦·本尼斯说，领导力就是领导者改变另一个人的观念和心态的能力。从这个意义上说，伟大的领导者同时都是伟大的师者，是组织当中“传道、授业、解惑”之人。

领导者扮演“教练员”角色，首先，要懂得如何“教”。领导者首先要是内行，才能知道“教什么”和“如何教”。应该像一位引导者、指导者，因材施教，从注重传授知识到注重传授思想，不仅要教会下属怎么做，还要教导下属为什么这样做，让下属明白工作的意义和价值。只有这样，才能促进每一个人学习进步。

其次，要懂得如何“练”。要树立以学生为中心的思想，明确下属想要什么，严格训练下属，通过重复训练养成习惯，成为超越自我更好的人。同时，教练式领导要打造团队，发挥集体的作用。更重要的是教练式领导用胜利来激励下属。正如我国著名的足球教练金志扬说的：如果教练不能带队克敌制胜，再会鼓动人心也无济于事。教练式领导最伟大的特征，就是不断追求卓越。他们的最终目的不是赢得比赛，就像伟大的企业家不以利润为目的，而是更快更高更强。所以，领导职责的变化，要求领导者由“运动员”向“教练员”转变。

二、培养下属的责任心

领导者扮演“教练员”角色，最重要的是应该教会下属什么？笔者认为，首先要培养下属的责任心。所谓责任心，就是指个人对自己和他人、对家庭和集体、对国家和社会所负责任的认识、情感和信念，以及与之相应的遵守规范、承担责任和履行义务的自觉态度。责任心与自尊心、自信心、进取心、事业心、慈悲心、同情心、怜悯心相比，是这些“群心”中的核心。

“二战”时期，英国受训的特工牢记的指令是：假如被俘，必须保持 48 小时的沉默，以便同伴有时间逃脱。这 48 小时是底线约定，沉默正是对同伴的责任。责任心是做人的最基本准则之一，是一个人能否做好工作的前提。

一个有责任心的人，对自己认准的事情，就是义无反顾地去拼搏，不达目的决不罢休。

责任心说到底就是爱岗敬业、勇于担当的精神，是指忠诚履责、尽心尽责、勇于担责。就是要求我们承担应当承担的任务，完成应当完成的使命，做好应当做好的工作。一个人担任领导角色，既是一种自我选择，也是一种社会定位。权力和责任是相互对应的，领导者必须担负起领导责任。领导者在充当特定社会角色时，也就把众人的责任集约到自己身上。对领导者来说，责任重于泰山。因此，领导者是否具有自觉承担对社会的责任意识，关系到某个单位或地方的发展前途。

有一次笔者在机场候机，看到小书店正播放马云的演讲，笔者驻足看了一会儿。马云讲的一句话让笔者印象非常深刻，他说，责任心有多大，舞台就有多大。你愿意为一个人承担责任，那你就是很好的自己；你愿意为 5 个人承担责任，你就是个经理；你为几百人承担责任，你就是总经理；你为 13 亿人承担责任，你就是总书记。

责任心是一种富有感情因素的自觉意识和自觉行动。笔者常讲这样一个故事：有 3 个石匠在建筑工地雕凿一件石器，有人问他们在干什么。甲说：“我在干活”。乙说：“我在雕塑一件艺术品。”丙说：“我在为了建设大厦而工作。”这 3 种回答反映了 3 种不同的责任心。甲的责任心是浅层次的，内心存有应付差事的意识；乙的责任心体现了个体化的特征，是受其兴趣爱好驱使；只有丙的责任心是深层次的，具有强烈的使命感。所以，他们工作的积极性和效果是不一样的。德鲁克曾评价说，第三个石匠才是一个管理者，因为他用自己的工作影响着组织的绩效，他在做石匠工作的时候，看到了自己的工作与建设大楼的关系，这种人的想法难能可贵！

1985 年，牛津大学有着 350 年历史的大礼堂出现了严重的安全问题。经检查大礼堂的 20 根横梁已经风化腐朽，需要立刻更换。这里每一根横梁都是由巨大的橡木制成的，为了保持大礼堂 350 年来的历史风貌，必须只能用橡木更换。但是，目前不可能找到 20 棵巨大的橡树，这令牛津大学一筹莫展。

这时，校园园艺所来报告，350 年前大礼堂的建筑师早已考虑到后人会面临的困境，当年就请园艺工人在学校的土地上种植了一大批橡树，如今每一棵橡树的尺寸都已远远超过了横梁的需要。大家欣喜若狂，更为如此负责和远见的建筑师肃然起敬！

教练技术是一种激励与授权的管理工具。其重点是针对人的心态，通过照镜子的方式，加上一套完整的激励与挑战体系，来改变人对自我的认知以及对待生活和工作的态度。所以，领导者的首要任务，就是不断地激发和培养下属高尚的责任心。20 世纪 20 年代，罗纳德·威尔逊·里根 11 岁时，一次和小朋友在楼下玩足球，不小心把邻居的玻璃踢破了，邻居要他赔 12.5 美元。当时 12.5 美元能买 125 个鸡蛋，小里根没办法只得找父亲要钱。他父亲说："我可以给你钱，但这钱是要还的。"小里根不解地问："为什么？"他父亲严肃地说："你要对自己的过错负责任。"小里根牢记父亲的话，利用课余时间打了半年工，攒足了 12.5 美元还清了父亲。他这不是在和父亲赌气，而是认识到负责任的重要性。

这件事对罗纳德·威尔逊·里根终生都产生了深刻的影响，以至里根当上美国总统后，经常说一句名言来鼓励自己和身边的人："假如我们不做，谁来做？假如现在不做，何时做？"如何培养下属的责任心？没有一个包治百病的灵丹妙药。我们领导者就要学习里根父亲的做法，善于及时教导指正下属的不当行为，时时刻刻注意培养下属的责任心，特别是爱岗敬业精神。

三、传播崭新观念

领导者扮演"教练员"角色，就像彼得·圣吉认为的领导者是教师一样，要不断地给下属灌输崭新的观念。彼得·圣吉认为，教师的任务是要帮助组织成员看清楚真相，找到焦点，并且促进每一个人都能学习。若由系统思考的观点来诠释现象，每一种现象都有以下 4 个层次：事件、行为变化形态（趋势）、系统（整体）结构以及使命故事。彼得·圣吉认为，当今许多领导人多把焦点放在事件的层次上，所以，多数的组织只是在做"反应"或者"顺应”的工作，很少有开创的做法。

彼得·圣吉强调组织领导人要兼顾前述4个层次，但主要焦点应放在使命故事以及系统结构上。领导人对于组织为什么存在，以及将往何处去，应赋予更深的意义；所谓系统结构层次的现象诠释，即领导人必须不断地帮助人们看清更大的图像。因此，适时给下属传播崭新的观念，是领导者的重要任务。

1985年，应美国通用电气董事长兼CEO杰克·韦尔奇的邀请，密歇根大学商学院教授诺尔·迪奇（Noel Tichy）担任通用电气培训中心的领导职务。在这两年间，他目睹、参与、推动了通用电气的变革，也因此成为著名的领导力大师。诺尔·迪奇的领导力思想有两大核心：其一，领导者要做老师，要有“可教的观点”。其二，成功的组织是围绕“良性的教学循环”而建立的教导型组织，而非学习型组织。“可教的观点”，指的是领导者不仅要有观点，而且还要知道如何阐述和沟通。“良性的教学循环”，是指每个层次领导者不仅在教，也是在学。学习型组织是成为教导型组织的基础。诺尔·迪奇认为：“出色的教学都不是单向的。因为教学不是布道，而应该是互动式的。所以作为领导者首先要有教学观点，然后促进老师和学员之间的互动，形成教学相长的良性循环。有效教学循环的本质就在于这种互动性。”[①]

领导者作为“教练员”的首要任务，是界定组织内部及其外部生态环境的真实情况，协助组织成员对真实情况有一个正确、全面、深刻的把握，提升他们对组织系统的了解能力，督促每个人能够自觉学习，使组织成员行动一致，方向明确，心中拥有促进组织持续发展的共同愿景。教练员式的领导者喜欢亲自面对组织成员，不断宣传组织战略，指导和帮助组织成员树立全局观念；科学合理地调配组织中的全部资源，保证组织资源的有效配置；洞悉每一位成员的长处和优势之所在，为他们设计具有成长性的职业生涯，并给予相应的帮助，对组织成员的想法表示欣赏，对贡献和成就给予及时认同。

① 刘澜．与诺尔·蒂奇对话［EB/OL］．世界经理人网，2009-04-08.

领导者进行教练不是从行为入手，而是从信念的层面入手，在人的源动力上进行深入剖析和有效改善。哈佛大学海菲兹教授认为：“处理棘手的问题——通常需要价值观念的改变——是领导的目的；而改变既有的价值观念，是领导的精髓所在。”① 信念的焦点决定着行为的方向，信念的宽度影响成果的取得。西点军校是美国陆军军官学校的别称。200 多年来，西点军校为美国培养出了 3 位总统，5 位五星上将，3700 名将军及无数的精英。不仅如此，在世界五百强企业里，西点军校培养出来的董事长有 1000 多名，副董事长有 2000 多名，总经理和董事有 5000 多名。可以说，任何商学院都没有培养出这么多优秀的经营管理人才。

人们不禁要问，为什么一个军校比商学院培养出的经理还多？这里的奥秘就在于西点所设的课程主要是培养领导素质和领导理念。西点不培养头脑简单的武夫。学校的任务是通过 4 年的训练，使每个毕业学员都具备一名职业军官所需的性格、领导才能、智力基础和其他方面的能力，以便模范地效力于国家，在战争中成为军中栋梁。西点军校是美国首屈一指的培养领导力的学校。西点人成功的三大秘诀：“领导力、挑战力、人格魅力”。作为西点军校一直秉持的精神是：责任、荣誉及国家（西点军校校训）。“没有任何借口”——这是西点培养人才的秘密所在，所体现的就是负责敬业的精神。

领导者最重要的职责就是领导部属创造价值。人们会追随抱持着“能做事”态度的人，而不是那些总是辩解事情为什么不能做的人，人们也愿意追随能创造价值的人，或者是让他们自己觉得很棒很有价值的人。在组织丛林中，领导者一不留神，就会忙碌于程序、步骤、流程，增加了管理成本，而忽略了价值创造。领导者应该时时以身作则，以创造价值为最高行为指导方针，并且时时学习新知，增加自己在变动环境中，创造价值的本钱。

美国麦当劳创始人雷·克罗克在美国一所大学问 MBA 班的学生：“麦当

---

① ［美］亨利·明茨伯格等著，领导——《哈佛商业评论》精粹译丛［M］. 恩铭译 . 北京：人民大学出版社，2004.

劳是卖什么的？”有的学生回答说是卖快餐。克罗克却说出一个让大家非常惊讶的答案：“麦当劳的真正生意是经营房地产。”麦当劳的确是卖快餐，但是它总结了一套店铺选址的秘诀，最终利用麦当劳响当当的牌子，以特许经营的方式扩张时，麦当劳成了房地产商。麦当劳在中国开的第一家分店在北京东单黄金地段，20 世纪 80 年代王府井改造，麦当劳就得到了一大笔拆迁补偿金。在全球 100 多个国家拥有数万块黄金地段的麦当劳，的确是房地产运营的绝顶高手。

观念更新，万两黄金。有一个故事很有说服力。一位青年满怀烦恼去求教一位智者，说自己曾豪情万丈地树立了许多目标，可是几年下来，依然一事无成。智者微笑着听完青年的倾诉后说：“来，你先帮我烧壶开水！”青年看见小火灶上放着极大的水壶，旁边没有柴火。于是便出去找来一些枯枝，装满一壶水烧了起来。可是由于壶太大，那柴火烧尽了，水也没开。于是他跑出去继续找柴火，等找到了足够的柴火回来，那壶水已凉得差不多了。

智者于是问他：“如果没有足够的柴火，你该怎样把水烧开？”青年想了一会儿摇摇头。智者说：“如果那样，就把壶里的水倒掉一些！”青年若有所思地点了点头。智者接着说：“你一开始踌躇满志，树立了太多的目标，就像这个大壶装的水太多一样，而你又没有足够多的柴火，所以不能把水烧开。要想把水烧开，你或者倒出一些水，或者先去准备柴火。”青年顿时大悟。回去后，他把计划中所列的目标划掉了许多，只留下最近的几个目标，几年后他的目标基本上都实现了。可见，万事挂怀，只会半途而废。领导者应该像这位智者，及时点醒下属，才能使下属的人生逐渐加温，最终才会让生命沸腾！

讲清楚领导者应该扮演“教练员”角色不易，但真正能够做到更难。这里主要是领导观念问题。2008 年 8 月 21 日，皮娅率美国女足在北京工体馆以 1：0 击败巴西队，蝉联奥运女足冠军。这令世人意外，更令中国球迷震惊。因为在去年的世界杯赛上，美国女队以 0：4 惨败给了巴西队。而且去年，皮娅作为中国女足的助理教练，在女足世界杯 1/4 决赛中输给挪威队被挡在了八强门外，皮娅和主教练多曼斯基在质疑声中离开了中国女足。但一年之后，皮娅以美国女足主帅的身份率队在中国登上了奥运冠军宝座。这里有什么奥秘？

有人总结皮娅教练的得胜之道之一，就是不断地向下属灌输行动理念。皮娅认为，作为一名教练最重要的是有机会把你的“ideas（主意）”完完整整地灌输下去。她接手了美国女足后，从来没有跟队员谈论过去年的事情。只是跟她们谈踢球的风格，谈她的设想、所希望和追求的风格。她高兴地看到，队员们开始改变了，结果不仅是铜牌变成了金牌，而是队员们自己踢球的方式和对足球的理解。在接手美国队的 9 个月里做的最重要的事，就是让球员心里知道自己该做什么，这比光想着怎样取得成功更为重要。

不仅如此，她还不断地向球员灌输她的足球哲学：我们不是靠一个人去参加奥运会，我们的目标是要夺取金牌，要夺取金牌靠的是一支球队，因为是球队在比赛而不只是球员在比赛。她认为足球是一个非常复杂的项目，需要有不同风格的球员组成，但在比赛场上，必须是一支球队去作战。你需要创造一种气氛，能够让队员相互之间都很信任，每个队员又都要有自己的个性，可每个球员最终又都要为这支队伍服务。这才是我们赢得金牌的根本。这也许是中外教练的领导区别，非常值得我们领导者反思。

教练型领导者要学会全程跟进式领导。当球队遇到问题时，知道如何发现真相，找出解决问题的方案；制订目标时，知道如何预测成果，制订切实可行的计划并带领团队去达成；跟进执行时，知道如何拨开迷雾，选择正确行动，用更少的资源做更多的事情；处于困难时，知道如何跳出框框，发现更多可能性，让员工的智慧为组织创造更大的价值。所以，教练技术所形成的开放式、体验式、互动式的教练文化特点，使得现代领导方式由命令式的灌输向启发式的发问、回应转变；由被动式的精神激励向自觉式的心态调整转变；由僵化式的单调活动向灵活丰富的方式转变；将“改造人”和“尊重人”结合起来，鼓励人们调整自我，突破框框，选择挑战、实现成功，让人们在磨砺中真正明白自身的价值所在。

四、教会下属行动

领导者要向下属传播领导技能，创造更好的环境让追随者成长，成为新的领导者。这类角色被称为“领导铸造者”“栽培者”和“超级领导者”等。对于领导者来说，这是一个重要的职衔。领导者要当好这个职务，就要让下属接触各种领导模式，从好的和坏的领导者的对比中学习，熟悉和掌握领导技巧，分派给下属以挑战性的任务，以适度的压力促进他们成熟。通过这种过程，领导者为组织铸造大批领导者，可以减轻领导者的负担，使领导者从日常烦琐的杂事中解脱出来，集中精力和时间思考重要的问题。诺基亚公司一直倡导一个经理就是一个教练的管理理念，要求管理者要知道怎样培训员工来帮助他们做得更好，不是“叫”他们做事情，而是“教”他们做事情。

有这样一个故事：特技团来了个新的弟子，教练从走钢丝开始教起。这个弟子在练习的时候，总是没走几步就掉下来，反复练习还是如此，最后沮丧地坐在地上不起来了。教练走了过来，拍拍弟子的肩膀说：“掉落，是走稳的先决条件。”弟子闻言，又重新爬上去练习。教练在旁叮咛着：“走，不停地走，直到你忘了那条钢丝的存在，忘了掉落这件事，你就算真正学会了。”由此可见，我们领导者在扮演“教练员”时，也必须告诉下属要像练习走钢丝一样，面带微笑、抬头挺胸，若是不慎掉落，就重新再站起来，当下属“忘了钢丝的存在”时，就会走得比别人稳，离成功也就不远了。

领导者把那些潜在的领导者视为“种子”加以栽培，使之成为未来合格的领导者。其培养方式有两种不同的观点：一种是达尔文式的选择观点，让潜在的领导者“物竞天择，适者生存”，这容易造成过度竞争的局面，扼杀人才，造成领导人才的断层，不利于组织的长远发展；另一种是农业式的培养观点，认为领导能力是可以学习的，领导者是确定那些“能从经历中学习的人”，然后教会他们所必须学的，给他们以挑战性的任务，并帮助他们成功。培养“种子领导者”可以保证领导者代际之间的稳定性，当领导者缺任时薪火相传，种子领导者已经能承担重任，这对于维护组织的长远竞争优势起到关键的作用。

教会下属行动，并不是说下属不会什么就告诉他如何做，而是要灌输给下属行动的理念，授之以渔，让下属学会自己解决问题。教练型领导最简单、最有效、最直接的方式就是“用问题解决问题”。无论是领导者还是下属，都要将工作中所遇到的问题或者想要达成的目标视为课题，用问问题的方式去解决。

美国一家大型销售公司在开展一项促销活动前，公司总经理把各分公司经理找来开会。开会前总经理让大家站起来，看看自己的座椅下有什么东西。结果每个人都在自己的座椅下发现了钱，最少的有人捡到 5 分硬币，最多的有人拿到 100 美元。总经理让大家把钱捡起来说：“这些钱都归你们了，但你们知道这是为什么吗？”没有人能猜出这是为什么。总经理说，我只不过想告诉你们一个最容易被大家忽视甚至忘掉的道理：坐着不动是永远也赚不到钱的。的确，作为销售公司经理，坐在办公室是永远不可能赚到钱的，必须要行动、行动、再行动！他这是在向下属灌输行动的理念，这种灌输行动的理念比教会下属具体方法更重要。

华为公司总裁任正非的用人之道有一种说法是“砍掉中层干部的屁股”，意思就是要求中层干部走出办公室，下现场和市场，实行走动管理。答案在现场，现场有神灵。中层干部不能坐在办公室里面打打电话，听听汇报，而要将指挥所建在听得见炮声的地方，要亲赴一线指挥作战。据说，任正非曾经给华为某些干部送皮鞋，不满某些华为干部不愿下现场和一线，讥笑他们吝惜自己的皮鞋，于是就送皮鞋给他们，年底评价这些干部的依据就是看谁的鞋底磨得快①。任正非的做法与上述美国公司的做法有着异曲同工之妙。

世界知名的领导力变革专家诺尔·迪奇（Noel M. Tichy）在他的《领导力循环：伟大的领导人教授公司取得成功》一书中，阐述了公司的领导者通过培训员工去赢得胜利的重要性。他认为，一个卓越的公司，不仅是在最高

① 卞志汉 . 华为狼性团队合作文化是任正非用大刀“砍”出来的［EB/OL］. 华夏基石 e 洞察 .

阶级拥有卓越的领导人，还是在所有阶级，都拥有卓越的领导人才。公司要鼓励并培育领导人才，使得他们在不同阶段、在各个角落都能得到提升，增强其主人翁意识和自豪感。诺尔·迪奇曾总结，“领导即教育”。教练思维是：信念—行为—成果。教练从来不是提供答案的人，教练的核心价值在于帮助被教练者做加法催化能量、做减法排除干扰。

有一位表演大师上场前，他的弟子告诉他鞋带松了。大师点头致谢，蹲下来仔细系好。等到弟子转身后，又蹲下来将鞋带解松。有个旁观者看到了这一切，不解地问：“大师，您为什么又要将鞋带解松呢？”大师回答道：“因为我饰演的是一位劳累的旅者，长途跋涉让他的鞋带松开，可以通过这个细节表现他的劳累憔悴。”那人不解地又问：“那你为什么不直接告诉你的弟子呢？”大师道：“他能细心地发现我的鞋带松了，并且热心地告诉我，我一定要保护他这种热情的积极性，及时地给他鼓励，至于为什么要将鞋带解开，将来会有更多的机会教他表演，可以下一次再说啊。”可见，领导者就应该像这位大师一样，善于启发和教导下属懂得观察，抓住重点，才能够成为真正的人才。

下属在工作中会遇到困难和问题时，往往有的不是积极想办法，而是把时间花在无谓的拖延、牢骚与抱怨上，有的只是等待上级拿主意、想办法。久而久之，不仅养成了下属懒惰习惯，而且助长了下属不作为、不敢为之风。如果下属碰到了棘手难办的问题，作为上级最好能够引导下属积极行动起来，向下属传播领导技能，创造更好的环境，让下属试着以正面的、积极的、有效的方式解决问题。

马云曾说过：中国的“教”是没有问题的，“育”是有问题的。“教”，中国的学生在全世界考试中成绩最好，但是，我们“育”的是培养文化、情商。所以，教会下属行动，不仅是教方法，更是育文化，使下属养成良好的敬业精神和踏实工作作风。这才是领导者扮演“教练员”角色的职责所在。

教会下属行动，也不能够忘记更重要的方法还是以身作则，率先垂范。中国革命战争时期，我们共产党军队为什么总打胜仗，国民党军队为什么老打败仗？有个国民党将领在总结共产党和国民党胜败的原因时，从两军指挥员指挥冲锋的方式上就预测到共产党必胜，国民党必败。因为共产党的指挥员在冲锋时，驳壳枪一举，高喊一声：“跟我上！”自己冲在最前面，士兵们在他的感召下舍生忘死往前冲。而国民党的指挥员在冲锋时，也是驳壳枪一举，高喊一声：“给我上！”但他让士兵们往前冲，自己在后面督战，士兵们在他的威胁下不得不冲锋，怎么能有精神打好仗。这“跟我上”和“给我上”，尽管只是一字之差，但反映了两军不同的阶级本质和领导风格，也决定了两军不同的前途命运。

这也进一步说明，不论何时何地，领导者的榜样力量是无穷的。我们反对“运动员”式的领导方式，并不是反对领导者以身作则，率先垂范，而是鼓励领导者与群众相结合，懂得就像雁群飞行那样，头雁要知道自己什么时候飞到前面充当领头雁，什么时候飞到后面当一个跟随者。领导者和下属群众只有上下一心，互助互动才能取得胜利。同时，领导者要毫无保留地向下属传授思想、方法和技巧，使下属获得新的信息、产生新的思路、接受新的观念，导致行为的改变。

现代西方流行一种领导交易理论，认为领导是一种特殊的交易，领导者与被领导者只有以心换心，相互作用，才能做好领导工作。但是，领导是一种特殊的交易，这种交易是不对称的。领导者对被领导者施加影响可以影响许多人，被领导者对领导者的影响只能以群体力量才能起作用，个人力量微乎其微。而这种领导交易和“互动”是建立在领导者的回应力的基础上的。回应力是指领导者对群众的利益诉求予以限时回应和有效解决的能力。回应力要求领导者首先要对群众的要求要有回应，满足群众的要求，才能得到群众的欢迎和拥护。这种回应力表面看是被动的，实际上是主动的。领导互动是一个相互影响的过程，领导者与被领导者的互动一旦中断，就意味着领导作用的终止。

所以，习近平总书记提出“以人民为中心”的重要思想，就是要求领导者要牢固确立执政为民的权力观，把实现人民群众的根本利益作为一切工作的出发点和归宿，把群众呼声当作第一信号，把群众需要当作第一选择，把群众利益当作第一考虑，把群众的满意度、参与度当作衡量工作的第一标准，真正为人民掌好权、谋好利。我们只有这样，领导者的回应力才会有力和有效。

五、学会用人成事

一名优秀的教练员，关注的是运动员的成长，采用各种技巧的策略激励运动员达到最佳状态，竭尽全力培养他成为冠军。但教练员要懂得永远不和运动员争功，运动员奖牌的背后都凝聚着教练的心血。一个好的领导者也是这样，他们会从下属的成功中收获自己的成功。美国前总统罗斯福说：“一位最佳的领袖必是一位知人善任者。而在下属甘心从事其职务时，领袖要有约束力量，切不可插手干涉他们。”美国福特公司总裁福特先生说：“领导人才的年龄、外貌、处境各有个同，但是有一条线索可以把真正的领袖辨认出来，那就是不管怎样，他手下的人经常有卓越的表现。”所以，领导者要懂得滋养下属的领导力，领导者千万不要为下属打工。

一位著名企业家在做报告时，一位听众问：“你在事业上取得了巨大的成功，请问最重要的是什么？”企业家没有直接回答，他拿起粉笔在黑板上画了一个圈，只是并没有画圆满，留下一个缺口。他反问道：“这是什么？”台下的听众七嘴八舌地答道：“零”“圈”“未完成的事业”“成功”。他对这些回答未置可否，而是心平气和地说：“其实，这只是一个未画完整的句号。你们问我为什么会取得辉煌的业绩，道理很简单：我不会把事情做得很圆满，就像画个句号，一定要留个缺口，让我的下属去填满它。”是啊，留个缺口给下属，并不说明领导者的能力不强。实际上这是一种教练型领导智慧，是领导用人的最高境界。

2016 年 8 月 18 日，里约奥运会上中国乒乓球队实现了包揽男女单打冠亚军、男女团体冠军的目标。而这一切荣耀的背后，其中隐藏着一位优秀的教练员——中国国家乒乓球队总教练（兼男子乒乓球队主教练）刘国梁。刘国梁是中国第一位奥运会男子单打冠军，是右手直拍两面近台快攻型的选手，是中国第一位在世乒赛、世界杯和奥运会上实现男单“大满贯”的选手。但是，2003 年 6 月 22 日，27 岁的刘国梁正式担任中国男乒主教练后，他迅速地完成了从运动员到教练员的转变，成为当今国内外乒坛最有影响的教练员之一。有媒体评价刘国梁不仅是最具智慧的教练，也是赛场上最具激情的教练。中国乒乓球队主教练这样的角色被人们看成刀尖上的舞者，这就要求担任者不仅要有“知己知彼、运筹帷幄”的智商，还要有“处变不惊、袖领群伦”的情商。

有人总结刘国梁育人用人之道：一是实行个性化、差别化培训。队员张继科爆发性强，但注意力难以集中；马龙技术过硬，但心理压力大。刘国梁针对每个人的自身特点和培训需求，因材施教，缺什么就补什么。二是采用多样化复合型的培训方式，拒绝传统填鸭式教学。根据不同类别、不同人群的特点和需要，使每一层次、每一类别、每一个学员都能够得到真正所需的成长。结果，张继科仅用 445 天成就了个人“大满贯”，即获得世界杯、世界锦标赛、奥运会三项赛事的单打冠军；马龙也在 2016 年里约奥运会上实现了个人“大满贯”。

2016 年 8 月 18 日，在里约奥运乒乓球男子团体决赛中，中国队以 3∶1 击败日本队，成功蝉联该项目冠军。奥运会乒乓球团体赛的规则是五场三胜制，一、二、四、五场为单打，第三场为双打。赛后马龙、张继科、许昕和主教练刘国梁做客中央电视台“奥运风云会”，刘国梁解密男子乒乓球队取胜秘诀时说，马龙是球队领军，张继科是球队灵魂。特别是到了大家心理底线的时候，张继科往往能够脱颖而出，给球队带来极大的信心和鼓舞。

“今天排兵布阵时我跟他们三个人说，第一场让马龙先出拿第一分，他实力肯定在对手之上；第二场让许昕上去帮他拼，如果许昕拿下的话基本上就拿下了，许昕万一出现问题一比一，这个结果可以接受；第三场只要双打赢下来之后马龙再打三号基本这场差不多，万一双打再出现问题也没关系，大不了一比二的时候，我会把继科、马龙叫在一起告诉他们，又一场单打的两个半决赛，为国而战，一人守一条线，一人保住一条路，三比二还能赢。我把继科排在第三场、第五场，关键的时候马龙往前冲，许昕去释放，然后张继科在后面保稳。对我们来说，虽然没打到第五场，但我对他们的信心和信任是超过任何人的。”从刘国梁的谈话中，我们看到了一个理智、成熟、内心强大的主教练刘国梁，也明白了中国乒乓球队屡战不俗的奥秘。

作为团体运动教练，最重要的任务莫过于团队建设。领导者作为“教练员”也都应该是团队建设大师。团队建设包含三个步骤：一要做到用人之长，发挥每个队员的长处；二要让队员互相配合，达到 1+1>2 的效果；三要打造凝聚力，让团队为了共同的目标而发挥出团队的威力。所以，美国前总统尼克松说：“我有一个原则，就是拒绝做别人可以做的决定。领袖的第一原则，就是只做该做的大决定，不要把自己搞得乱事缠身，不要把自己变成问题。”

去过庙里的人都知道，一进庙门，首先是弥勒佛，笑脸迎客；而出庙门时，看到的则是黑口黑脸的韦驮。为什么这样摆放？相传在很久以前，他们并不在同一个庙里，而是分别掌管不同的庙。弥勒佛热情快乐，所以来的人非常多，但他什么都不在乎，丢三落四，没有好好地管理账务，所以经常入不敷出。而韦驮虽然管账是一把好手，但成天阴着个脸，太过严肃，搞得人越来越少，最后香火断绝。佛祖在查香火的时候发现了这个问题，就将他们俩放在同一个庙里组成一个团队，由弥勒佛负责公关，笑迎八方客，于是香火大旺。而韦驮铁面无私，锱铢必较，则让他负责财务，严格把关。在两人的分工合作中，庙里一派欣欣向荣景象。其实在用人大师的眼里，没有废人，正如武功高手，不需名贵宝剑，摘花飞叶即可伤人，关键看如何运用。

在麦当劳（中国）公司，教练的工作和升职直接挂钩：如果不能培养一个人接替你的岗位，你就不能升迁。因此在麦当劳“教练—培训—继任”的链条环环相扣，推动着教练式企业文化的形成和教练式领导的不断出现。美国通用电气管理发展学院，韦尔奇亲自上阵，实行边教边学的方式，不仅培养出自己精锐的经理人队伍，还培养了 170 多位财富五百强的 CEO。中国台湾 IT 界“教父”施振荣也是教练式领导的代表。联想柳传志的“建班子、定战略、带队伍”被认为是联想大厦的坚实地基，而“建班子”和“带队伍”，很大部分内容是和教练式领导相关联的。正是他以教练的身份为联想培养了杨元庆、郭为等一批优秀的年轻领导者，打造了一支令行业内外注目的巅峰团队。

2016年8月21日，郎平带领一支年轻的中国女排以3∶1战胜塞尔维亚队，赢得了阔别12年的奥运会冠军。为什么郎平可以把她的队伍带到如此高度？大家公认主帅郎平展现出了高超的执教能力，尤其是在临场方面，可以说是指挥若定，收放自如，是全队的主心骨、“定盘星”。郎平的执教思路清晰、刚毅果断、审时度势、谦和大度。赛后，蔡振华接受记者专访时说，她们最值得称赞的就是身上的那股韧劲，而郎平的技术素养、用人不疑的能力更是她身上最闪光的地方。

郎平作为总教练，首先是选材独具匠心。1995年郎平临危受命组建中国女排，大胆招募了没有国字号身份的新秀何琦、诸韵颖为二传手。郎平看重何琦分配战术球思路合理，诸韵颖传球隐蔽性和灵活性好，对她们重点培养成为世界亚军二传。2013年郎平回归国家队重掌教鞭，创建了一个新模式——“大国家队”，每年组织集训的名单都超过26人，大胆发掘了朱婷、袁心玥、张常宁、龚翔宇等新人。这样主攻、副攻和接应三个位置均有超新星涌现，以往靠七八个球员打天下的格局，如今被人人都能比赛所取代。

其次，强调专业精神。郎平在以往刻苦训练、顽强拼搏的基础上，将国际化、专业化的团队合作形式和科学训练的理念引入。无论是赖亚文、安家杰等教练班子的组建，还是由Rett、Reg、Brittni和Dr Ho四个美国人组成体能训练+伤病康复的小团队，都对过去陈旧训练和康复理念进行了颠覆，蹲杠铃等损害膝盖的练习被废除。郎平根据科研医生综合个人体质和体能，制定日常训练的“量”和“度”，不让球员感觉完成无望而自动放弃。对于球员较为薄弱的技术环节，郎平安排她们通过自己以往的视频资料进行分析，查找问题出到底是出在技术、意识、判断哪些方面，促进球员主动去思考、讨论、解决问题。郎平说：“不要因为我们赢了一场就谈女排精神，也要看到我们努力的过程。女排精神一直在，单靠精神不能赢球，还必须技术过硬。”

最后，注重人性化管理。高情商的郎平在训练严格的同时，做到了对队员人性化的生活管理。在球队中，郎平是一个“妈妈”式的教练，她挂在嘴边的口头禅就是“孩子们”。在郎平队伍中，所谓的22条军规已经不见了，取而代之的是队员们可以化妆打扮、网购、游戏和看电视剧等。对于球员来说，郎平是伯乐，是恩人，甚至也是母亲。郎平对于队员的生日、伤病，甚至假期，都会给予体贴入微的关怀。正是这种母亲般的温暖和知遇之恩，才让这些“90后”的孩子们升腾出无与伦比的杀气和拼搏意志，为球队的团结和战斗力打下了牢固的基础。

六、做善于讲故事的高手

领导者作为“设计师”角色时的主要任务是制定愿景，但当领导者充当“教练员”角色时，教的并不是如何形成愿景，而是如何促进每一个人学习愿景，使之成为每个人的信念和工作动力。领导者的主要任务，是帮助组织的每一个人培养对于系统的了解能力。所以，教练员应该是一名擅长讲故事的高手。他们能够将组织核心价值观、使命、政策等整合成简单的故事，以平等主义的态度来解释这些东西背后的道理，让下属和群众懂得这是与他们自己的利益相关的事情，才能焕发起他们的热情与干劲。

习近平总书记也是讲故事的高手。他讲的那些故事大家喜闻乐见，既拉近了与听众的距离，也有很好的说服力。2015年1月，习近平同中央党校县委书记研修班学员座谈时，讲到他本人30多年前当县委书记的故事：当时，因为年轻想办好事，老熬夜，经常是通宵达旦地干，因而差不多一个月得大病一场。后来，他感觉到这样不行，这么干也长不了。你手里攥着千头万绪，攥着一千个线头，但是一个针眼一次只能穿过一条线。这句话让他想明白了，才开始慢慢摆顺心态。此后每天就工作到晚上12点，然后就睡大觉，第二天重新来过。他提醒干部们，“内在有激情，但是还要从容不迫”。

2014年3月17日至18日，习近平参观焦裕禄同志纪念馆，出席县委常委扩大会议并做重要讲话。他深情地回忆起 40 多年前学习焦裕禄的情景："1966 年 2 月 7 日，《人民日报》刊登了穆青等同志的长篇通讯《县委书记的榜样——焦裕禄》，我当时上初中一年级，政治课老师在念这篇通讯的过程中多次泣不成声。特别是念到焦裕禄同志肝癌晚期仍坚持工作，用一根棍子顶着肝部，藤椅右边被顶出一个大窟窿时，我受到深深震撼……"焦裕禄精神犹如一座丰碑巍巍矗立。习近平总书记说："我们这一代人都深受焦裕禄精神的影响，是在焦裕禄事迹教育下成长的。我后来无论是上山下乡、上大学、参军入伍，还是做领导工作，焦裕禄同志的形象一直在我心中。"

说到动情处，他还吟诵了自己担任福州市委书记时于 1990 年 7 月 15 日填写、并在 7 月 16 日《福州晚报》上刊登的《念奴娇・追思焦裕禄》词："中夜，读《人民呼唤焦裕禄》一文，是时霁月如银，文思萦系……""魂飞万里，盼归来，此水此山此地。百姓谁不爱好官？把泪焦桐成雨。生也沙丘，死也沙丘，父老生死系。暮雪朝霜，毋改英雄意气！依然月明如昔，思君夜夜，肝胆长如洗。路漫漫其修远矣，两袖清风来去。为官一任，造福一方，遂了平生意。绿我涓滴，会它千顷澄碧。"习近平总书记说："这首词我是有感而发，直抒胸臆。"在场者无不为之动容。

"讲好中国故事，传播好中国声音"，习近平总书记是提倡者，也是践行者。在他出访的公开演讲中、在国外媒体发表的署名文章中，讲述了许多温暖人心的小故事，拉近了中外人民的距离，起到了很好的效果。2014 年 6 月 5 日，习近平在中阿合作论坛第六届部长级会议开幕式上发表讲话时说到这样一个故事："在阿拉伯商人云集的义乌市，一位名叫穆罕奈德的约旦商人开了一家地道的阿拉伯餐馆。他把原汁原味的阿拉伯饮食文化带到了义乌，也在义乌的繁荣兴旺中收获了事业成功，最终同中国姑娘喜结连理，把根扎在了中国。一个普通阿拉伯青年人，把自己的人生梦想融入中国百姓追求幸福的中国梦中，执着奋斗，演绎了出彩人生，也诠释了'中国梦'和'阿拉伯梦'的完美结合。"

日本哲学家野家启一在《故事的哲学》一书中认为，"故事是一种能使经验语言化，并使之得以传承的装置”。就是说我们把经验通过故事清晰地表达出来，使之成为公共财富，经验才能得以传承和积累。领导力训练专家谭小芳老师认为，伟大的领导者经常通过讲故事来传递信息，使大家团结成了组织共同知识的一部分。因为一个道理你讲百遍，别人不一定记得住，而你不经意间讲的某个小故事，却能让他记住这个大道理，并且他还很喜欢把这个故事讲给别人听，口口相传的作用很大。故事是个奇妙的东西，它有着与众不同的穿透力。故事能够传递信心和希望，故事能够使聆听者收获经验，故事能够传达那些只可意会不可言传的信息。

阿里巴巴的马云曾跟下属说：“我大愚若智，其实很笨，脑子这么小，只能一个一个想问题，你连提 3 个问题，我就消化不了。我功课本来就不好，数学考过 1 分。只有英语特别好，那是因为小时候，我经常打架，爸爸骂我，我就用英语还口，他听不懂，挺过瘾，就学上了，越学越带劲儿。”马云自曝家丑的小故事，看似是打自己嘴巴，其实这些小故事里包含着巨大的正能量。一方面，这些小故事可以拉近领导与下属的距离，让下属不自觉地与领导亲近起来；另一方面，可以鼓励大家追求成功，向领导学习，跟着领导干。

彼得·圣吉认为，领导者借着把焦点放在使命故事，对于这个组织为什么存在，以及将迈向何处有更大的理由和意义。当组织中人人都具有大于个人的目的意识，共同的使命感会把他们连成一体。他们具有其他方式无法做到的那种认同感和连续感。所谓“使命故事”，第一是“使命”，不是其他的故事，而是与实现组织使命紧密相关的故事；第二是故事，应该是生动的、感人的，而不是苍白无力的说教。领导者工作分 4 个层次：事件处理、趋势掌握、系统改造、使命故事。“使命故事”是领导者工作的最高层次。前两个层次是反应性工作是低层次；后两个层次是创造性的高层次工作。美国石油大王保罗·盖帝（Jean Paul Getty）曾说：“一个主管不管他拥有多少知识，如果他不能带动人完成使命，他就毫无价值。”

但是，更常见到领导者虽然具有使命感和真诚的愿景，却没有能力把这些东西绘声绘色地讲出来，使得人们因不了解而开始嘲讽组织的愿景，最后导致组织愿景赖以生根的信念被摧毁。所以，作为“教练员”的领导者，不仅要制定出符合事物发展趋势的愿景，还必须有能力将愿景概念化和大众化，使其成为大家能理解和接受的东西，并成为众人了解和形成改变社会现状的系统力量。而其中“忠于真相”是帮助领导者达成此项责任的不二法门。有些有领导天赋的领袖常因不能忠于真相，甚至于尝到身败名裂的苦果。

世界知名的领导力变革专家诺尔·迪奇（Noel M. Tichy）归纳出了三种经理人常用的故事类型。第一类故事是“我是谁”，也就是讲述自己感人的经历和成功的经验，用个人的故事来打动人心，调动员工的积极性；第二类故事是“我们是谁”，也就是在变动中创建起同位一体的感情，在应对时代变迁过程中激发团队协作精神，将全体员工或者是听众的心凝聚在一起；第三类故事是“我们要往哪里去”，也就是描述、解释企业在未来要做些什么，以及企业要怎么样走向未来。前两类故事有利于凝聚企业员工情感，传播企业文化，最后一类故事有利于激发员工热情，促使其为实现理想而行动起来。

诺尔·迪奇说，如果一个 50 人的网球队由你来挂帅，那么对如何打网球你就应该有你自己的一套观点。这其中有 4 个基本要素：一是你所要教的理念有哪些？对网球而言，就是要教他们如何打正手球、如何打反手球、打网球的规则有哪些等。二是要有一系列支持你的理念的价值观。作为网球教练，你要求学生穿着运动装准时到场，在训练中举止规范。三是即使有了理念，有了支持的价值观还不够，因为如果你不能从情感上激励他们，这 50 名学员也不可能一周 5 天毫无怨言地拼命练习打正反手球，所以你还应该想办法激励他们。四是作为一名网球教练，你就应该有棱有角，即面临困境时有能力去决策。

七、鼓励下属创新

评价一位教师和教练员好坏的标准是什么？世人的评价标准很多。以笔者从事教师工作 30 多年的经历体会到，一位好的教师和教练员的评价标准，应该是“青出于蓝而胜于蓝”。2011 年 9 月，辽宁师范大学建校 60 周年，笔者将自己写的一首诗献给母校：“两袖清风爽，四季耕耘忙。百代无怨悔，千秋有栋梁。冰心鉴月明，烛火映日长。后生成师范，含笑慰鬓霜。”这既是自己的真情实感，也是对教师职业的敬畏。千古以来，我们的教师都是希望自己的弟子超越自己，成为国家和社会的栋梁。正如杨昌济先生诗云：“自闭桃园称太古，欲栽大木柱长天。”领导者作为教师和教练员角色，首要职责就是要培养下属的创新精神，才能使下属“青出于蓝而胜于蓝”。

美国某大公司总经理在新招聘的员工见面会上，总是叮嘱新员工：“谁也不要走进 8 楼那个没有挂门牌的房间。”很长时间过去了，也没有人去那里。有一次，又招聘了一批新员工，总经理又说了这样的话，大家都回答“是”。只有一个年轻人在下面嘀咕，“为什么？”总经理听到了严肃地说，“不为什么！”回去后这个年轻人还在嘀咕这件事，他的上司训诫他安心干好工作，少操没用的心。但这个年轻人还不死心，自己悄悄地跑到那个房间，轻轻地敲了一下门，没有应答，他轻轻一推，门开了。他走进一看，屋里空空荡荡的，只有一张写字台，上面落满了灰尘。他看见桌上有一个纸板，上面写着：“请将这块纸板送到总经理处。”年轻人拿着纸板跑到总经理办公室，总经理笑着说：“从今天起，你被任命为销售部经理。”这个年轻人不辱使命，把销售部搞得红红火火。

事后许多人向总经理请教经验。总经理说：“这个年轻人不为条框束缚，敢于闯禁区，这是成功者的可贵品质。”大家由此明白一个道理：成功的门是虚掩着的，只要你勇敢地去敲开它，并大胆地走进去，展现在你面前的就是一片新天地。比尔·盖茨说过：“创新取决于我们能否不断地从一个领域跨越到另一个领域。”所以，作为领导者，我们不要忘记自己还是一个教育者，要学会由“运动员”的角色方式向“教练员”的角色方式的转变。

在任何组织中，不可能所有的成员都能成为领导者。对于一般的追随者，领导者也应注意培养其领导能力，让下属自己领导自己，自我激励，自我计划，自我监督，自我评估，自我设计职业生涯和事业发展道路，促使追随者由依赖外部领导向自主独立转变，这就是“自我领导”。在这个意义上，领导者就成了“超级领导者”。超级领导者并非要取消领导者，而是充分发挥追随者的积极性和创造性，使其分担领导者的部分职责，更能扩大领导者的业绩，强化领导者存在的基础。

沃伦·本尼斯认为，成为导师是领导者在职业生涯晚期能享受到的最大乐趣之一，堪比含饴弄孙。也正是在这时候，他们有了培养年青一代接班人的紧迫感。他们懂得了导师的真正含义：教学相长；也懂得了建立和巩固同导师的关系并不等于阿谀奉承，而会使双方互惠互利。美国最成功的篮球教练之一约翰·伍顿，非常注重队员成长的过程。伍顿当 UCLA 教练时，他并不强调获胜。他强调的是准备充分、团队精神、改变的意愿和每个人都在顶峰状态表现的强烈欲望。他注重的是过程，而不是最终产物。

如何“鼓励大胆探索者，宽容改革失误者，鞭策改革滞后者”，提振干事创业的精气神，是当前迫切需要解决的重要课题。“人非圣贤，孰能无过。”敢想敢干的改革创新者在实践中往往有一些新思想、新做法，有可能会改变旧有的发展模式，会打破原有的利益格局，会引起一些人的恐慌、质疑。而一旦他们在实践过程中出现了失误，不小心犯了错，就可能被一些别有用心的人大做文章。如果没有相应的机制保护，改革创新者的积极性就会被打压，甚至打垮。所以，只有做到既鼓励创新、表扬先进，也允许试错、宽容失败，才能最大限度调动广大干部的积极性、主动性、创造性。

鼓励下属创新，关键要建立能够鼓励创新、宽容失败、允许试错、责任豁免的机制。习近平总书记在 2015 年 10 月主持召开中央全面深化改革领导小组第十七次会议时指出：“要完善考核评价和激励机制，既鼓励创新、表扬先进，也允许试错、宽容失败，营造想改革、谋改革、善改革的浓郁氛围。”2016 年 1 月，习近平在省部级主要领导干部学习贯彻党的十八届五中全会精神专题研讨班上，又明确提出“三个区分开来”，即“把干部在推进改革中因缺乏经验、先行先试出现的失误和错误，同明知故犯的违纪违法行为区分开来；把上级尚无明确限制的探索性试验中的失误和错误，同上级明令禁止后依然我行我素的违纪违法行为区分开来；把为推动发展的无意过失，同为谋取私利的违纪违法行为区分开来”，并强调“要保护好那些作风正派又敢作敢为、锐意进取的干部，最大限度地调动广大干部的积极性、主动性、创造性”。

2016 年 3 月 5 日，李克强总理做政府工作报告时指出：“健全激励机制和容错纠错机制，给改革创新者撑腰鼓劲，让广大干部愿干事、敢干事、能干成事。”这样才能进一步激发干部群众干事创业的激情，营造鼓励和支持干部改革创新、敢于担当的良好氛围，打造一支敢冲敢闯、敢为人先、敢争一流的干部队伍，让真正的改革创新者放手去闯、大胆地干。

据《人民日报》报道，2015 年以来，湖北、湖南、四川、陕西、浙江杭州、山东济南、黑龙江哈尔滨等多地积极探索改革创新干事创业容错纠错机制，推动出台相关意见或办法，激励干部干事热情，给改革创新者撑腰鼓劲。主要做法是：

一是规定容哪些错？建立容错机制，是为支持改革探索、推崇创新突破、鼓励积极作为，区别对待探索失误和违纪违法行为。梳理各地容错办法，主要将免责范围界定为主观上出于公心、担当尽责，客观上由于不可抗力、难以预见等因素，未达到预期效果、造成不良影响和损失的行为或失误。同时还要符合法律法规没有明令禁止，经过民主决策程序，没有为自己、他人或单位谋取私利，积极主动采取措施尽力挽救等基本情况。其中，陕西将容错情形进行了细化。《陕西省党政干部容错纠错试行办法（试行）》明确，创造性开展工作中 11 类情形可容错。包括在推进改革和体制机制创新中，因缺乏经验，先行先试出现探索性失误或未达到预期效果的；在推动重大项目和重点工作中，因大胆履职、大力推进出现一定失误或引发矛盾的；在处置突发事件或执行其他急难险重任务中，因主动揽责涉险、积极担当作为，出现一定失误或非议行为的；等等。

二是怎么容错？关于如何启动容错机制，多地明确认定免责的程序包括申请、核实、反馈等。即如果相关单位或个人因改革创新出现工作失误受到追责时，可向纪检监察机关和组织部门提出免责申请。纪检监察机关和组织部门要严格按照有关政策和党政纪规定予以核实认定。根据认定意见，对认定结果进行反馈和备案。对于经确定予以容错免责的单位和个人，各地规定可在不同方面予以从轻、减轻甚至免予问责或处分。如，江西和湖南对确定予以容错免责的单位和个人不做负面评价，不影响政绩考核，不影响评先评优，不影响提拔使用。山东济南明确，在落实党风廉政建设责任制检查考核中免予扣分，在单位年度科学发展综合考核中免予扣分。对需追究党政纪责任的，各地的容错办法提出，可根据党纪政纪相关规定视情给予从轻、减轻或免予处分。

三是如何避免“试错权”被滥用？一方面建立完善纠错机制。容错机制的奏效首先需有纠错机制相辅相成。四川出台的意见要求，要完善纠错机制，加强对党员干部的教育监督管理，经常性开展谈心谈话，加强提醒警示。对反映党员干部的问题，采取约谈、函询等多种方式处置，防止小问题变成大错误。采取巡视反馈整改、监察建议书、预防腐败建议书等方式，及时纠偏纠错，避免放任错误造成更大损失。但是，“试错权”不能成为干部违法乱纪的“保护伞”。为了避免容错免责机制被滥用，多地在相关意见、办法中强调，在支持和保护改革创新的同时，严禁打着改革创新的旗号搞劳民伤财的“政绩工程”“形象工程”，坚决惩治借改革创新之名徇私舞弊、贪污受贿、假公济私以及严重侵害群众利益等行为。

另一方面，健全澄清保护机制。江西、四川等地还提出，要健全澄清保护机制，坚决严肃查处诬告陷害行为。对诬告陷害者属于党员干部的，根据干部管理权限，由相应纪检监察机关严肃处理，涉嫌违法犯罪的移送司法处理，并及时通报典型。同时，保障举报人的合法权益，严格区分诬告陷害行为与错告误告行为的政策界限[①]。湖南还提出了考核激励、荣誉激励、财政激励、用人激励和舆论激励五大激励措施，鼓励“敢吃螃蟹的人”。

---

① 尹深，张玉珂 . 多地建立容错机制为干事者撑腰？探索性失误等可免责［EB/OL］. 人民网，2016-08-25.

对在试点和探索中闯出新路，取得突出业绩的改革型干部，在晋级晋职中予以优先考虑。

建立容错纠错机制的出发点是鼓励干部创新有为，落脚点是对创新措施推进者的领导力评价。意为在一定范围内，宽容失败、允许试错、有错必改，营造支持改革、鼓励创新的良好氛围，给改革创新者撑腰鼓劲，更好地服务于人民群众。

建立容错纠错机制一定要注意：一要完善制度，优化流程。实施“容错纠错机制”要谋定而后动，制定相应的实行标准、运行流程、监督制约机制，严格细化申请、核实、认定、公示和报备等流程，其结果要经得起组织部门和社会群众的检验。

二要及时公开信息，全面有据可依。相关信息必须及时全面公开，确保数据真实有效，公示信息可查可推，才能够让广大人民群众认可和支持。

三要多方监督，搭好平台。要搭好多方参与的网络平台，实施事前、事中和事后监督，积极推动新闻媒体、社会组织、人事单位和人民群众等多方积极参与，及时发现问题，督促工作，取得实效。

四要树立正确导向，营造良好氛围。建立容错机制的前提是全社会对创新精神的认可，以及对创新偏差的容让与纠正。要树立正确的用人导向，及时调整为官不为的干部，突出选用担当有为的优秀干部，激励更多想作为、能作为、善作为的干部大显身手。要加强容错文化建设，营造一个宽松、宽容、和谐的干事创业环境，积极鼓励敢试、敢闯、敢担当者创新有为。

CHAPTER 03

第三章

善于组织的“牧羊人”

一只狮子率领一群绵羊的队伍，可以打败一只绵羊带领一群狮子的队伍。

——拿破仑·波拿巴

领导者是推动组织发展的决定力量，但不是仅凭个人的力量就能推动组织发展。领导者在依靠个人力量的同时，更应该发挥组织的作用，依靠组织法规和装备力量来推动组织前进。所以，现代领导方式的变化，要求领导者必须学会由“领头羊”角色向“牧羊人”角色转换。

一、何谓“牧羊人”？

我们在讲授领导科学时，往往都是首先强调领导者的作用，这是无可厚非的。因为领导者对于一个组织来说至关重要。正如英国邓洛普公司总裁雷伊·杰第斯所说，“优秀的领导者对于一个组织来讲，就如无价之宝”。法兰西第一帝国的缔造者拿破仑·波拿巴说过：“一只狮子率领一群绵羊的队伍，可以打败一只绵羊带领一群狮子的队伍。”我国的干部群众也常说，“给钱给物不如给个好干部，传经送宝不如送个好领导”。但是，领导者扮演什么样的角色，其作用的发挥程度却完全不一样。

很长时间，我们有些领导者喜欢扮演“领头羊”的角色。他们认为领导者就应该身先士卒，以身作则，做着群众看，领着群众干，群众才觉得跟着他干有劲头、有奔头。虽然说领导者必须以身作则，率先垂范，要求别人做到的他自己必先做到，要求别人不做的他坚决不做。这看似很好，但这只是一名领导者必须做到的基本要求。如果领导者只把自己降低到劳动模范的程度，尽管产生的影响力比一般劳动模范大，也不是一名合格的领导者。因为，作为一名领导者，不仅要自己干好，更重要的是要让大家都做好。如果一个领导者自己不贪不占，廉洁奉公，而他手下的人却贪腐成风，怎么说他也不是一个好领导！

什么是“领头羊”？领头羊就是走在羊群前列的羊。它是在羊群中通过竞争优胜劣汰脱颖而出，体格最健壮、跑得最快、听力最好、最有威望的羊。领头羊的作用主要是靠经验和示范，它能够辨明方向，选择岔路，理解主人的意愿，身先士卒冲在最危险的地方，因而受到羊群的信赖和拥护。

我们人类社会借用“领头羊”，一般是指团体中起主导作用的人。这种人往往是指一个小团体中的带头人，而不是真正的领导者。比如，在工厂那些劳动模范，他们爱岗敬业，忘我劳动，苦干加巧干，做出了重大贡献，影响和带动了身边的人向他学习，形成了一种“比学赶帮超”的热潮。农村人民公社时期，生产队锄地时只要大家一起出工干活时，总会有一个人锄得又快又好，大家拼命地跟着他往前赶，这个人农村叫“打头的”。他就像“领头羊”一样，起到先锋模范作用。尽管我们可以感受到，工厂劳动模范和农村“打头的”自己干得很好，也能够在一定程度上影响和带动其他人。但是，他们的影响力是有限的，那些身体弱的、觉悟低的人在后面“磨洋工”，他们也没有办法，“领头羊”常常处于这样一个尴尬的境地。

什么是“牧羊人”？牧羊人就是放羊的人。他稳稳地坐在马背上，高高地扬着鞭子，前面的羊走得快了，打一鞭子让它慢点；后面的羊走得慢了，打一鞭子让它快点，旁边的羊走散了，打几鞭子把羊赶回来。他能够对羊群实施整体控制。牧羊人领着一群羊找到一个水草肥美的地方，然后让羊们撒丫子各自吃草去，自己则悠闲地四周瞭望，看看周围有没有狼在窥伺，有没有牧草更丰茂的地方，有没有调皮捣蛋的羊远离了羊群……牧羊人的责任是管理好这群羊，时刻防范危险，想尽办法使它们长得膘肥体壮。

我们借用“牧羊人”一词，一般是指领导者。我国上古就有州牧这个称谓，意思可能是替天子牧首一方，州牧就类似牧羊人。但是，我们现在取“牧羊人”来比喻领导者，绝不是像古代统治者那样把百姓当羊来管理，而是说“牧羊人”和现代领导者有许多角色雷同之处。也就是说，领导者要像“牧羊人”那样，要站得高看得远，时刻注意环境变化，需要整合各种资源，领导工作实施统筹领导，借助组织的力量来实现目标。

梁山好汉一百零八将，个个武艺出众、智谋过人，但为什么大家对出身低微、低矮黑胖、武功稀松的宋江顶礼膜拜，公认他为梁山第一大哥？这就是因为宋江不是一个快意恩仇的英雄人物，而是一位高超的“牧羊人”式的领导者。宋江在梁山表现出超越前两位领导王伦、晁盖的领导能力，即变通力、亲和力、影响力、决策力，这4种领导能力恰好对应着他的4个外号“及时雨、黑宋江、孝义黑三郎、呼保义”，使他独具梁山领袖的魅力。变通力，是说他能针对各兄弟的特点采用不同的方式对待，仗义疏财，有求必应，落得“及时雨”美名；亲和力，是说他心胸开阔，善解人意，礼贤下士，因其长得黑众人昵称为“黑宋江”；影响力，是说他孝敬父母，忠于兄弟，人称“孝义黑三郎”；决策力，是说他关心集体前途命运，反贪官不反皇帝，人送外号“呼保义”。正因为宋江善于当好“牧羊人”，所以，宋江才把梁山好汉们管得服服帖帖，甚至为他而生，为他而死都在所不辞[①]。

“领头羊”与“牧羊人”有以下几点区别：一是个人作用与组织作用的区别。领头羊往往是靠自己的经验、体能和威信等因素带领羊群跑，它能跑多快，羊群就跑多快，依靠的是个人力量和作用。而牧羊人不仅靠自己的力量，还依靠马、牧羊犬、领头羊、鞭子等因素来实施管理，关注羊群团队的状况，依靠的是组织的力量和作用。

二是道德作用与法规作用的区别。领头羊是在羊群中竞争脱颖而出的，具有天然的崇高威望，它身先士卒，吃苦耐劳，勇于牺牲，羊群很信任它，愿意跟随它行进，主要依靠的是道德力量。牧羊人严格按照规程做事，哪只羊违反了规程，就会受到相应的惩戒，使之不敢越雷池一步，主要依靠的是

① 孙琳.“领头羊”宋江的管理之道［J］. 名作欣赏，2013（5）.

法规力量。

三是带动作用与推动作用的区别。领头羊老羊识途，经验丰富，靠自己的聪明才智来影响和带领羊群前进，它是主要依靠模范行动来带动羊群。但是，它只管往前，至于后面的羊愿意不愿意跟它走，它也无能为力。牧羊人主要是依靠各种法规和装备力量来推动羊群往前走的，它不仅要管跑得快的，也要管跑得慢的，不能让一只羊掉队。

四是局部作用与全局作用的区别。领头羊只考虑如何领会清楚主人的意图，带领羊群往前走这一件事，侧重于局部策略的执行问题。牧羊人要考虑去什么地方，路线该怎么走，方向错了怎么办，羊群乱了怎么管，如何保证每只羊都安全到达目的地，他侧重于全过程的战略和全局问题。

综上所述，领头羊与牧羊人的根本区别是，领头羊发挥的是劳模作用，牧羊人发挥的是领导作用。领导者如果只充当“领头羊”的角色，充其量只是当一个劳模（打头的），主要是靠领导者的个人力量和精神拉动的，其力量是有限的；而“牧羊人”角色是身处羊群之外，主要是靠组织形成的合力拉动的，能够有效地控制整个羊群的行动，担当的是领导重任，其作用是巨大的。

“牧羊人”在领导活动中的确起着非常大的作用。西班牙学者巴尔塔沙·葛拉西安通过历史故事，总结出一个打击“牧羊人”用权规则。1296年，枢机主教盖塔尼因为机敏过人而被选为新任教皇。人们称之为卜尼法斯八世。他上任后不久就采用强硬措施统一教皇诸国，只有意大利最富饶的地区多斯加尼没有臣服。这个地方最强大的城市是佛罗伦萨。如果能够征服佛罗伦萨，就能够让多斯加尼臣服。佛罗伦萨有两个对立的党派：黑党和白党。两党之间长年展开争执。卜尼法斯看到这个好的突破口，他认真分析发现，所有的焦点都在但丁身上。但丁成为城市6名执政官中的一员，掌控了实际的权力，他支持白党，揭露教皇的阴谋。必须把此人除掉才能。

第二年，卜尼法斯召来法国亲王查理·德·瓦卢斯协助他维持欧洲的秩序，但丁号召人民组织起来抵抗教皇。佛罗伦萨的妥协派推选但丁作为领导前去罗马求和。万般无奈之下，但丁还是去了。教皇接见但丁与城市代表团时使用了自己惯用的手法：一手威胁，一手求和。说自己只是想要促进和平。教皇指名要但丁留下，其他人都回去。在但丁留在罗马期间，佛罗伦萨分裂了，白党离开了但丁就没有了主心骨，查理用钱贿赂某些官员瓦解了白党，黑党巩固了权力。这个时候教皇才放但丁离开。黑党的判决是，只要但丁踏人佛罗伦萨一步，就要将他处以极刑。但丁被放逐意大利到处流浪，至死也没有再回到那个他热爱的国家。

卜尼法斯的成功之处就是把但丁引开，他采用了一手威胁、一手求和的手段。卜尼法斯深谙权力场上的进退规则：一名意志坚决的人，一颗不服从的心，可以将一窝羊变成一群狮子。因此只要除去这个制造麻烦的人，羊群就只能是羊群。打击牧羊人，羊群就会四散逃窜。

由此，巴尔塔沙·葛拉西安总结道：人们常常会形成一种错觉，以为分散的权力没有中心。其实不是这样的，数量上的改变并不代表本质上的改变。权力总是掌握在少数人的手中。在每一个团体里，权力必须集中在几个人手中，才能形成强大的力量。这是永恒不变的道理：就像行星无法离开太阳独自运行一样，权力也必须有一个像太阳的核心。

但是，从另一个角度来说，如果你是掌握权力的人，就要对此引以为戒。时刻保持清醒的头脑，不要认为自己比别人优越，一旦疏远了群体，你的力量就会随之消散。这一规则被称为“打击牧羊人规则”。打击牧羊人会让羊群失去核心，它们就会茫然不知所措。无论任何事物，只要失去了核心，一切都将四分五裂。将瞄准镜对准核心人物，将他击垮，混乱的局面之中包含着无限的机会，这和“擒贼先擒王”的道理是一样的[①]。

约翰·C. 麦克斯维尔（John C. Maxwell）在《领导力 21 法则：追随这些法则》一书中提出“爆炸性倍增法则”：“培养追随者，得到相加的效果；培养领导者，得到倍增的效果。只有当你开始培养领导者，而不仅仅是吸引追

① ［西班牙］巴尔塔沙·葛拉西安．打击“牧羊人”用权规则［J］．领导文萃，2004（9）．

随者的时候，才能完全发挥你的潜能，并使组织得到爆炸性的增长。这也叫‘领导者的数学’。”[①] 也就是说，你培养追随者，得到相加的效果；培养领导者，等到倍增的效果。所以，培养潜在的领导者是牧羊人领导角色的重要任务。这类角色称为“领导铸造者”和“超级领导者”。

现代管理学认为，组织是三角形的，但管理时应是倒三角的：领导者在最下面，支持员工。领导不是领头羊——体力劳动者。领导要大踏步往后退，退至后面的视野开阔的高地，去指明方向。这样，对领导者来说，才能够目标看得远、心态看得开、人才看得准；对组织来说，员工锻炼的机会和发展空间大了，对自我的激励也增强了，因为他们知道领导者在背后看着自己。联想集团的成功就是组织化的成功，他们证明了一个成功公式：一流的技术 + 二流的管理 = 失败；二流的技术 + 一流的管理 = 成功。因此，高明的领导者都是组织家，他们懂得通过经营一个组织来实现领导，而不是靠个人单打独斗。我们领导者要学会由“领头羊”角色向“牧羊人”角色转变。

二、做一个会“偷懒”的牧羊人

《吕氏春秋》云：“劳于求人，而逸于治事。”前面说到，牧羊人不仅靠自己的力量，还依靠马、牧羊犬、领头羊、鞭子等因素来实施管理，关注羊群团队的状况，依靠的是组织作用。所以，在领导活动中，高明的领导者是组织家，他们懂得通过经营一个组织来实现领导。要实现这个目标，领导者要学习成功的牧羊人，要善于授权，学会“偷懒”，培养替代的领导者，让各类人才发挥不同作用，变带领型领导为引导型领导。

爱维龙媒是我国是集管理咨询与文化产业为一体的大型企业集团，董事长段俊平提出，要跟羊倌学领导力。他认为，一个羊倌用一把铁铲和喊几句固定的话，就可以把几十甚至上百只羊集中在一起，羊很少有掉队的，也很

---

① ［美］约翰 · C. 麦克斯维尔 . 领导力 21 法则：追随这些法则，人们就会追随你，路本福、路卫军译 . 北京：北京时代华文书局，2016.

少有跑丢的。其中蕴含了许多管理的哲学理念，如果能达到羊倌放羊一样形散而神不散的境界，那就是管理大师了。

放羊有圈放和散放两种。圈放是把羊放在事先规划好的区域，羊有自由度，但有一定的局限性。而散放没有区域限制，每个羊都能找到草吃，有很大的自由度，但不能脱离羊群走得太远，否则会受到羊倌的惩罚。但是，制定制度的目的不是用来惩罚，而是起震慑和预防作用。羊倌手中的铲子，只对付那些严重脱离队伍的羊。

羊群为什么虽散却没有一个掉队的，而且羊倌口令一下，所有的羊都会向一个方向前进或后退呢？其实每一个羊群都有一个领头羊，只要把这个领头羊管好了，其他羊就会跟在后面走。这就是《孙子兵法》中的“将将”原则。

每个羊都有吃草的自由度，羊倌不会把每个羊的位置固定下来，这样的好处是每个羊都能恰到好处地找到自己擅长的领域，保证了每个个体都能吃饱。所以，要给员工相对自由的空间，让他们都能找到能够发挥自己才华的平台，员工才有归属感。这就是所谓的人尽其才！

羊群看似乱，其实是形乱神却不乱。羊倌通过训练羊群明白什么应该做，什么不应该做。然后通过惩罚那些最不守规矩的羊，喝令那些调皮捣蛋的羊，从而使羊群自动自发地遵守纪律，达到管理好团队员的目的。这就是无为而治的管理境界。

羊倌一般都把羊往山上赶，是为了培养羊的腿力，这样的羊能长肥。开始有些羊可能上不了山，羊倌就连打带喊，重复几十次，结果所有的羊都上了山，到最后不用赶，羊自动都上山了。西方管理也用“赶羊上山”来比喻组织管理，通过让员工经常重复做一件事情，由不能做变成可能做，并由可能做变成习惯做了，这就是组织文化中的道德自觉和固化行为的模式[①]。

我们领导者在扮演“牧羊人”角色时，就应该向羊倌学习领导力，通过

---

① 段俊平．跟羊倌学领导力［J］．决策，2011（12）．

运用各种手段，使一个组织的成员心往一处想，劲往一处使，通过整合团队的力量，实现既定的共同目标。

授权是指领导者根据工作的需要，将自己所拥有的一部分权力委授给下属去行使，使下属在一定制约机制下放手工作的领导方法和艺术。但是，能否授权对于领导者来说也是非常之难的事情。尼克松认为：“许多领导人最难接受的事情之一，就是授权别人替自己办事。艾森豪威尔曾就此简略对我说起，作为一个行政长官，他必须克服的一个大难题就是学会签署水平低劣的信件：也就是说，明知自己可以把信写得更好，也得在别人代写的信上签上他的名字。”尼克松进一步指出，领导人比较容易委派别人去做的是那些别人显然会比他自己做得更好的事情，但艾森豪威尔签署水平低劣的信件说明，还有一种更难的选择，即领导人还必须把自己能做得更好的事情也委托给别人去做。这要求他能够区别什么是必须做的事情和什么是重大的事情，也要求他具有能让别人处理重大事情的自我克制精神。

中国法家代表人物韩非子堪称授权理论的鼻祖。《韩非子・八经》记载，韩非子劝商鞅说，“下君尽己之能，中君尽人之力，上君尽人之智”，意思就是：昏庸的君主只懂得用自己的能力治国，普通君主用众人的气力治国，贤明的君主则用众人的智力治国。尽己之能不如尽人之力，尽人之力又不如尽人之智。高明的领导者不仅是善聚众力，更是善集众智的授权高手。懂得授权敢于放权并善于放权，是领导者取得成就的基础和条件。即常言所说，借人者强，借智者王。

《史记・陈丞相世家》记载一段故事：汉文帝问右丞相周勃：“天下一年要判决多少案件？”周勃谢罪说：“不知道。”皇上又问：“天下一年钱粮的收取和支出是多少？”周勃又谢罪说：“不知道。”急得周勃汗流浃背，惭愧不能回答。皇上又问左丞相陈平。陈平回答说：“有主管的官员。”皇上问：“主管的官员是谁？”陈平说：“陛下要是问判决案件，请询问负责刑狱的廷尉；若问钱粮，请询问负责财政的治粟内史。”皇上问：“如果各有主管的官员，那么你主管什么事情？”陈平说：“我负责管理群臣。陛下不知道我的才能低下，让我愧对宰相的职务。宰相的职务，在上辅佐天子调理阴阳，顺应四时，在下抚育万物顺时生长，对外镇抚四夷和诸侯，对内亲附百姓，使公卿大夫们各自都能够胜任他们的职责。”汉文帝于是称赞陈平的回答，周勃感到非常惭愧。

古人云：“得人之力者无敌于天下也，得人之智者无畏于圣人也。”纵观中国历史上能成就霸业的帝王将相无不是授权的高手。汉高祖刘邦之所以能打败盖世英雄项羽，很大程度是懂得用贤才和善于向下属授权的结果。他让善于带兵韩信打仗，让善于决策张良出谋划策，让善于管理的萧何统筹后勤财务，通过合理的授权，为他们创造了充分发挥各自能力的平台，靠团队的智慧打败了项羽，最终成就了霸业。

相反，诸葛亮能力非凡，但是为什么刘备死后，蜀国却最先灭亡？主要是因为诸葛亮凡事亲力亲为，不能放手让他人去做事。他不能放手让别人去做，手下的人就得不到锻炼和施展，自然很难出人才。所以，刘备在的时候，蜀国有五虎上将。刘备死后，蜀中无大将，廖化做先锋。之所以出现这样的局面，就是因为诸葛亮不愿授权。古人云：“君闲臣忙国必兴，君忙臣闲国必衰。”国家统治者不懂授权的结果有两个：一个是把自己累死；一个是把人才埋没掉。诸葛亮累得要死，又没有培养出人才，最后也葬送了蜀国，不能说他是大智慧、大聪明！

美国管理学家布利斯有句名言：一位好的经理在他的助手脸上总有一副烦忧的面孔。意思是说，好的管理者懂得向助手授权，让下属来分担忧烦。布利斯提出了著名的“授权法则”：第一是相近原则，给下级直接授权，不要越级授权；第二是授要原则，指授给下级的权力应该是下级在实现目标中最需要的、比较重要的权力和能够解决实质性问题；第三是明责授权，授权要以责任为前提，授权同时要明确其职责，使下级明确自己的责任范围和权限范围；第四是动态原则，针对下级的不同环境条件、不同的目标责任及不同的时间，应该授予不同的权力。授权的关键问题是信任，如果缺乏了信任，授权无从谈起。高明的授权是既要下放权力给下属，又要给他们被重视和信任的感觉，唯有信任的委托才是授权成功的基础[①]。

领导者应该做善于授权者。前通用 CEO 杰克·韦尔奇有句经典名言："管得少就是管得好。"要想管得少，就要合理地授权。中国联想集团的树人理念是：小公司做事，大公司做人。联想把人才划分为三个层面：一是能独立做好一摊事的人才；二是能带领一班人做好事情的人才；三是能审时度势，具有一眼看到底能力的人才。这三个层面的人无论是管理系列，还是技术系列，都能在联想寻找到施展才华和抱负的舞台，都能找到适合自己发展的道路。

联想公司为管理部门的定位也与众不同。让你的服务对象感觉你是一个负责的值得信赖的管理者，让你的管理对象感觉你是一个热心的可以托付的服务者。客户意识不仅存在于企业与客户之间，内部人之间也具有客户意识。这样，联想要求管理干部，不仅成为部门的领头羊，更重要的是要成为成功的牧羊人。有人总结老板与用人的关系，对领导者很有启发。一般来说，如果你是老板，你把经理当短工用，你就是班组长；你把经理当班组长用，你就是经理；你把经理当经理用，你就是总经理；你把经理当总经理用，你就是老板了。

三、善于使用各种人才

古今中外高明的领导者都是善于使用各种人才的组织家。明朝政治家张居正是这样一个伟大的领导者，他有许多治国理政的经验，我认为最重要的是他有"三个善用"法宝：即领导者要成就大事，一要善用自才；二要善用人才；三要善用组织。其前提是善于使用各种人才力量成就事业。

高明的领导者首先要善用自才。所谓善用自才，也就是充分发挥主观能动性。只有把自己的才能发挥出来，别人才能够承认你是人才。有人说谁不会使用自己的才能？但事实上并不是这样，古今中外许多怀才不遇者，说到

① 段俊平．领导者的授权艺术［J］．才富，2012-03-14.

底就是不会善用自才。就拿西汉著名政论家、文学家贾谊来说，18 岁时以文才出名，20 岁时当上了博士，每逢皇帝出题讨论时，贾谊都应答如流，见解精辟，汉文帝非常欣赏，一年之内便升任为太中大夫。以后却遭朝中大臣攻击，被贬低为长沙王太傅。

这么一个年轻才子为什么被贬？唐朝王勃在《滕王阁序》中说：“屈贾谊于长沙，非无圣主。”原因是只说了半句：“非无圣主”，即不是客观原因。那么，主观原因是什么？宋朝苏轼在《贾谊论》中评价贾谊时说：“非才之难，所以自用者实难。惜乎！贾生，王者之佐，而不能自用其才也。贾生志大而量小，才有余而识不足也。”所以，苏轼总结道：“古之人，有高世之才，必有遗俗之累。是故非聪明睿智不惑之主，则不能全其用。”

“良禽择木而栖，良将择主而从。”“择主”是人才善用自才的首要内容。中国古代的才俊之士，历来都以不助纣为虐、不明珠暗投，作为“择主而事”的基本原则。唐玄宗继位后欲用姚崇为相，宰相之位是人臣的极位，但姚崇却对玄宗说：“我有十条建议，行仁义、严法纪、开言路、节用度、任人唯贤、禁宦官干政等。这些如果您能接受，我就当宰相，如果您不能接受，请原谅我也不能接受宰相之职。”唐玄宗完全接受了他的建议，他也以治国安民为己任，被时人称为“救时宰相”。

泰国有句谚语：“生命的价值在于使用生命。”生命的长短是用时间来计算，生命的价值是用贡献来计算。人生最重要的，不在乎增高地位，乃在乎善用自己的才能，用到最高的限度。许多中外名人是善用自嘲的高手。他们利用自嘲，不仅可以调节气氛、化解尴尬，还可以彰显自己谦虚的品质，制造一点生活间的情趣。

1998 年 3 月 19 日，第九届全国人大一次会议举行记者招待会，邀请新任国务院总理朱镕基及几位副总理与中外记者见面，并回答记者的提问。在如闪电交织般的照相机闪光中，朱镕基一上来就自嘲道：“我长得不好看，但希望你们把我拍得好看一点，因为我的形象代表政府。”话音刚落，现场顿时响起一片笑声和掌声。朱镕基没有开始就进入正题，而是用一番即兴自嘲展现了自己平易近人、幽默亲和的一面，从而迅即拉近了与在场记者的距离，大大活跃了现场气氛，使记者招待会在说笑中拉开了序幕。

高明的领导者不仅要善用自才，更要学会善用人才。因为不论你自己有多大的才能，你浑身是铁也打不了几颗钉，必须依靠众人的力量才能成就伟业。所以，古人云："得人才者得天下，失人才者失天下。"通用电气前任CEO杰克·韦尔奇认为，你们必须热爱你的员工，拥抱你的员工，奖励你的员工，激励你最好的员工。如果失去最好的20%的员工，是领导的失职。如果留下最差的10%的员工，同样也是领导者的极大错误。

唐朝李世民是一位善用人才的高手。魏徵原是李建成手下有名的谋士，多次建议李建成除掉李世民，可谓李世民的大仇人。但是，魏徵为人耿直，有才干，是个忠臣，李世民不计前仇，任用他为谏议大夫。魏徵不断向李世民提出好的建议，使李世民对他十分佩服，经常将魏徵请入居室，询问得失，魏徵愈来愈被重用，先后被李世民提升为秘书监、侍中、宰相，并封他为魏国公。李世民曾说："我好比山中的一块矿石，矿石在深山是一块废物，可是经过匠人的锻炼，就成了宝贝。魏徵就是我的匠人！"魏徵去世后，李世民悲痛地说："夫以铜为镜，可以正衣冠；以史为镜，可以知兴替；以人为镜，可以明得失。魏徵没，朕亡一镜矣！"

尉迟敬德是刘武周手下的一员大将，武德七年，他和另一大将寻相投降了李世民，不久寻相叛变，有人怀疑尉迟敬德也要叛变，就将他囚禁起来，并告诉李世民，要李世民将他杀掉。李世民却说："敬德有心叛变的话，会落在寻相之后吗？"他命人释放了敬德，并安慰敬德说："大丈夫以义气相许，请你不要把这误会放在心上，我绝不因别人的闲话而加害良士。"敬德十分感动，对李世民忠心耿耿，在历次战斗中，出生入死，屡建奇功。为此，唐太宗曾自豪地对魏徵说："天下贤士都尽入我囊中。"

领导者善用人才，最主要的是要善于用其所长，避其所短，而且要注意将不同人的长处组合起来，形成一股合力。我们常说的"不是人不好，只是没用好"，就是这个道理。春秋时期著名政治家子产相国时，就善于用人所长。他招贤而至的4个大臣都各有所长。冯简子能决断大事；子太叔仪表堂堂，言辞有文采；公孙挥能及时掌握四方诸侯的动态，并熟悉大夫的情况，而且又擅长外交辞令；裨谌则喜欢在郊外安静处出谋划策。所以，每当郑国有大事发生的时候，子产首先向公孙挥了解情况，让他多方进行外交谈判活动；然后和裨谌乘车到郊外，让他静心谋划；再把计划告诉冯简子，由他最后决断；然后再派子太叔去执行。史书称赞子产执政多年，“鲜有败事”。所以，领导者要用人所长，使智者尽其谋，勇者竭其力，仁者播其惠，信者效其忠，文武争弛，则百事兴矣。

领导者善用人才最能反映领导艺术水平的是短中见长，变短为长。我们要树立人人都是可用之才的观念，每一个人没有大用有小用，没小用还可以废物利用。国外有句管理名言：“垃圾也是放错位置的人才。”就说明了这个道理。魏源说过“不知人之短，不知人之长，不知人长中之短，不知人短中之长，则不可以用人，不可以教人”。

明朝吕楠在《泾野子》中有一个故事：“西邻有五子，一子朴，一子敏，一子盲，一子偻，一子跛。乃使朴者农，敏者贾，盲者卜，偻者绩，跛者纺，五子皆不患衣食焉。”意思是说，西边邻居家有5个儿子：老大傻，老二尖，老三瞎子，老四驼背，老五腿瘸，没有一个完美的人。但他们的父亲很会安排，让傻子务农，面朝黄土背朝天，毫无怨言；让尖子做买卖，只占便宜不吃亏；让瞎子去算卦，起码能养活自己；让驼背搓麻绳，低头弯腰背不痛；让瘸子纺线，稳坐如钟脚不麻。他们父亲的这种安排，使5个儿子各得其所，都能安身立命，终身不愁吃穿。

古人说：“圣人之官人，犹匠之用木也。这是说领导用人，就像木匠使用木材一样。韩愈在《进学解》中就做过解释：大木为梁，细木为椽，短木为柱，小木块也可以做木楔子。这说明各种粗细大小的木材，通过良匠一番校短量长，都派出了用场。因此，领导者用人要做到随才器使，使每一个人都能发挥优势，各得其所，各有所成，更应该善于变短为长，各尽其才，永续使用。

《资治通鉴》记载一段故事：唐太宗命封德彝举荐人才，过了很久也没有动静，太宗便询问其中缘由，封德彝答道："非不尽心，但于今未有奇才耳。"唐太宗听后说："君子用人如器，各取所长，古之致治者，岂借才于异代乎？正患己不能知，安可诬一世之人！"所以，世上不是没有人才，而是缺少发现人才的慧眼；而有了这样的眼光，人才就出现在你的面前。

美国有位叫波特的女高管，她也是善用巧用人之缺点，从而使她的领导和管理系统化、科学化。她曾请一位心理学家和一位社会学家，对其手下的员工进行调查。社会学家的调查结果是：这儿的人有两大类：一类是线性思维的人，他们直来直去，领导叫干什么就干什么；一类是系统思维的人，他们能全面地看问题，很快就能抓住问题的要害，并采取行动。而心理学家的调查结果是：一类是热情的人；一类是吹毛求疵的人。

波特夫人综合了两类专家的意见后，做出了这样的人事安排：线性思维又热情的人，去做技术培训人员，因为他们乐于教书、诲人不倦；线性思维而又爱挑毛病的人，请他们去当警察、保安，因为他们爱管闲事；系统思维而又热情的人，请他们当领导、顾问，他们一定高瞻远瞩而又埋头苦干；系统思维而又爱挑毛病的人，请他们去做工头，谁干得好坏，都不会瞒过他们的眼睛。这样安排，就做到了各得其所，扬长避短。

四、涵养借力的智慧

领导者善用人才，最高明之处在于善于借力。借力是人类生存竞争的第一法则。正如荀子在《劝学》中所说："登高而招，臂非加长也，而见者远；顺风而呼，声非加疾也，而闻者彰。假舆马者，非利足也，而致千里；假舟楫者，非能水也，而绝江河。君子生非异也，善假于物也。"阿基米德也说，给我一个支点，我可以撬动地球。阿基米德的信心来自杠杆原理。

我们做事只要努力就能够做好，其实不是这样，借力与努力是有差异的。春秋时鲁国单父县的县长职务空缺，鲁国君请孔子推荐一个学生，孔子推荐了巫马期。他上任后工作十分努力，披星戴月，废寝忘食，兢兢业业工作了一年，单父县大治。不过，巫马期却因为劳累过度病倒了。于是孔子推荐了另一个学生宓子贱。子贱到单父县后，在官署后院建了一个琴台，终日鸣琴，身不下堂，一年下来单父县大治。

后来，巫马期和宓子贱交流工作心得。巫马期羡慕地握着子贱的手说：“你比我强，你有个好身体啊，前途无量！看来我要被自己的病耽误了。”子贱听完巫马期的话，摇摇头说：“我们的差别不在身体，而在于工作方法。你做工作靠的是自己的努力，可是事业那么大、事情那么多，个人力量毕竟有限，努力的结果只能是勉强支撑，最终伤害自己的身体。而我用的方法是调动能人给自己做工作，事业越大可调动的人就越多，调动的能人越多事业就越大，于是工作越做越轻松。”可见，靠自己的努力终究能力是有限的。能够让他人发挥自己的作用，达到所达成目标的能力，才是卓越的领导力。

我们做领导工作，最需要的就是借力。杰克·韦尔奇说：“管理就是借力。”好风凭借力，送你上青云。领导者并不是生来就与众不同，关键在于他善于借助外力。借力而行是领导者为人处世成大事的最高境界，是领导者完成自己使命的有效途径。美国的钢铁大王卡内基的墓碑上刻着：“一位知道选用比他本人能力更强的人来为他工作的人安息在这里。”卡内基之所以成为钢铁大王，并非由于他本人有什么了不起的能力，而是因为他敢用比自己强的人，并且能够充分发挥他们的长处。有种说法是：“管理是通过别人完成任务的艺术。”因此，管理之道在于借力发力，才能事半功倍[①]。

古人云：“智者，当借力而行。”领导者不仅要借力，更要做“善借力”的智者。善借力是领导者成熟的重要标志。海尔总裁张瑞敏在美国管理学会（AOM）第七十三届年会上做主题演讲时，总结自己30多年的管理经验，他概括为9个字：“企业即人，管理即借力。”什么意思呢？企业就是人，所有的资产要增值都要靠人，人是企业的关键。如果把人抛到一边，资产负债表就没有多大用途。海尔的人单合一双赢模式，“人”即员工；“单”不是狭义的订单，而是用户资源。“双赢”，就是把每一个员工和用户结合到一起，让

---

① 宋欣．管理，当借力而行［J］．现代企业文化，2013（9）．

员工在为用户创造价值的同时实现自身价值。也就是要使企业的每一个人成为自己的主人，即自主管理。

美国的管理大师德鲁克说得很好，21 世纪每个企业要做的重要的事，就是使企业的每一个人都成为自己的 CEO，也就是让每一个人都能发挥自己最大的价值。德鲁克还说过一句话，组织的目的就是让平凡人做出不平凡的事。一般组织里都是平凡人，没有很大的能量做出不平凡的事，但企业可以搭建一个平台，给员工很大的能量，加上员工自己的能力就可以做出不平凡的事，这就是组织的作用。所以组织要搭建这样的平台和机制。所以，借力借智就是要用有形的力充实无形的智，用无形的智提升有形的力。

古今中外，大凡有所成就的人都是借助外在力量的高手，他们的区别只不过是借的内容和方式不同。汉高祖刘邦是借力高手。他在庆功宴上问诸位将领：我为什么能够取得天下？大家一致说大王英明。但刘邦很有自知之明地说："夫运筹帷幄之中，决胜千里之外，吾不如子房；镇国家，抚百姓，给饷馈，不绝粮道，吾不如萧何；连百万之众，战必胜，攻必取，吾不如韩信。三者皆人杰，吾能用之，此吾所以取天下者也。"刘邦之才就在于他能驾驭能人为自己所用，他的长处是御人、用人，正是因为这样他才取得天下。

曾国藩也特别注重"借人之才为才，用人之力为力"。他说，知道古今人们的著述非常丰富，而自己的见识非常浅陋，那么就不敢以一己之见而自喜，应当择善而从；知道自己所办的事情非常少，那么就不敢以功名自居，应当思考推举贤才一起去完成伟大的功业。曾国藩自认为自己属于"中材"或接近于"笨"的一类，因而注意吸取他人之长，以补一己之短。他的幕府就像一个智囊团，曾国藩常以各种形式征求幕僚们的意见。所以，借力者强，借智者王。

宋仁宗康定年间，宋朝与西夏发生战争，因监军黄德和率军先逃，大将刘平战败被俘，不屈就义。侥幸逃命的黄德和反诬刘平投降，致使刘平全家被抄斩。后来事情败露，仁宗将黄德和处以腰斩。那些正直的大臣立刻上书皇帝，历数宦官监军们的恶行，要求把这些人全部罢免。仁宗拿不定主意，把原宰相吕夷简找来咨询。吕夷简说：“不必都撤掉，只要选择忠厚老实的宦官去做监军就可以了。”仁宗一听，对啊，监军是自己同意派的，怎么能打自己的脸呢？问题出在用人不当。仁宗就准备下旨请吕夷简去选人。可吕夷简说：“我是一名戴罪宰相，按照规定是不能和宦官们交往的，而这样我又怎么能知道他们是否贤良呢？皇上不如把这个工作交给管宦官的都知、押班，让他们负责往上推荐，如果他们推荐的监军不称职，他们就要和监军一起被治罪。”

宋仁宗采纳了吕夷简的建议。没想到，第二天这些太监头儿跑到仁宗面前，叩头请求罢免在各处任监军的宦官。他们都明白，拿在手里的山芋如果太烫，最好的办法不是吃下去，而是扔掉。监军的事看似简单，其实并不好处理。杀掉一个监军，其他监军还在；如果监军都由吕夷简提议选用，日后一旦出事，到时吕夷简想自保都难。让太监们自己管理自己，难题就迎刃而解了。难怪仁宗皇帝感叹：“吕夷简真是宰相之才啊！”①

所谓借力就是借势、借物、借财、借才、借人等行为。英国大英图书馆，是世界上著名的图书馆，里面的藏书非常丰富。有一次，图书馆要从旧馆要搬到新馆去，结果一算这么多书搬运费要几百万，根本就没有这么多钱。怎么办？有人给馆长出主意在报上登了一个广告：从即日开始，每个市民可以免费从大英图书馆借 10 本书。结果，许多市民蜂拥而至，没几天，就把图书馆的书借光了。就这样，图书馆借用大家的力量搬了一次家。大英图书馆这种“四两拨千斤”的做法，就是一种巧妙的借力。

领导者借力主要是要借好三力：上级之力、同级之力和下级之力。借助上级之力，主要是要寻求上级领导的支持，特别是政策支持。让上级领导支持要把握好度，要做到让上级领导既关心又放心。当上级领导说：“你不用请示我了，去干吧。”这是得到了上级最有力的支持。所以，领导者要学会适当示弱。示弱不是能力弱，而是借力的一种方式。

---

① 王爱军．要我做，不如我要做［J］．领导文萃，2013（2）下．

借助同级之力，主要是打破传统观念和思维定式，吸收和借助各种力量。美国执业心理学家米拉·贝克（Mila N. Baker）在《同级管理》一书中指出：同级管理打破信息垄断和层级界限，彻底颠覆了传统工业思维下的管理模式。它通过建立同级网络社群，使每个个体都可以自由地接受和发送信息，快速地对即时信息做出反应，从而协调整个组织的运行。它使领导者和追随者可以动态转换，让听到炮声的人来指挥和对战斗快速做出反应，而不是层层请示或自上而下而贻误战机，从而创造性地解决了移动互联网时代的管理难题。

借助下属之力，主要是领导者要礼贤下士，虚心请教下级。美国通用公司的前任领导杰克·韦尔奇，非常善于向下属借力。在他看来，员工总是不断有宝贵的发现，是一项重要的资源和财富。于是，他经常从员工那里，获得解决问题的优良办法或者新技术。当他快速扫描公司的各个角落，发现新技术可以实施的时候，他立刻把下属的智慧运用到公司的经营活动中。例如，通用公司医疗器械事业部有一项成果，叫作推广远程诊断系统。使用这项技术可以实现远程诊断，这样就可以为客户提供及时而有效的服务。韦尔奇对这项技术进行了考察，发现公司的其他部门，比如飞机发动机事业部、发电机事业部，也可以使用这项技术。于是，韦尔奇立刻将这项新技术运用到这些部门去了。将下属的力量发挥到最大，也是团队最强大的时候①。

1980 年 9 月，习仲勋调中央任职，先是由全国人大补选他为副委员长，随后在党的会议上增选为中共中央书记处书记。1982 年 9 月，党的十二大选举他为中央政治局委员、书记处书记，同时还兼任了全国人大常委会法制委员会主任。他在组织起草《民法通则》过程中，全国人大民法室搞了几个草案，征求各方面意见，反映都不够好，主要认为草案文字“法言法语太多，看不懂”。起草组在汇报时说：“一些人没有起码的法律知识，可以不征求他们的意见。”习仲勋不以为然，他说：“几十年无法无天，干部群众普遍缺乏

① 杨思卓 . 领导者的角色变形［EB/OL］. 价值中国，2010-07-09.

法律知识，能怪他们吗？法律是要施行的，大家看不懂的法律能普及吗？我和他们一样看不懂法言法语，能不能写得通俗一点？我认为，群众反映‘看不懂’正是对这个草案的最真实的意见、最好的意见，也是我们最该重视的意见。”

为了解决好这个问题，他说：“我要找救兵。”当即让秘书邀请语言学家吕叔湘先生参加会议。他当面恳请吕老帮助修改，并指定工作人员把草案及有关资料送到吕老家里，按吕老意见修改，还高声叮嘱大家：“文字修改，你们要听吕老的，他是语言大师。不要听我的，我不懂。”后来，遵照习仲勋同志指示，工作人员连续三天去吕叔湘先生家“登门候教”。吕老非常认真，把草案一字一句地斟酌修改，改掉了不少重叠的或含义不清的字句，还把一些段落造句顺了顺，看起来就明白易懂了[①]。

领导者借力，更重要的是要学会整合身边的资源。资源整合就是借各种资源的力，进行关系重组的过程，对象可以是人、财、物，也可以是天时地利。美国密歇根大学商学院教授诺尔·迪奇（Noel Tichy）认为，领导是通过他人来成就如果没有你的话本来不会发生的事物。这并不要求正式的职位，而是问：“我是否成就了某事？”真正的领导者通过他人成就事物，如果没有他，这件事不会发生。这算是成为领导者要满足的基本标准。

有一则小故事很说明这个道理：一个小男孩儿在院子里搬一块石头，父亲在旁边鼓励：“孩子，只要你全力以赴，一定搬得起来！”但是石头太重，最终孩子也没能搬起来。他告诉父亲：“石头太重，我已经用尽全力了！”父亲说：“你没有用尽全力。”小男孩儿不解，父亲微笑着说：“因为我在你旁边，你都没有请求我的帮助！”很多时候，我们就是那个小男孩儿。判断一件事情能不能做到，往往是看自己的能力够不够。其实一件事情结果的达成，谁又规定只能用自己的能力呢？很多成功者并不是他的能力有多强，而是他能整合更多的资源。只有突破“我”的局限，世界才会更宽广。

---

① 高锴．习仲勋建议制定《不同意见保护法》，炎黄春秋，2013（12）．

五、利用组织化的方式做事

前面说到，明朝政治家张居正的治国理政“三宝”：一要善用自才；二要善用人才；三要善用组织。其前提是善用人才，其核心是善用组织。古今中外任何成就大业者，都是善用组织的高手。所以，善用自才只能成就小业，善用人才只能成就中业，只有善用组织才能成就伟业。

毛泽东是非常懂得组织力量的高手。他总结的中国革命胜利的“三大法宝”：党的领导、统一战线、武装斗争。这三项都是运用组织力量的法宝。他青年时期就组织成立“新民学会”，广泛征集志同道合者；土地革命战争时期，他积极开设农民运动讲习所，把农民组织起来打土豪、分田地，通过声势浩大的农民运动使中国共产党赢得了人民的支持。井冈山时期，毛泽东实施工农武装割据，使中国共产党第一次拥有了自己的武装和根据地。三湾改编时，毛泽东提出把支部建在连上，营以上设党代表，建立士兵委员会实行军事民主，提出三大纪律八项注意，确立和加强了党对军队的领导，为党建立起一支战无不胜的优秀军队。抗日战争时期，毛泽东适时提出建立抗日民族统一战线主张，团结一切爱国力量，甚至与共产党的死敌国民党合作，最终取得了抗日战争的胜利。全国解放以后，毛泽东把人民群众组织起来，走共同富裕的道路，使翻身得解放的人民群众积极投入社会主义革命和建设。

目前，许多中外学者都在研究中国共产党为什么能胜利？我们党为什么能够走过95年风雨路程巍然屹立，从一个胜利走向另一个胜利？我认为其中一个重要原因，除了我们党的纲领、路线方针政策的正确性，就是因为我们党是以民主集中制武装起来的有着严密组织纪律性的政党。2016年6月30日，国务院新闻办公室发布2015年中国共产党党内统计公报：截至2015年12月31日，中国共产党党员总数为8875.8万名，中国共产党现有基层组织441.3万个。其中基层党委21.3万个，总支部27.6万个，支部392.4万个。全国7828个城市街道、32341个乡镇、94424个社区（居委会）、571544个建制村已建立党组织，覆盖率均超过99%。全国共有党的各级地方委员会

3206个。其中，省（区、市）委31个，市（州）委391个，县（市、区、旗）委2784个。机关、事业单位党组织：全国23.3万个机关单位已建立党组织，占机关单位总数的99.6%，所占比例与上年持平。51.1万个事业单位已建立党组织，占事业单位总数的93.7%，比上年提高1.0个百分点[①]。由此可见，我们党就是依靠这严密的党组织层层传导、层层实施，从而使上下一心，步调一致才能得胜利！

成功的领导者都是运用组织的高手，是会运用组织化手段处理问题的人。美国领导学专家史蒂芬·柯维在《高效能人士的七个习惯》一书中，把人生分为依赖期、独立期和互赖期三个递进阶段。依赖期的人靠别人实现愿望；独立期的人单枪匹马走天下；互赖期的人，以群策能力实现最高成就。国内外做得最好的企业，也都是依靠组织获得的成功。华尔街银行家把企业分成几等：“一流的企业做组织，二流的企业做人才，三流的企业做技术。”我国也有人总结说：“四流的企业卖力气，三流的企业卖产品，二流的企业卖技术，一流的企业卖标准，超一流的企业卖服务。”

要把企业经营成一个强有力的组织，不是靠自己的力量做事，而是靠组织化的力量，这是自己的力量所无法比拟的。IBM的创始人托马斯·约翰·沃森曾言“我将我的企业当成组织来经营，而不是当作业务经营”。1993年4月，郭士纳由美国最大的食品烟草公司老板转变成为IBM董事长兼CEO，受命于危难以弥补其前任给IBM留下的空前的亏损记录。他来到IBM后说：“我不懂技术，但我懂客户，做电脑不挣钱，我要靠给客户做信息组织化管理方案挣钱，做电脑只是保证整个价值链的连续。”郭士纳因此成为领导角色转型的成功典范。

戴尔是靠服务成功的。所谓服务经济，企业是舞台，产品是道具，员工和消费者共同创造消费的体验。戴尔总裁说：“我们做的，本质上跟老农卖菜一样，看准市场，迅速组织、迅速出手、就是速度快。”速度是怎么来的？

---

① 张然．中国共产党党员截至2015年底总数达8875.8万名［N］．京华时报，2016-07-01.

是组织化程度高的产物。我国许多企业普遍学习了军队的管理模式，军队组织化程度是最高的，华为的军事化管理，远大的军事化管理都取得了成功。海尔总裁张瑞敏很早就看出服务是利润的来源，产品只是市场的门票，他善于将海尔产品和服务捆绑在一起进行经营，取得了很好的成绩。一般来讲，卖产品只是员工卖力气，卖服务本质上是卖队伍，关键是卖企业的形象。海尔通过卖优质服务扩大了销售数量，使海尔电器占据了国内外市场绝对份额。所以，联想总结的成功公式：一流的技术 + 二流的管理 = 失败；二流的技术 + 一流的管理 = 成功。

六、用制度管权管事管人

长期以来，我国领导干部往往注重依靠个人的影响力来实施领导，而往往忽略了规章制度在领导工作中的领导作用，即使有的地方各种规章制度十分健全，也往往成为检查评比的摆设，在领导工作中往往流于形式。汪中求在《细节决定成败》一书中认为：“中国决不缺少雄韬伟略的战略家，缺少的是精益求精的执行者；决不缺少各类管理制度，缺少的是对规章条款不折不扣的执行。”实践证明，人管人累死人，只有用制度管人管事才是根本办法。中共十八届三中全会通过的《决定》提出，坚持用制度管权管事管人，让人民监督权力，让权力在阳光下运行，是把权力关进制度笼子的根本之策。可见，在我们大力倡导依法治国的今天，领导者注重用制度领导尤为必要。

实际上我们有许多党的领导干部都深谙此道。河北邯郸市原成安县委书记王晓桦，在主持中组部、中纪委确定的成安县为“县委权力公开透明运行试点县”的工作过程中，不仅自我限制县委书记的权力，而且通过制定一系列规章制度规范和约束县委权力。他在成安县任县委书记 5 年多时间里，将县里“四大班子”所有成员的电话号码都公布在县委的网站、办公室门口、政务公开栏等媒介上，群众可自由出入县委、县政府大院，并把 59 个县直部门、1000 多个公务员集中在一个院子里实行“透明式办公”，以方便群众找人办事。王晓桦“以政促经”获得了成功。

2009 年 2 月，王晓桦由成安县调到大名县任县委书记。王晓桦又将成安县的成功经验移植到大名，密集出台了《大名县委书记用人行为规范》《党组织公开预提名制》《常委会票决制》《全委会票决制》《选任过程公开通报制》《群众认可度测评制》等 10 项新制度。同时将大名县 20 个乡镇和 50 多个县直部门的行政职权目录、办事流程和收费标准等进行公开，各单位设立机关导示图和岗位职责牌，许多做法成为中组部和中纪委在全国进行县委权力公开透明运行试点的样板。

在接受媒体采访时，王晓桦总是尽力解释自己不是特立独行，而是依规办事。王晓桦有意与吕日周做了比较：“这跟吕日周通过个人全力推广不一样，他更多的是雷锋式的高尚行为，靠个人带动，但对体制没有变更，迎合了老百姓的清官心理，但官员对他好评不多。他可以今天下去视察，看到一个老百姓的问题，把局长叫来，责问这个事怎么弄的，明天再问这个事弄成了没有。个人高尚的行为多于他的理性思考。我首先是创造一种制度，然后通过这套制度来保证党政权力的良性运行。这种制度是首先对自己权力的一种限制。个人英雄主义行为首先是扩展这种个人权力。”

王晓桦表示：“我相信透明的力量。透明的力量对一个不想透明的领导是个好事，不透明对不想交易的干部来讲始终是件坏事，只要不透明，群众和老百姓就有理由猜测和怀疑。公开预算制度的意义就在这里。这样的事情还在不同级别的政府不断发生，靠审计署挂一漏万式的监督几个人能扭转得过来吗？为什么中国人清官情结这么重呢？海瑞、包公为什么能流传千古，这就说明过去古代的政治体制是一个容易滋生腐败的体制，而这些政治明星在当时的下场往往并不好。如果我们今天一个清官成为政治明星，那么也是这个时代的悲哀。”①

在组织管理学中，制度是指组织在管理活动中，为了达到组织目的所必须实施的基本运作规程，以及组织所有成员所应遵守的共同的行动准则。对

① 张悦 . 我相信透明的力量——成安县委书记王晓桦访谈［J］. 瞭望东方周刊，2006-03-29.

于组织而言，它是组织一系列成文或不成文的规则，或是组织贴上个性标签的关于组织管理的不同“打法”。因此，制度是指组织在管理活动中，要求其成员共同遵守的行动准则和办事的规程。制度具有一定的适度性、合理性和可操作性。建立规章制度是组织正常运行的基本保障，也是提高下属执行力的最根本手段。只有制度得到了执行，才能确保政令畅通，不会出现“树倒猢狲散”的现象，这是工作任务得到落实的首要条件。

建立制度的关键在于制度的设计公平合理。有一个“分蛋糕故事”：一个失去丈夫的不幸女人独自抚养两个儿子。一年圣诞夜，贫困母亲只买回一块很小的蛋糕。当她正准备分蛋糕时，大儿子说：“你怎么这么糊涂啊，你这样随便分，会有大小的，这怎么公平呢？”母亲只好让大儿子来用刀来切。小儿子又有意见了：“你让大哥分，他明显会要比我大的嘛。”说着两个儿子把刀推来推去，总想把自己这边的切得大一些。出于无奈，可怜的母亲想了一个办法：“老大，你来切这个蛋糕，但要让你弟弟先挑。”又对小儿子说：“老二，你哥哥切好后，你认为哪半边大，你就先挑走。”这样，兄弟俩都没话说了。老大只有切得公正，才能保证自己不会吃亏；老二自己先挑，即使无法用肉眼区分细微大小，他也认为公平合理，心安服气。蛋糕就这样分好了。

这则故事就是大家熟知的罗尔斯的“分蛋糕理论”。说明科学的制度安排，对于一个组织和个人都至关重要。在制度执行过程中，下属不仅需要一个开放、透明的组织环境，需要一个顺畅的内部沟通渠道，更需要形成一套规范的、有章可循的制度设计，才能够增加制度的公平性。领导者的任务，就是要科学地设计好制度，并营造出“以制度管人，而非以人管人”的制度环境，才能保证整个组织不陷于混乱状态。

优化制度执行流程，是影响执行效果的关键因素。优秀的执行流程可以缩短执行的时间，简化执行的环节，减少执行中的摩擦，提高执行的速度和效率。比如，戴尔公司运用的直销和按单生产的执行流程，使戴尔的客户能及时享有最先进的产品，给公司带来了巨大利润。所以，制定并优化执行流程，是打造领导执行力的重要内容。

丰田汽车是享誉世界的汽车品牌，不管在世界上哪个地方制造的丰田车，都会尽力做到全球统一的丰田高品质。丰田如何做到产品的高品质？答案是拥有科学的执行流程。在丰田公司，你与任何一位训练有素的领导谈话，询问他如何确保产品零缺陷，他告诉你的答案一定是：通过科学的执行流程。在丰田公司，所有人的行为标准就是流程。当出现问题时，团队领导询问的第一个问题一定是：“有没有按照标准化的工作流程去执行？”在解决问题的过程中，团队领导会看着操作人员按照标准化工作说明书上的步骤执行一遍，以检查其中是否有异。如果操作人员完全依循标准化工作程序而仍然产生了瑕疵，团队领导才会考虑对这些标准步骤加以修正。正是这种对流程严格执行的态度，保证了丰田汽车的质量，当然，也让丰田成为受人景仰的企业。

俗话说，人管人得罪人，只有用制度管人，才能真正管好人。领导者应清醒地看到“人治”的弊端，始终坚持用制度管人的原则，发挥制度的约束作用，为组织营造出和谐的发展环境。

用制度管人，就是要用制度的力量，用社会的力量和他人的力量来规范和约束下属的言行，建立起用制度管人的机制。首先，要树立制度先行的先进理念，建立和完善各种规章制度体系，以此规范人们的思想和行为。在万科集团，下级不一定要绝对服从上级，但是所有的人却必须服从制度。在万科内部的网站上有一个制度规范库，里面的制度主要是工作指引型的，也就是说制度的内容是针对事情的，它告诉员工遇到什么事情应该如何做，而不是应该向何人请示。规范而又清晰的制度，促使员工凭借工作能力而不是人际关系来进行竞争。多年来，万科被称为中国地产行业的“黄埔军校”，与这种制度化的管理不无关系。

其次，要建立靠制度管人、管事的有效机制。以江苏省睢宁县为例，在全国县委权力公开透明运行的试点工作中，睢宁先后制定了100多项制度，并对制度进行了反向的约束设计，让制度拥有了弹劾纠偏的功能。通过厘清权力脉络，促进了县委权力的科学配置；推进权力公开，夯实了县委权力的民主基础；实施县委权力的阳光操作，实现了权力的透明运行；加强监督考核，保证了县委权力的廉洁高效；推动配套改革，保障了县委权力的平稳运行。

最后，要加强用制度预防的保障措施。制定制度的目的就是预防，抓预防必须有章可循，依法惩戒，才能彰显制度的威力。荀子云：“凡百事之成也必在敬之，其败也必在慢之，故敬胜怠则吉，怠胜敬则灭。”意思是说，大凡各样事情的成功，一定是能够认真严肃地对待它；而失败，一定是轻慢不把它当回事的结果。对于法规制度，只有心存敬畏，才能模范地遵规守纪，少犯或不犯错误；只有潜心钻研，才能明辨是非，达到早知早防；只有未雨绸缪，才能严守规矩，坚守底线。

制度的生命力在于执行力。领导者不能满足于把制度写在纸上、挂在墙上、说在嘴上，而要以提高制度执行力为抓手，使制度执行力融入下属的思想和行为中。1984 年 12 月 26 日，张瑞敏出任青岛电冰箱总厂（海尔前身）厂长时，面对企业亏损、员工士气低的状况，张瑞敏提出要从严治厂。听说厂里要整顿，有人搬出过去制定的一摞规章制度。而张瑞敏认为：“没有最基本的，其他便是空的。”张瑞敏根据当时的情况，从存在的问题出发，废掉了原来的制度，只定了 13 条看起来不起眼的制度，却对海尔具有里程碑意义，奠定了海尔腾飞的基础。这 13 条制度中最主要的一条就是：不准在车间随地大小便。其他规定还有“不准迟到早退”“不准在工作时间喝酒”“车间内不准吸烟，违者一个烟头罚 500 元”“不准哄抢工厂物资”等。

这 13 条颁布后，大家并没有当回事。尽管车间里大便没有了，但小便还是有，随意拿公物的现象还是很普遍。张瑞敏就问干部怎样防止，回答是把门锁起来。可是门能锁，窗户却不能锁。张瑞敏就让干部将这 13 条布告贴在车间大门上，并公布了违规后的处理办法，把门窗全部大开着，布置人在周围观察有没有人再去拿东西。没料到第二天上午 10 时，就有一人大摇大摆走进车间扛走一箱东西。张瑞敏让干部 12 时贴出布告开除这个人，这下给大家留下印象——新领导是较真儿的。没过多久，工厂面貌焕然一新。

海尔的故事告诉我们，制度执行力就是制度的生命力，没有制度执行力做保障，再好的制度也是一张废纸。领导者一定要使组织成员养成执行制度的意识，将制度执行力深入人心，真正地融进其思想当中。只有这样，组织成员才能够严格遵守组织的规章制度，将工作落实到位。商鞅在《商君书·靳令》中提出：“行罚，重其轻者，轻者不至，重者不来，此谓以刑去刑，刑去事成。”就是说，制度管理一定要用好处罚，对于较轻的犯罪如果施以重罚，那么轻的犯罪就不会来，重的犯罪也就不会发生了，从而达到用刑罚遏止刑罚，以收到不用刑罚就做成事情的效果。

从某种意义上说，不能严格执行比没有制度更糟糕。在一个组织中，一定要使组织成员了解制度、崇尚制度、敬畏制度，进而维护制度，真正地将关系到组织命运的重要制度落实到位，确保各项制度按部就班地执行。热火炉有三个最基本的特性：一是及时性，你只要一摸到它，瞬息间就会感到疼痛；二是预警性，你即使不去摸它，你也会知道一旦接触热火炉会有什么样的结果；三是一致性，即对事不对人，不管是谁，也不论在什么时候，摸到火炉的后果都是一样的。

让制度成为组织的火炉，就是要对违规者在最短的时间内做出处罚，而不要等到更多的人纷纷效仿，造成更严重的后果之后再去处理。一定要使每一个成员都做到有规必行，有禁必止。游戏要有游戏的规则，做人要有做人的原则。军队的战斗力来自铁的纪律，组织的战斗力和生命力来源于各级人员良好的精神面貌、崇高的职业道德和严格的执行制度。一旦有令不行、有章不循，按个人意愿行事就容易造成无序和浪费，是非常糟糕的事。

许多下属把执行制度规范都看作组织的需要，却没有认识执行制度更是个人成长的平台。所以，领导者的一项重要任务，就是让下属意识到严格执行制度的重要意义：如果希望在组织发展，不仅要学会在制度的约束下成长，更要学会利用制度给予的资源发展自己，提高能力。应该让下属习惯在制度下工作，并告诉他们，这是一种职业纪律，更是一种职业技巧，因为组织常常会通过“制度”把资源和荣誉给予下属，如果你与“制度”格格不入，那些资源和荣誉就不会与你有缘。

美国杜邦公司有一位比较有个性的销售员——迈克。他的自信与能力，使其取得不错的业绩。但在工作中，迈克特别讨厌填写各式的“申请”“报表”，尤其特别厌恶组织提倡的“数据分析”“流程表”等。他认为：销售业绩决定一切，客户第一，自己第二，公司第三。迈克也不喜欢参加各种会议，实在脱不开时，也是坐在最后一排想自己的事；他不愿意总结自己业务方面的经验教训，更不屑于学习别人好的经验；对于领导安排的事情，或忘记或不做；组织需要他回复，需打电话给他才有回音。

杜邦是一家有着近百年历史的“军工”出身的组织，作风严谨得近乎死板，注重行为规范，他们希望公司每一个部分都是可控的，甚至希望每一个销售员的每一天也是可控的。迈克有一定能力，也许是恃才傲物，或者是个性问题，导致他的个人风格与组织的管理制度大相径庭。当同期进入组织的同事不断被提拔的时候，他只好选择了离开。可以清楚地看出，这种情况的出现完全是迈克自己轻视规则的结果。

目前，在许多组织中像迈克这种类型的下属有很多。但是在现代组织制度下，仅有个性和能力是不够的，组织需要的是能与组织文化相融的下属，下属只有以组织文化、制度为前提，充分发挥自己的才能，方能茁壮成长。其实，在这个世界上，每一个人都必须学会执行各种规章制度。不论你身在什么样的机构，也不管你地位有多么高，都应该树立一种整体观念。一个人的成败，在很大程度上取决于你是否学会了真正的执行各种规章制度。执行各种规章制度应该成为每一个下属所必须具备的第一美德。

因此，领导者应善于把上述思想或理念灌输到下属的心中去。没有下属的执行各种规章制度，组织任何绝佳的战略和设想都不可能被执行下去；没有下属的执行各种规章制度，任何一种先进的管理制度和理念都无法建立和推广下去；没有下属的执行各种规章制度，任何一个精明能干的领导都无法施展其才能。一个高效的组织，必须具有良好的遵守规章制度习惯的人，才能取得超强的执行效果。

以制度管人是领导者立身成事之本。高明的领导者，会以战略的眼光审视制度，建立制度管理网络体系；以务实的态度推行制度，确保制度执行到位；以求真精神评价制度，谋求制度持续改进。

在制度建设中，任何新的制度出台必然是对传统习惯和方式的改变，然而改变人的习惯谈何容易，必须加大对制度的宣传教育力度，让制度深入人心，改变组织成员的观念，建立新的制度习惯，这是遵守制度和制度落实的最基本前提。改变下属原来的工作习惯，这对很多下属来说相当痛苦，现实中往往很多新制度就毁于组织成员的操作习惯不能改变。因此，新制度出台后，领导者在耐心教育和引导前提下，要不断监督下属养成新的工作习惯，方能保证制度的有效执行。

“工作场合不准吸烟！”这条规定随处可见，但许多领导者都不是太重视，执行起来往往是睁一只眼闭一只眼。但是，康佳公司对于这条规定的做法是，只要规定了就不折不扣地执行，只对事不对人。公司有一位新员工技术水平很高，并受到领导的器重，进公司没多久就被提拔为车间副主任，在这一管理岗位上，他没有让领导失望，表现得很优秀。但是他本人有个嗜好，喜欢吸烟，为了不违背公司制度，他每次都到车间的楼梯拐口处吸烟，但是有一次被副总经理发现了，公司对这位员工做出了降职、罚款、公告的处罚规定。这种做法虽然在公司内部引起了异议，但是公司的制度却得到了不折不扣的执行，没有谁再敢轻视制度的点滴规定。

建立责任追究制度，首先要厘清执行不力的界限，用制度规定什么样的问题属于执行不力必须追究责任的。其次，要用制度规定执行不力的处罚措施，坚持问事必问人、问人必问责、问责问到底的工作制度，细化首问负责制、限时办结制、责任追究制的具体操作规则，通过问责强力推动制度落实。并将制度落实情况作为列入单位或个人的年度目标考核内容，把考核结果与干部选拔任用、评先评优挂起钩来，做到奖罚分明。

要大力查处破坏制度执行的行为。对带头破坏制度、有意干扰制度执行的行为，要从重、从严追究责任；对变通执行制度，打擦边球、钻漏洞的行为，及时查处，防微杜渐。要坚持实事求是，有错必究，处罚与责任相适应，教育与处罚相结合的原则，区分不同责任，分别采取不同的责任追究方式，形成良性的责任追究导向。

此外，领导者还应注意到，规章制度的建立、制定是随着生产的发展、组织的进步而不断改变的，而不应该是一成不变的。过去某项规章制度可能是很完善，但由于形势发生了变化，有些制度就变得不合时宜。这时，领导者就要及早废止，另谋改善，加以合理性的补充或是重新建立新的规章制度。

不论什么国家，历史文化有什么不同，都有一个共识：制度执行必仰赖制度文化的力量。因此，营造制度执行文化的核心任务，就是要营造尊重制度、以制度作为行动最高准则的文化氛围。所以，领导者在组织建设中，要把执行作为一种制度文化在组织中推广开来。如果下属对领导者计划要做的事情，都能确立坚决执行的思想观念，坚持不懈地贯彻实施，并形成一种以执行为责、以执行为荣的执行文化，组织的效益就一定会大幅提升。

具体来说：一是要遵守制度的精神。一个不甘愿落后的人，规章制度是促使他更快更好成长的助推器，而不是束缚他成长的负担。二是要树立执行制度的信誉。有令必行，奖罚兑现。要效仿历史上商鞅“徙木立信”的举措，强调制度执行的严肃性，有效推动制度执行。三是要营造执行制度的氛围。制度的执行，最终需要组织的全体人员共同遵守，否则就会出现经济学中所谓的“木桶效应”。从这个意义上说，制度执行“一个都不能少”。四是加强制度执行的有效激励。要提高遵守制度者政治、经济待遇，给予更多个人发展进步机会。对于有令不行、有禁不止、随意变通、恶意规避等严重违犯制度的行为，要发现一起、查处一起，绝不能让违犯制度的歪风邪气占了上风。以此强化教育的说服力、制度的约束力、监督的强制力，积极营造“遵守制度光荣，违犯制度可耻”的良好环境。

用制度管权管事管人，最根本的是要管好领导者。许多地方和单位之所以制度流于形式，主要是因为领导者自己首先破坏了制度。往往因为领导者打招呼，大事化小，小事化了，问题没有解决，却遗留了后患。领导者违规，谁来监督？这就需要组织加强对领导者的问责制建设，加强对领导者执行制度的情况进行考核和监督，对有制不依，执行制度有失公正的行为提出警告，并责成其纠正；对领导者本身可能存在的违规行为进行监督，避免出现以权谋私等违法行为；对变相执行或不执行制度造成严重后果的要严肃批评，及时处理；对认真执行、落实制度到位的要给予表扬奖励，为制度执行创造良好条件。

任何监督检查，看似是给权力的行使戴上了“紧箍咒”，却是对领导干部实实在在的保护。对执行制度情况的监督检查也不例外，它是一道把“病毒”挡在外面的“防火墙”。同时，领导干部自身也要加强对本单位制度落实情况的检查，对苗头性倾向性问题，早发现早纠正早处理。制度落实好坏，群众感受最深、最有发言权。要坚持走群众路线，注重发挥群众监督的主体作用，扩大知情权、表达权、监督权，充分发扬民主，提高组织成员对各项事务的参与度。要积极适应时代发展的潮流，充分利用传统及新兴媒体监督的作用，推动各项制度的贯彻落实。

C H A P T E R 0 4

第四章

甘当公仆的“服务员”

我们的一切工作干部，不论职位高低，都是人民的勤务员，我们所做的一切，都是为人民服务。

——毛泽东

领导干部是人民的公仆，不是为了做官，而是为了做事。我们党的宗旨就是全心全意为人民服务。领导者要当好公仆，就要秉公办事，坚持原则，无私奉献，不求回报。所以，现代领导理念的变化，要求领导者必须由“官僚”角色向公仆角色转换。

一、何谓“公仆”？

“公仆”一词，现代汉语解释是公众的仆人，指为公众服务的人。公仆这个词来源于普鲁士国王腓特烈二世（1712—1786），史称腓特烈大帝的一句话：“我是这个国家的第一公仆。”此人在位期间，一直以这句话作为座右铭，对普鲁士进行了一系列的改革，使普鲁士在之后的数十年之内成为欧洲不可小视的国家，从而为德国的统一奠定了基础。

其实，早在我国春秋末期，齐国政治家晏婴在《晏子春秋·内篇》中提出了“卑而不失尊，曲而不失正者，以民为本也”的人民本位思想；盛唐时著名政治改革家柳宗元在他的《送宁国范明府诗序》和《送薛存义之任序》中，分别提出了“吏为人役”和“官为民役”的人民本位理论；明末清初的黄宗羲在其《明夷待访录》提出了“天下为主君为客”和官员或臣子都是“为天下”“为万民”服务的公仆的人民本位思想。这些思想理论，虽然还不完全是以民为主或主权在民的民主主义思想，但较之“以人为本”和“民为邦本”的理论而言，却是一种伟大的历史进步。从而在一定程度上同专制社会长期存在的“官父”是“舟”、“子民”是“水”的人本主义和民本主义的理论划清了界限。但是，这些进步思想只是少数人的个人理想和个人追求，并没有成为整个统治阶级的主流意识形态。

清朝大臣曾国藩深深懂得百姓与军队的关系。他在办团练之初，对于如何调教好军队很是动了一番脑筋。当时的清朝正规部队——绿营军娇生惯养，军纪极差，对百姓强抢强要，自然得不到百姓支持，结果被太平军打得落花流水。他为了培训好新式湘军，亲自填写了《爱民歌》：“三军个个仔细听，行军先要爱百姓。贼匪害了百姓们，全靠官兵来救人。第一扎营莫偷懒，莫走人家取门板；第二行路要端详，夜夜总要支帐房；第三号令要严明，兵勇不许乱出营……军士与民如一家，千万不可欺负他……”整篇《爱民歌》通俗易懂，没有什么深奥的大道理，都是平时行军、扎营、打仗的一些注意事项，农民兄弟一看就明白，也乐意接受。后来，毛泽东领导的工农红军的《三大纪律八项注意》，也正是脱胎于曾氏的《爱民歌》，足见其影响之深远。但是，红军的《三大纪律八项注意》的内容，充分反映了我们党为人民服务的宗旨，与曾国藩的封建专制思想是格格不入的。

孙中山在领导旧民主主义时期，就曾明确指出，我们之所以要推翻封建帝制建立民主共和，就是因为：所谓“民国者，民之国也。为民而设，由民而治者也”①。“专制国家，人民是君主的奴隶；共和国家，人民是国家的主人，官吏是人民的公仆。”②1911 年 12 月 29 日，孙中山为感谢各省代表选举他为临时大总统，在致各省都督电中称：“今日代表选举，乃认文为公仆。”把大总统等同于人民的公仆，体现了人民至上的价值观。孙中山曾以大总统名义发布通令，要求所有政府官员“皆系为民服务，官规具在，莫不负应尽之责

① 孙中山．为居正题词（1919 年）．孙中山全集（第 5 卷）．中华书局，2006 年第 1 版，第 200 页．

② 孙中山．在粤军第一、二师恳亲会的演说（1921 年 4 月 23 日）．孙中山全集（第 5 卷），第 522 页．

任，而无特别之利益”。他还在《建国方略》中说：“国中之百官，上而总统，下而巡差，皆人民之公仆。”孙中山自己从政更是以身作则、廉洁自持，始终保持着人民公仆形象。

在西方国家早在《圣经·马太福音》中就有了“在你们中间，谁愿为大，就必作你们的佣人；谁愿为首，就必作你们的仆人”的说法，但这仅仅是一种宗教哲学思想，没有明确提出“公仆”二字。真正在政治思想领域内把主仆关系根本颠倒过来，是从中世纪末期意大利“文艺复兴”和“启蒙运动”开始的。经过这些运动，才把曾经长期被颠倒的君主与臣民、官员与人民的关系重新颠倒过来，得出了国王或官员都是人民的“用人”、都是人民的“公仆”、都是人民的“勤务员”的结论，从而完成了从“主权在神”“主权在君”到“主权在民”的历史性转变。

“人民公仆”提法的第一人，是被誉为文艺复兴之父的意大利著名诗人但丁（1265—1321）。他在政治名著《论世界帝国》一书中指出：“公民不为他们的代表而存在，百姓也不为他们的国王而存在；相反，代表倒是为公民而存在，国王也是为百姓而存在……虽然从施政方面说，公民的代表和国王都是人民的统治者，但从最终的这方面来说，他们却是人民的公仆。”①

真正将“公仆”含义说清楚的，是无产阶级革命导师和领袖，他们曾有过许多精辟的论述。马克思在总结巴黎公社的经验时指出，公社的领导者是“社会的负责的公仆”和“社会本身的负责的勤务员”。毛泽东指出：“我们的一切工作干部，不论职位高低，都是人民的勤务员，我们所做的一切，都是为人民服务。”周恩来总理对自己的角色定位是：“我是人民的勤务员！”他胸前经常挂着一枚“为人民服务”的徽章，一生公私分明，甘于淡泊，为了党和人民呕心沥血，鞠躬尽瘁，真正做到了“真在内者，神动于外”。1959年12月在全国群英会上，国家主席刘少奇握着掏粪工人时传祥的手说：“我们在党的领导下，都要好好为人民服务。你掏大粪是人民的勤务员，我当主

① 柳成焱．“人民公仆”提法的历史由来［J］．中共贵州省委党校学报，2006（5）．

席也是人民的勤务员。这只是革命的分工不同，都是革命事业中不可缺少的一部分。”邓小平说：“我是中国人民的儿子，我深情地爱着我的祖国和人民。”邓小平总结我国社会主义革命和建设实践经验，1985 年 5 月他在全国教育工作会议上精辟地指出：“什么是领导？领导就是服务。”这是对社会主义领导本质做出的明确表述。

习近平在担任总书记上任伊始就明确宣示：“人民对美好生活的向往，就是我们工作的目标。”他反复强调，人民是推动发展的根本力量，必须坚持以人民为中心的发展思想，把增进人民福祉、促进人的全面发展作为发展的出发点和落脚点，发展人民民主，维护社会公平正义，保障人民平等参与、平等发展权利，充分调动人民积极性、主动性、创造性。他一直告诫全党：“一个政党，一个政权，其前途和命运最终取决于人心向背。如果我们脱离群众、失去人民拥护和支持，最终也会走向失败。”他要求全体党员领导干部要“不忘初心，继续前进。”

《中国共产党党章》明确规定，“党的干部是党的事业的骨干，是人民的公仆”。领导干部无论职位高低，都应强化公仆意识，这是我们党的性质的必然要求，是共产党人立党为公、执政为民的本质体现。领导干部的权力、责任和义务，归结为一句话，就是为人民服务，做人民公仆。这种始终站在最广大人民的立场上，以人民为中心的思想，科学地回答了相信谁、依靠谁、为了谁的问题，这是判断是否是马克思主义领导者的试金石。

党的根基在人民，党的力量在人民。党员领导干部只有永远保持公仆本色，才能得到人民群众的拥护和支持。1946 年 11 月，在朱德同志 60 岁生日时步董必武同志原韵，赋诗一首表达了我党的领导与人民的关系：“历年征战未离鞍，赢得边区老少安。耕者有田风俗厚，仁人施政法刑宽。实行民主真行宪，只见公仆不见官。陕北齐声歌解放，丰衣足食万家欢。”其中“实行民主真行宪，只见公仆不见官”画龙点睛，生动再现了当年的陕甘宁边区政府的民主宪政和执政状况。

朱德这首诗后来被刻在延安宝塔山的一块石碑上。一位外国学者到延安看到这首诗后说：“中国人对当权者的要求，单纯得令世界各国首脑羡慕不已。”然而，在人类历史上，在所有人民对当政者的要求中，这是最严格，最难以做到的。人民把道德和伦理的标准定得很高：清廉、公正、仁慈、宽容、公而忘私……这意味着每个领导者必须牺牲许多个人利益。只有这样，才能赢得人民群众的信赖和拥护。

在中国共产党的历史上，延安时期是由小到大、由弱到强、愈挫愈奋、兴旺发达的“黄金时期”。其宝贵经验之一就是，当时在局部执政的条件下和艰险困苦的环境中，在革命根据地认真探索和推进民主政治建设，积极实践党内民主和人民民主。有史料称，在延安时期边区政府进行的4次选举，堪称国史、党史上民主选举的典范。选民们曾用民谣表达自己的心声：“民主政治要实行，选举为了老百姓。咱们选举什么人？办事又好又公平。”许多足不出村的小脚老太太，都骑着毛驴，翻山越岭，赶到选举地点。为了使不识字的选民能够行使选举权，不少地方还使用了“碗里放豆”“香头烧洞”等便于操作的选举方式，开创了“草根民主”的先河。人民选出的带头人，对人民自然不敢有丝毫的懈怠，会本能地甘当“人民公仆”。

毛泽东主席就是“人民公仆”的典范。1944年9月5日，张思德在陕北因炭窑崩塌牺牲。毛泽东在参加张思德追悼会上发表了《为人民服务》的著名讲话，对为人民利益牺牲的张思德同志表达了深切的哀悼，同时也向全党、全军官兵、全体共产党人响亮提出“为人民服务”的号召，此后在召开的党的七大上，第一次把为人民服务的精神写入党章，明确规定：中国共产党人必须具有全心全意为中国人民服务的精神。为人民服务是党员必须履行的义务。从此以后，历次党的代表大会都坚持把全心全意为人民服务的精神写入党章，成为中国共产党人的不懈追求和工作宗旨。

1945年8月10日，黄炎培在重庆出版的《延安归来》一书中写道：“每个人得投书街头的意见箱，也个个得上书建议于主席毛泽东。”“至于中共重要人物毛泽东先生，依我看来是一位思想丰富而精锐又勇于执行者。朱德先生一望而知为长者。此外，轰轰烈烈的贺龙、彭德怀、聂荣臻、林彪、刘伯承……诸位先生（徐向前先生在病中没有能相见）在一般人想象中，一定是脱不了飞扬跋扈的姿态。料不到，这几位先生都是从沉静笃实中带着些文雅，一点没有粗犷傲慢样子，天天见面笑谈，真是古人所说‘如坐春风中’。从这些延安的故事里，我们就会了解到，延安时期为何“‘只见公仆不见官’！”

领导是什么？有人说是父母官，有人说是儿子，有人说是公仆。我国古代百姓常尊称州、县官为“父母官”。其来源据《汉书·循史传》记载：西汉元帝时，南阳郡太守召信臣，字翁卿，九江寿春人。其治视民如子，劝民农桑，去末归本，为政勤勉有计谋，好为民兴利。“吏民亲爱信臣”，尊他为“召父”。至东汉武帝刘秀建武七年（公元31年），南阳郡百姓又幸运得遇新任太守杜诗。《后汉书·杜诗传》载：杜诗，字君公，少有才能，担任郡功曹时，爱民如子，事事替百姓做主，由是全郡百姓家家粮丰衣足。百姓拿他与以前的召信臣相比，说“前有召父，后有杜母”。自此“父母官”这一尊称便广传后世。但是，以后当官的常以父母自居，把百姓当成了任意打骂的孩子，甚至作威作福，鱼肉百姓。以后，县老爷又称为所谓牧民之官。何谓牧民？就是把老百姓当作牲口来放牧。老百姓见了县老爷就要磕头，自称草民。这都是封建专制主义作祟的结果。

真正的共产党人认为，领导者就是人民公仆。优秀县委书记焦裕禄出生在一个贫苦农民家庭，解放前受尽了苦难的煎熬，对人民群众有深厚的感情。在党的培养教育下，焦裕禄深刻认识到：“我们不是百姓的父母，而是老百姓的儿子，还要做听人民群众话的孝子，我们不是为民做主，人民才是主，人民要自己做主人，我们就是长工，是给人民扛长活的。”所以，他时刻想着人民群众，关心爱护人民群众，热情帮助人民群众解决具体困难。1948年年初，焦裕禄在尉氏县彭店区工作时，得知刘庚申一家孤儿寡母，日子过得十分窘迫，就把自己的联系点选在了这家，进门拉着刘庚申的老母亲手说：“娘，我叫焦裕禄，以后就是您的儿子啦。”从此，焦裕禄经常用自己微薄的工资给老人买面、买菜，还给老人做饭、挑水、扫院子。

焦裕禄在兰考工作时，一个冬天的黄昏下起了大雪，焦裕禄心里惦记着群众住得怎样？吃的烧的有没有困难？生产队的牲口咋样？他让办公室立即通知各公社做好雪天六项工作。第二天黎明，他就把县委同志们叫起来开会。他说：“在这大雪拥门的时候，我们不能坐在办公室里烤火，应该到群众中间去。共产党员要在群众最困难的时候，出现在群众面前，在群众最需要帮助的时候，去关心群众，帮助群众。”说罢就领着大家冒着风雪，一连走访了9个村子，访问了几十户群众。他来到一户农家，老大爷卧床不起，老大娘双目失明。老大爷问：“你是谁呀？大雪天来干啥？”焦裕禄说：“我是您的儿子，毛主席叫我来看望您老人家的。”老大娘感动得不知说什么才好，用颤抖的双手上上下下摸着焦裕禄。

有人在兰考问过不同级别、不同年龄段的干部同一个问题：焦裕禄最打动你们的是什么？大家的回答几乎不约而同，那就是他亲民爱民，与人民群众的血肉之情。焦裕禄这种对人民群众充满的感情，不是恻隐之心，而是职责所系。焦裕禄深知“我是谁”，他把自己的角色定位为人民的儿子、孝子、长工，永做人民公仆，真心热爱群众，心中装着群众，密切联系群众。正如习近平所说，焦裕禄之所以被誉为县委书记的好榜样、共产党员的光辉典范，之所以深受人民群众爱戴，根本原因在于他始终与老百姓心相连、情相依，同呼吸、共命运，在于他视人民群众为衣食父母、诚心诚意当人民公仆。

2014 年 10 月 15 日，习近平总书记在文艺工作座谈会上发表重要讲话指出：“热爱人民不是一句口号，要有深刻的理性认识和具体的实践行动。对人民，要爱得真挚、爱得彻底、爱得持久，就要深深懂得人民是历史创造者的道理，深入群众、深入生活，诚心诚意做人民的小学生。我讲要深入生活，有些同志人是下去了，但只是走马观花、蜻蜓点水，并没有带着心，并没有动真情。要解决好‘为了谁、依靠谁、我是谁’这个问题，拆除‘心’的围墙，不仅要‘身入’，更要‘心入’、‘情入’。”①

习近平总书记在文艺工作座谈会上谈到电影演员李雪健表演时说：“他

① 习近平：在文艺工作座谈会上的讲话［EB/OL］. 新华社，2015-10-14.

演的《焦裕禄》《杨善洲》，两个人物都刻画得特别好，按行话讲，就是入戏了。有句话叫‘人生如戏，戏如人生’，这两部戏不是那种戏说，体现出来的是真正的杨善洲、焦裕禄，他们就是这样的人，我们的艺术形象塑造全面把握住了人物性格。通过雪健同志所讲的，我感受到他与塑造的人物是真正的共鸣、真正的理解。雪健同志那句话说得好，‘共产党员的职业病——自找苦吃’啊。中国共产党人就是以解放全人类为自己的崇高目标，没有个人的私利。”①

在文艺工作座谈会现场，媒体捕捉到一个细节：当文艺界代表们发言结束，习近平总书记准备发表讲话时，望了望90岁高龄的中国红楼梦学会名誉会长冯其庸先生，并对大家说，“今天出席座谈会的不少老艺术家年事已高，大家如果累了，就到休息室休息或者走动走动。”这句话打动了现场的不少文艺工作者，令他们深感总书记的言行“从细微处体现了对大家的尊重与关爱”。②

“领导就是服务”、领导者是“社会的负责的公仆”的思想在中西方领导学界得到了许多更为生动、具体的阐释。诺贝尔文学奖获得者赫尔曼·黑塞在《东方之旅》一书中讲述了一个令人深思的故事：有一群人前往东方进行一次探险，团队中的每一个人都很有主见，并愿意充当领导的角色。服务于他们的是一位叫李奥的仆人，他负责为所有人提供生活服务。他的乐观主义和他的歌声总是陪伴着他们，鼓舞着他们。有李奥的陪伴，这一次探险旅行似乎成了一次美妙的观光旅游，一切都出乎意料的顺利。但是有一天，李奥突然消失不见了。这群人立刻陷入一片混乱之中，所有人都试图说服别人听从他的建议，但是没有一个人能够获得别人的信任。最后，整个探险活动被迫停止下来。人们忽然发现：原来失去了仆人李奥，他们就失去了领导。

这个简单的故事后来引发了一场管理学的革命。1970年，美国电话电报

① 习近平总书记的文学情缘［N］，人民日报，2016-10-14.

② 陈孟.从《忆大山》到“文化自信”习近平的“尊文”情怀［EB/OL］.人民网，2016-10-15.

公司的 CEO 罗伯特·格林里夫（Greenleaf）受到这个故事的启发，写出了《仆人式领导》一书，在该书中，他提出了仆人式领导的概念，揭示了关于领导的一个真正的本质：“领导的基础不是权力，而是权威，权威是建立在爱、服务和牺牲基础上的。”他认为，传统的领导者的主要动机是领导他人，而公仆型领导者的主要动机是为他人服务。公仆型领导者认为领导职位是他们为他人服务、帮助他人发展的机会，而不是表明自己具有某种地位或身份。

格林里夫认为，“作为仆人式领导，首先要有天生愿意服侍他人的心，服侍是第一位的。然后才是通过有意识地选择，促使一个人渴望去领导别人。他的与众不同之处就表现在这位做仆人的对别人的关心上，即确保别人最迫切的需要得到优先满足”。当一个领导人愿意像仆人般服侍他的下属时，并决心满足其心理的基本需求如爱、自尊及自我实现，与他们建立关爱、尊重、信任、接纳的关系，就能获得领导人的威信及影响力，还能以此激励他们发挥个人最大的潜能，全心投入心力、才能及创造力，为达成共同目标奋战不懈。

仆人式领导理论中的“仆人”（也译为“服务”）。“服务”是一个使用比较广泛的词语。现实生活中，人们对“服务”的理解各有不同。有人理解成是一种交换，有人理解成是一种服侍，有人理解成是一种职业，也有人理解成是一种信念。格林里夫从促进个人成长和组织发展的角度来看待服务。他认为，服务是“有关个人把他们在这个世界上遇到的问题看作自己的任务，将之作为完善自我的一种手段。他们把这种内在成就的外在体现视为关怀个体的人的起点，所采用的方式要求他们具有全心全意的奉献精神和娴熟的技能，可以帮助那些个体的人成长起来并且变得更加健康、更加强壮和更加具有自主权”。可见，仆人式领导者是以真诚的自我为下属服务，用无形的服务获得威信及影响力，以此激励下属发挥个人最大的潜能，为达成共同目标而努力的人。正如德鲁克所说：“领导者的工作不是提供能量，而是释放能量。”

1978 年，美国领导学专家史蒂文·克尔和约翰·杰迈尔（Steven Kerr & Jemier）首次提出“领导替代”的概念。他们认为，随着知识经济的兴起，普通员工受教育水平提高了，他们的能力和素质也提高了。因此，在许多情景下被领导者可以“替代”领导者的部分职责。这就是有名的领导替代理论。

例如，在决策方面，在过去，决策成了领导者的专利，而被领导者只是被动的执行者，而现在被领导者不仅能够参与重大的决策，部分地替代领导的决策职能。在激励方面，在过去，激励是领导者当仁不让的权力，领导者是激励者，而被领导者是被激励者，可谓天经地义，而现在随着被领导者个人素质的不断提高，需求层次的不断提升，越来越多的被领导者越来越愿意也越来越能够实行自我激励，并且激励效果更好。在协调方面，在过去，领导者要花大量的时间和精力去协调部门与部门之间的关系，个人与个人之间的关系，上级和下级之间的关系，而现在，被领导者的自我意识不断增强，自主能力不断提高，他们现在越来越有能力去处理这些关系。“自我领导”的出现，就使得领导者不得不将领导情境的中心地位让于普通的群众，而更多地充当起协助、服务、指导的角色，而这正好也是知识经济时代所需要的领导者[①]。

“领导替代”理论对领导工作提供了新的启示：第一，领导是服务，而不是管制。过去领导就是去管人，现在领导变成了服务。这就要求领导者的影响力主要体现为“导”，而不是“领”。要善于运用领导替代，以激发被领导者的积极性和创造性。第二，领导的重点是培养人，而不是使用人。如果领导者把下级成员培养成了人才，把人才进一步培养为领导人才，就会取得更好的领导效果。第三，领导是掌舵，而不是划桨。领导只做领导者应干的事，其他事情可以授权让下属做，才能实现真正的节约型领导。只有这样，我们的领导才会更超脱、领导才会更有效。

彼得·圣吉在《第五项修炼》一书中，也明确提出，21 世纪领导新角色：就是设计师、仆人和教师。他指出：一个能干的人往往是出色的执行者，但一个真正的新型组织的领导者，一个善于领导人力资源整合的领导者往往更具一种“使命感”。他这里指的领导者是仆人，主要指的是一种待人处世的

---

① 领导替代理论［EB/OL］. 百度百科 .

态度。仆人心态是一种自然的情感，一种发自内心愿意服务他人的意愿。领导者应该退到组织的边缘，把组织的中心地位让给广大的追随者，围绕追随者的需求和组织目标做好服务。服务的内容，除满足人们的物质利益需求外，更主要的是提高追随者的素质，让他们有能力承担组织和社会发展的重任。此外，领导者还应该变革组织中不合理的地方，比如改变传统的金字塔组织结构，而建立更为扁平、信息更为畅通的组织结构，给广大追随者一个更为广阔的空间，从而更好地发挥他们的积极性和创造性。

领导者仆人角色还体现在忠实于组织愿景。所谓愿景，即组织成员在领导者的领导下，在共同讨论、获得共识基础上制定的，大家愿意全力以赴的未来方向。所谓仆人，意指领导人不但要发展愿景，更必须忠于愿景，领导者在其内心深处都应该拥有一个所谓的“使命故事”（Purpose story），也就是能清楚说明组织存在的理由以及组织要往何处去。彼得·圣吉在《第五项修炼》中指出，领导者应该是组织“愿景”的忠实仆人。他认为，每一个领导者在自己的愿景背后都有一种使命感，它阐明这个组织为什么存在，以及要如何发展的理由；它使领导者能够对他个人和组织的愿望赋予独特的意义，所以他们为组织设计了“愿景”。

领导者为什么如此钟情愿景？因为领导者是组织愿景的设计者，他们比其他人更能深刻理解这个愿景，甚至把组织愿景等同于自己个人的愿景。萧伯纳用简洁有力的话表达了这种关系：“这是生命中真正的喜悦，被一个你认为伟大的使命所驱策……那是一种自然的力量，而不是一种狂热，它使自私、积郁、怨天尤人一扫而空。”也就是说，领导者明白如此做的最终目的，他们自愿成了组织愿景的仆人。

随着研究的深入，在世界兴起了研究公仆型领导的热潮。“公仆型领导”（Servant Leadership，或称“服务型领导”），所包含的原则反映了普遍的伦理：谦逊、忠诚、信任、移情、愈合、社群以及服务等。公仆型领导者不一定居于正规的领导岗位，他将服务作为首要任务、同时以一种“延伸了的服务”作为领导个人和机构的方式。该理论强调领导者作为服务者和领导者的双重身份，将服务意识置于首位，强调倾听、交流、促进他人成长并发展其潜能。真正的仆人式领导并不害怕分享权力，他们希望他们队员独自做决定，不断前进，直到他们感到需要支持。作为领导者，工作就是鼓励和支持团队成员，以便帮助他们释放他们的潜能。

Greenleaf（1970）认为，服务型领导首先是一名服务者，他始于乐于服务的天性，仅仅是去服务，然后才是有意识地选择去领导他人。检验一个人是否是服务型领导者的最好办法是：在他的领导下，得到他服务的人是否真正在进步？是否变得更健康、更自由、更聪明和更加自主。Laub（1999）认为，服务型领导是一种将被领导者的利益置于领导者自身利益之上的领导认知和实践行为。服务型领导者重视人，发展人，建立共同体，展现真诚，为那些跟随者提供领导的机会，为组织成员、整个组织和组织的服务对象的共同利益而共享权力和地位。

Russell（2001）认为，服务型领导者是展现了共谋愿景、角色模范、开拓进取、欣赏他人和授权等特征的领导者。服务型领导寻求的不是自己被服务，而是去服务别人，他们把领导职位看成是帮助、支持和协助他人的机会。Irving（2005）认为，服务型领导是一种领导者和跟随者为了达到共同愿景的目的而共同合作的过程，在这过程中，被领导者的利益要优先于领导者的利益[①]。

Ehrhart（2004）通过对服务型领导已有文献的回顾，从 7 个方面去测量服务型领导：领导者与员工建立友好关系、授权、帮助员工发展和成功、遵守道德、概念化思考、把员工利益置于首位以及为社区创造价值，在此基础上他编制了包含 14 个计量条目的量表，通过确认性因子分析、回归分析等表明，该量表具有较好的鉴别有效性和预测有效性。

从以上学者对服务型领导概念的不同界定发现，服务型领导首先将自己定位于服务者，将跟随者利益置于领导者利益之上，服务员工的过程就是领

---

① 邓志华，陈维政 . 服务型领导研究前沿探析与未来展望［J］. 当代经济管理，2015（3）.

导的过程，通过服务和培育员工来实现组织发展的领导方式。其领导路径与传统领导方式具有重大区别，服务型领导也就是仆人型领导。公仆型领导会对员工的工作态度和工作行为产生积极的影响。优质服务需要公仆型领导。公仆型领导者相信员工的工作能力，他们为员工指明工作方向，制定优质服务标准，支持员工的优质服务行为，授予员工适当的工作自主权，激励员工努力做好服务工作，从而不断提高服务质量。

与此同时，我们也看到“官僚”和公仆的区别：这里讲的“官僚”是指那些一心只想当官，不愿做事的人。他们追求的是怎样快做官、做大官，在现有选人体制机制下，他们为了捞到更多选票和好评，就不愿得罪人，不敢坚持原则，他们心理满足的是受人喜欢；而公仆所追求的是为人民服务，就要秉公办事，坚持原则，必然要得罪人，也不可能让大家都喜欢。但是，即使那些憎恨他的人，从内心也不得不对他们表示尊重。两者根本区别就在于：“官员”所做的一切是不情愿的付出，付出是要有回报的；公仆所做的一切是自愿的奉献，奉献是不要求回报的。这是一种思想境界的差异。

综上所述，我们说的领导者是“公仆”，主要是指领导者所做的工作是社会的公共服务工作，其扮演的角色应该是与工作相适应的“公共服务员”和“人民公仆”，意思是指全心全意为人民服务、为人民群众排忧解难、带领人民谋幸福的领导干部。领导干部的全部工作，就是要不断实现好、维护好、发展好最广大人民的根本利益，真正做到在思想上尊重群众，政治上代表群众，感情上贴近群众，行动上深入群众，工作上为了群众，真正成为人民满意的人民公仆。

二、要有甘于吃亏的精神

领导者作为党和人民的事业的组织者和推动者，肩负着重要责任。领导者要干出一番事业，造福人民群众，就要勇于做他人不想做的困难事，敢于走别人不敢走的新路。做到这一点，离不开不计名利得失、甘于奉献牺牲的情怀。这种情怀，通俗地说，就是甘于“吃亏”的精神，就是在利益、前途、生活等方面具有舍弃和付出的气度。

甘于吃亏是领导者良好品德和职业道德的体现。清代郑板桥任山东潍县知县时写过一首诗："衙斋卧听萧萧竹，疑是民间疾苦声。些小吾曹州县吏，一枝一叶总关情。"该诗托物言志，表达了对民众的忧虑关切之情以及自己的责任感与清官心态。我们共产党的领导干部，更应该时时处处实践党的宗旨，与人民心连心、同呼吸、共命运。这里不仅是和人民群众的感情问题，更是共产党员党性觉悟的体现。领导者是人民的公仆，就要始终牢记全心全意为人民服务的根本宗旨，自觉坚持廉洁从政，抗得住诱惑，耐得住寂寞，守得住清苦，把为人民群众谋利益作为最高的人生价值，养成甘于吃亏的政治品德和职业操守。

1966 年 3 月 8 日，河北省邢台地区发生了 6.8 级地震，此后又连续发生 3 月 22 日 7.2 级等一系列地震。地震使数百村镇化为废墟，死亡 8064 人，伤 3 万多人，经济损失巨大。周恩来总理在地震之后的第二天就冒着余震亲临灾区慰问。4 月 1 日，周总理又一次来到邢台地震灾区。当周总理顶着风沙下了飞机，由巨鹿县委书记张玉美陪同来到何寨村时，周总理发现群众面对西北风而坐，问张玉美："风沙这样大，怎么让大家迎着风沙呢？"张玉美解释说："群众就这么坐的，面对讲台您讲话也方便。"周总理说："不行啊，同志。我在讲台上讲，避风、方便，可群众呢？让几千名群众迎着风！"周总理坚持改变布置，让群众背风。周总理登上一辆卡车作为临时讲台，迎着大风对着麦克风发口令，请几千名群众"起立！""就地向后转！""坐下！"人们开始摸不清是怎么回事，当背着风沙坐下来，看到呼呼风沙扑打周总理的衣襟和面颊时，才陡然明白过来，会场上一阵沸腾……。[①] 周恩来总理请群众背风站立，自己迎着风讲话，这种姿态的变化中，蕴含着对人民的敬畏、对群众的深情、对权力的自律。我们通过这件小事，就能够明白为什么"人民总理人民爱"。领导者是党的事业的组织者和推动者，应该把为党和人民

① 1966 年 3 月 8 日邢台地区地震 周恩来亲赴灾区慰问 [EB/OL]. 人民网，2011-03-08.

的事业而奋斗作为人生的最大快乐，以百折不挠的勇气和顽强拼搏的精神干好工作，才能产生甘于吃亏的动力，达到甘于吃亏的理想境界。

“舍得”是我国最富哲学意味的词，最早出自《了凡四训》。“舍得”者，实无所舍，亦无所得，是谓“舍得”。“舍得”，汉语解释即“愿意付出，不吝惜”。顾名思义，有舍才有得，要想得，必须舍弃。“舍得”，在日常生活用语中，就是“愿意把自己的某些好东西给他人”的意思。“舍得”在一些地方方言中也有形容词“大方”的意思。“舍得”是一种人生智慧和态度，出自《易经》。“舍得”不是“舍”与“得”之间的日常计较，而是拥有超越境界来对已得和可得的东西进行决断的情怀和智慧。没有“舍”就没有“得”。有舍有得，不舍不得，大舍大得，小舍小得。“舍得”既是一种生活的哲学，更是一种处世与做人的艺术。有一句经典的话：当你紧握双手，里面什么也没有；当你打开双手，世界就在你手中。

享誉美国的领导力和人际关系大师约翰·麦克斯韦尔在《领导力 21 法则》一书中提出的“舍得法则”就是：“牺牲是领导力的精髓。他说，如果你渴望成为最杰出的领导者，那么为了取得成功，你必须愿意牺牲。”“没有牺牲，就没有成功”，“领导者更需要做出牺牲”，“为了留在更高位，你必须要不断地‘舍’”，“地位越高，舍弃越多”。所以，领导者必须先“舍”后“得”。“舍得”既是一种处世的哲学，也是一种领导艺术。舍与得囊括了万物运行的所有机理，你若真正把握了舍与得的机理和尺度，便等于把握了人生的钥匙和成功的机遇。

麦克斯韦尔提出的“舍得法则”的基本思想包括：1. 舍得法则说明，你必须先有所舍，才能更上一层楼。2. 领导就是树立榜样，当你身处领导地位时人们会仿效你的每一个动作。3. 当领导者一定得牺牲。而这种牺牲是一种持续的过程，并非只是一次的付出而已。4. 当你成为一位领袖时，就失去了为自己打算的权利。5. 哲学家兼诗人艾默生说过：“你失去的一切，会从其他方面得到补偿。而你所得到的一切，也必须付出一些代价来换取。”

领导者是公仆，这是现代领导者应该树立的领导观和扮演的领导角色。

但是，在实际领导工作中，我们一些领导者往往自觉或不自觉地排斥“公仆”角色，总想当官做老爷，甚至“反仆为主”，对下喜欢颐指气使、独断专横。“门难进、脸难看、事难办”的“衙门作风”盛行。究其原因，恐怕还是我们一些领导者“官念”太重，服务意识淡薄所致。正是这种官僚主义思想，必然导致为己不为民、对上负责不对下负责。

早在1944年延安的一次干部会上，毛泽东用泥塑神像来比喻官僚主义。他说，除了三餐不食这一点不像外，官僚主义者的其他方面都很像一座神像：一声不响，二目无光，三餐不食，四肢无力，五官不正，六亲不认，七窍不通，八面威风，久坐不动，十分无用。语言生动幽默，把官僚主义的特征刻画的入木三分。习近平指出：我们必须看到，面对世情、国情、党情的深刻变化，精神懈怠危险、能力不足危险、脱离群众危险、消极腐败危险更加尖锐地摆在全党面前，党内脱离群众的现象大量存在，集中表现在形式主义、官僚主义、享乐主义和奢靡之风这“四风”上。我们要对作风之弊、行为之垢来一次大排查、大检修、大扫除。

与“公仆”角色相对应的是“官僚”角色。一般来说，领导者也是人，他们做工作也需要得到心理满足。但是，如果领导者“官念”太重，他所追求的是目的是做官，做的越大越好。在现有的民主选举和民主选拔体制下，这种“官僚”为了做官他就不愿得罪人，他所追求的心理满足是受人喜欢，到时大家都能够投自己一票。清朝金樱在《格言联璧》中说：“居家为妇女们爱怜，朋友必多怒色。做官为衙门人欢喜，百姓定有怨声。”

笔者过去到大庆油田讲课时听到一件事：一个公司经理因贪污受贿被关进监狱，但逢年过节该公司的职工排着队给他送饺子。笔者问为什么他有这么大的魅力？原来这个公司经理很仗义，职工不管找他办什么事，合乎政策的马上办，不合乎政策的变着法子也给办。每年发给职工的奖金和实物，也总是比别的单位多。这种慷国家之慨收买人心的做法，的确蒙蔽了许多干部群众，每次上级考核，大家都说他好。

作为公仆的领导者，他们所追求的是全心全意为人民服务，为了工作就要坚持原则，秉公办事，这样他们必然会得罪人，也不可能让大家都喜欢他们。但是，即使那些憎恨他们的人，也不得不在内心对他们表示尊重，因为他们是为公而不是为私。美国前国务卿鲍威尔认为，“认真负责有时就意味着得罪人，让每一个人都欣赏你，这本身就是平庸的表现”。习近平指出，人心向背关系党的生死存亡。党只有始终与人民心连心、同呼吸、共命运，始终依靠人民推动历史前进，才能做到坚如磐石。权大不忘责任重，位高不忘公仆心。对于领导者来说，要切实用好权力这把“双刃剑”，树立权力就是责任的意识，牢记领导既为公仆的理念，确保权力行使不偏离正确方向，确保权力来自人民又服务于人民。

豫剧《村官李天成》是以河南省濮阳县西辛庄党支部书记李连成为原型，塑造了一个带领群众脱贫致富的基层干部形象。剧中的主题歌《吃亏歌》写出了公仆的本色：“当干部就应该能吃亏，能吃亏自然就少是非；当干部就应该肯吃亏，肯吃亏自然就有权威；当干部就应该常吃亏，常吃亏才能有所作为；当干部就应该多吃亏，多吃亏才能有人跟随；能吃亏、肯吃亏、不断吃亏，工作才能往前推。”领导者肯不肯吃亏，这是下属和群众私下里评价领导者好坏的最直接标准；领导者能不能吃亏，这是衡量领导者有没有党性和公心的重要标准。所以，领导者只有树立公仆的领导观，才能够扮演好公仆的角色。

三、学会退到组织边缘

现代领导观认为，领导者是公仆，是指领导者应该退到组织的边缘，把组织的中心地位让给追随者，围绕追随者的需求和组织目标做好服务。领导者作为“公仆”角色的任务，就是满足追随者的利益需求，提高追随者的能力素质，让他们有能力承担组织发展的重任，在为他人服务的过程中享受追随者的成功喜悦。

真正的领导必将有一批心甘情愿的追随者。在这个意义上，确立领导地位其实就是争取追随者。领导者争取追随者有两个关键步骤：一是要使追随者相信将要为之奋斗的事情有意义；二是要使追随者相信，这个领导人有能力带领他们完成此项事业。一个真正的新型组织领导者，不仅自己“能干”，更是一个善于整合资源的领导者。组织成为每一个成员都能充分发展的平台，还是成为将所有的成员捆绑在一起高速运转的机器，几乎完全取决于领导者能否成为自身愿景的“仆人”。

领导是一段时间的过程，不是一个终生的职位。领导是对某个事件的领导，当这个事件完成以后，此次领导行为也随之结束。此后，如果一个人还想做领导，那么就必须为下一个事件重新争取追随者。联想集团总裁柳传志认为，当企业小的时候，或者刚开始做一件全新的事情的时候，一定要身先士卒。那个时候，组织发展的目标就是一切。领导应该是演员，要上蹿下跳自己去演，一切以组织的目标为转移。但是，当公司上了一定规模以后，一定要退下来。“要做大事，非得退下来，让别人去做。如果我一直身先士卒，就没有今天的联想了，我现在已经退到了制片人的角色。现在包括主持策划，都是由年轻人自己搞，杨元庆他们自己的事，由他主持策划，我只是规划未来，把握大的方向。”

领导者扮演的“仆人”，还指的是一种待人处世的态度。在“学习型组织”中，领导者的首要任务是要关心组织中的人，因为他们是组织中核心与精神之所在。智慧的领导者顺应自然的运作法则，从服务和慷慨之中，体认到内心的丰足，从无私之中和帮助别人之中，变得更有能力、更有成就。

彼得·圣吉在《第五项修炼》中提出，领导者扮演的仆人，不是一般的服务员角色，而是实现共同愿景的仆人。领导者有一种帮助大家实现共同愿景的使命感，不仅自己能够自觉接受共同愿景的召唤，而且向所有的人讲清楚“我们从何处来，要往何处去？”吸引大家聚精会神地听，自觉接受共同愿景，把共同愿景融入自己的生命历程，而后一心一意地去共同实现这个使命①。所以，领导者是组织共同愿景的公仆。领导的公仆角色表现在实现组织

① ［美］彼得·圣吉．第五项修炼——学习型组织的艺术与实践［M］．张成林译．北京：中信出版社，2009.

愿景的使命感，能够自觉接受组织愿景的召唤，以及践行以人为本的领导理念，为组织成员实现个人愿景、取得优良业绩创造更加有利的条件方面。

在此意义上，领导就是服务。一方面领导者要为组织成员提供服务；另一方面领导者也要为组织的价值观和使命提供服务。为此，领导者首先需要创设一种使组织成员尽职尽责的工作环境，为组织成员提供更多更好的学习机会，鼓励并帮助组织成员不断学习和成长。在学习型组织文化中，领导是让其他人理解和同意必须去做什么和如何有效地去做的过程，以及促进个人和集体努力去实现共同目标的过程。其次，在组织成员中阐释外部事件，选择所追求的目标和战略，鼓励组织成员去实现目标，支持组织成员之间的相互信任和合作，帮助发展组织成员的技能和自信，在组织成员中学习和分享新知识，在外围人员中谋求支持和合作。

星巴克创始人舒尔茨·霍华德说：“我们必须用真心来领导，必须深深懂得在这个世界上重要的是什么，对我而言，最重要的不是利润，不是销售额，也不是连锁店数量，而是热情、责任，以及对众人的爱。”在星巴克，每人管理者必须学会真心地帮助和服务下属，进而让顾客得到他们期望的梦幻服务和体验。星巴克对自己的员工也有个信条，那就是只有伙伴（坚持把员工称为伙伴）的满意才能带来顾客的满意，进而带来顾客的忠诚。在星巴克做的一个调查中，82% 的员工对自己的工作满意，员工的满意不仅推动了星巴克的快速发展，而且成为当年美国最受尊重的几家公司之一。仆人式领导被认为是 21 世纪领导的新模式，就是因为我们的时代已经进入信息时代，管理者不可能无所不知，无所不能。领导者只有帮助下属成功，他自己才能成功。领导者的任务，就是帮助下属发挥力量。

罗纳德·里根是美国公众心目中最伟大的总统之一。公众对里根的高度评价与里根的执政成就是分不开的。里根受命于危难之际，当时的美国内困于经济低迷，国力大减，人民对国家的前途感到迷惘。演员出身的里根，却奇迹般地迅速扭转了美国经济乃至国运的颓势，降低了一度高达两位数的通货膨胀，经济也出现了朝鲜战争以来最高的增长率。按里根自己的说法："我们取得了两项胜利，两个我感到自豪的东西。一个是经济实现了复苏，美国人民创造了 1900 万个新的工作机会。另一个是美国人的道德精神得到了恢复。"

罗纳德·里根在治国上的成就是怎么做到的呢？美国有本书名为《里根之道》(*The Tao of Reagan*)。该书作者认为，里根是个懂得天道的人。他把天道看作自然法，看作一套关于个人自由与权利的客观真理与客观价值，视天道为一切道德判断的源泉。这种"天道"和老子的"无为"思想有很大关系。今天，在当年老子写下《道德经》的函谷关太初宫门廊里，挂着一幅美国前总统罗纳德·里根的大照片，照片下面写道：美国前总统里根在国情咨文中引用老子《道德经》中的名句："治大国若烹小鲜。"而这张照片，就是里根在讲这一句话时拍下的。里根十分尊崇老子的天道思想。"治大国若烹小鲜"正好说明了他的施政理念，而这正是老子发现的治国之道。

罗纳德·里根对自由市场、有限政府、个人自主的坚定信念，使得他无为而无不为。他信赖每个普通人身上的天分、潜能，并为其发挥创造最大限度的有利条件。儒家给统治者的建议是让老百姓对君王有信心；老子给统治者的建议是让人民都对自己有信心。里根在 1976 年在宣布参加竞选总统的演说中强调："我们需要一个对人民的能力而不是对自己的能力充满信心的政府。"老子强调政府应该无为，就是因为他对人民有信心，对政府的能力没有信心。

罗纳德·里根了解他的人民，认为当他们洋溢着乐观主义精神时，他们是最具有创造力的。他的任务就是使美国人民重新找回自信，找回乐观的心态。在里根看来，改变经济状况有 50% 要靠心理学，而他带给这个国家最大的礼物正是他的带着无数种可能性翱翔的感觉，这也帮助美国很快恢复了经济，并重新走上了心理牛市。

罗纳德·里根这种人民本位的思想与老子的天道思想一脉相承。在人民本位的立场上，中国传统中没有人比老子更彻底。老子说："我无为而民自化，我好静而民自正，我无事而民自富，我无欲而民自朴。"里根说："我们这个国家有个政府，不是我们这个政府拥有一个国家。除了人民所授的权力之外，政府什么权力也没有。”老子说：“其政闷闷，其民淳淳；其政察察，其民缺缺。”“民之难治，以其上之有为，是以难治。”里根说，政府不是解决问题的办法，它就是问题。里根还说，人类的心灵是不受约束的，人的精神没有围墙，人类的进步没有障碍，除非我们自己立起这样的围墙，设置这样的障碍。而这样的围墙和障碍常常就是由政府以政绩的名义树立起来的。[①]

罗纳德·里根最重要的特点是在权力的下放。在某些人看来，他更像是一位国家领导的象征而非一个实权人物。卢·卡诺在回忆录中，谈到1983年在华盛顿的一次经济高峰会议上的故事。当时的美国国务卿贝克在会议开幕前一天，将一本厚厚的简报交给里根，可是当第二天里根还给他时，贝克发现简报并未被打开过。当贝克询问里根时，里根回答说：“哦，吉姆（贝克的昵称），昨晚在放《音乐之声》。”由此可见，里根深得老子的思想精髓，退居边缘学会“偷懒”干出了政绩。

焦裕禄深深懂得人民群众是力量的源泉，只有真正依靠群众，甘当小学生，虚心向群众请教，拜群众为师，才能做好领导工作。1955年3月至1956年12月，焦裕禄在大连起重机器厂机械车间当实习主任时，白天向工人学习实际操作，晚上向企业管理人员请教理论，还从老厂长梁芝田那里借来《关于车间作业计划》等业务书刻苦研读。焦裕禄发现工段长杨家盛常对工人发脾气，便对杨家盛说：“为什么要对自己的阶级弟兄发脾气呢？干工作不能靠发脾气，要靠党的政策，要靠群众，要靠说服教育。”针对工段的生产计划只有工段长和调度员知道，工人不知道的问题，他对杨家盛说：“你把计划交给工人讨论一下，他们心里有了底，就会想办法完成。”在焦裕禄的帮助下，杨家盛树立起群众观点，学会了民主管理的工作方法，使全车间最薄弱的四工段变成经常受表扬的工段。焦裕禄在大连起重机器厂工作不到两年，便被工人们誉为“全厂最棒的车间主任”。

1962年12月焦裕禄调到兰考，为什么仅工作了一年零四个月，他就找

① 刘军宁．老子与里根的繁荣配方［N］．第一财经日报，2005-10-27.

到了多少辈人没有找到的“除三害”的办法？答案就是他认识和掌握了群众路线这个党的根本工作路线和方法。他靠骑着一辆破自行车，踏遍了全县149个生产大队中的122个，跋涉5000多里，虚心向基层群众请教和实践学习，注意发现并提炼农民的宝贵经验。焦裕禄说：“当工作感到没办法的时候，你就到群众中去，问问群众，你就有办法了。”焦裕禄来到老韩陵大队的牛屋里，从老饲养员肖位芬那里了解到泡桐树能挡风、可压沙，而且木材用处大。焦裕禄非常高兴找到了防风治沙的好办法，要求全县大力种植泡桐。焦裕禄来到彭庄，发现农民魏铎彬用黄河淤泥封盖母亲坟头，防止被狂风吹掉。焦裕禄就搞了一次封固沙丘的试验，让机关干部义务劳动，4个小时封闭了一个30亩大小的沙丘。

以后他总结了三条经验：第一条是造林固沙，这是百年大计；第二条是育草固沙，当年见效；第三条翻淤压沙，会立竿见影。焦裕禄发现赵垛楼村通过挖河渠和排水沟，治住了多年的内涝，就大力推广这种治理水涝的有效办法。焦裕禄来到重碱区秦砦大队，发现农民把地下两三尺的红淤土翻到上边来压碱，长出了生气勃勃的青菜。焦裕禄又深入全县最有名的老碱窝城关公社的金营大队、堌阳公社的黄口和秦寨两个大队，最后总结出排涝治碱、深翻压碱、盖沙压碱的治碱有效措施。然后，焦裕禄组织县委召开四级干部会议，请这些典型上台介绍经验，并把这5个典型归纳为：韩村的精神、秦寨的决心、赵垛楼的干劲、双杨树的道路、坝子的风格。焦裕禄说：“这五个先进典型所走过的道路就是兰考的新道路。

人民是历史的创造者，群众是真正的英雄。焦裕禄无论走到哪里，都能够始终从党的群众路线出发，一切相信人民群众，一切依靠人民群众，尊重人民主体地位，发挥人民首创精神，认真听取人民群众的意见，虚心向人民群众请教，依靠群众找准工作的切入点和突破口，把党的正确主张变为群众的自觉行动，从而迅速打开了工作局面，掌握了领导工作的主动权。我们可以说，焦裕禄是最懂得公仆式领导理论，并把这种领导方式发扬光大的第一人！

2016年8月8日，海尔集团董事局副主席、轮值总裁，青岛海尔股份有限公司董事长梁海山，在大连召开的第十届中国品牌节暨第二十二届品牌联盟高峰论坛上发表演讲：互联网时代品牌创新的探索和实践。他说，海尔创立 32 年，发展为全球第一品牌，品牌创新从一个冰箱品牌到家电品牌，从中国品牌到世界第一。传统时代我们为品牌打工，互联网时代，我们现在的品牌，不能局限在以传统的方式，应该以用户体验为主，因为用户是买我们的品牌，取决于你的品牌，对用户的吸引力和黏性。

海尔的探索和实践就是，首先是商务模式的颠覆，原来层级关系，企业与用户之间，就是以企业为中心，用户没有发言权，相应企业也是博弈的关系。海尔现在变传统封闭的企业为开放的创业平台。目的是创造用户的亲身体验。三个人共同加入，实现了三个特点，也就是共创、共享、共制。

共创就是所有的项目，为市场创造的东西，不是上级要求你做的，而是在市场上自己发现了机会。共享成果，叫创业分享，比如说市场 10%，其他可以进行分享，一损巨损，一荣巨荣。互联网产品体现的是一个生态系统，用户能够参与设计，用户的个性化咨询，可以直达工厂。每个用户既是生产者又是消费者。最后是消费模式的转变，互联网时代，用户关注的不是广告，而是口碑。这是要从传统经济体验，实现产销合一。将冰箱由电视变成了氧气，变成了用户的物品。真正成为集团以交互，联络用户的互联网新平台，取得了非常好的效果。

四、真心实意地帮助他人

美国管理顾问罗伯特·K. 格林里夫在《仆人式领导》一书中，首次提出的“仆人式领导”，是一种存在于实践中的无私的领导哲学。此类领导者以身作则，乐意成为仆人，以服侍来领导；其领导的结果亦是为了延展其服务功能。仆人式领导鼓励合作、信任、先见、聆听以及权力的道德用途。

仆人式领导首先是仆人。他怀有服务为先的美好情操。他用威信与热望来鼓舞人们，确立领导地位。他与那些为领导而领导者截然不同，他所渴求的恰是缓和那种不同寻常的领导力、削弱对资源的占有。对于那些以领导为先的领导者来说，在领导地位、威信以及影响力确立之后，或许才能够谈到服务。领导为先和服务为先是领导哲学的两个极端。处于它们之间的，则是混杂着的其他各式人类特性。

这两者的区别凸显出仆人领导关心的是服务，是他人的需求是否得到了满足。测试领导者是否是仆人领导的最好做法——对其本人来说或许也是最难的做法就是，去考察其服务对象——看看他们是否强壮、聪慧、自由、自主，也想成为助人为乐的公仆。再看看最为弱势的群体在此领导之下是怎样的境况——他们是否也同样获益，或者至少不再被边缘化，不再被抛弃。美国管理大师彼得·圣吉说："如果没有先读罗伯特·格林里夫的《仆人式领导》，别去读任何关于领导力的书。我相信，那是我读到过的关于领导力的最出众和最有用的陈述。"

格林里夫公仆型领导中心的负责人 Larry C. Spears 对格林里夫的原著进行了长期的研究，归纳出公仆型领导的十大特征：一是倾听。仆人式领导努力寻求团队的意愿，并帮助这些意愿清晰化。倾听是聆听每个人内在的声音，尽力明白一个人身、心、灵的流露。倾听，并加以定期反思；二是移情。理解并移情感受他人，每个人都需要别人接纳自己并且认知自己心灵的独特性；三是疗伤。擅长为自己和他人疗伤，帮助周围的人成为身体和心灵健康的人；四是省察。对自我和外界的清醒认识，并帮助人们理解有关道德和价值观的问题；五是说服。努力寻求让别人信服，而不是胁迫别人服从，也不用职务上的权威在组织内推动决策；六是概念化。跳出琐碎的日常事务看问题，具有大局观，努力培养自己"梦想宏伟"的能力，能够从抽象化的角度来思考问题；七是前瞻性。能够汲取过去的经验教训，富有远见，从昨天看到今天，能在今天看到未来，明白决策可能带来的结果；八是管家。需要像管家一样和雇主同舟共济，为更大的社会利益管理企业，把服务他人的需要作为首要的和最重要的承诺；九是致力于员工的成长。不仅指员工的职业成长，还指其个人成长，精神成长；十是建设社区。通过仆人式领导者个人对具体社区的奉献，营造共同体，带动大家重建社会区。

但 Larry C. Spears 同时指出，这 10 个特征并不是对公仆型领导"穷尽性的概括”。因此，美国其他学者根据格林里夫的原著，又概括出公仆型领导的其他特征。这方面最具代表性的是 Robert F. Roussel 和 A. Gregory Stone 的研究，他们对 90 年代以来近 100 位学者的研究进行了统计，从中归纳出公仆型领导的 20 个特征。其中 9 个特征被他们称为“功能性特征”，它们分别是：愿景、真诚、诚实、信任、服务、垂范、充当先锋、欣赏他人、授权；另有 11 个特征由功能性特征派生而出，被称为“派生性特征”，它们分别是：沟通、信赖、干练、管家、预见性、影响力、劝导、倾听、激励、教导、谈判[①]。

美国爱玛客作为一家国际领先的专业服务公司，被《财富》杂志评为全球最受尊敬的外包服务业第一名。爱玛客公司的成功，是在德鲁克的仆人领导思想指引下成功的一个典型。在美国公司总部会议室里，挂着德鲁克给公司的一个题词：“你们是做人的事业的，是培训和发展人的事业的。”而在美国总部的门口的一座雕塑，则是耶稣跪在他的门徒面前，给他的门徒洗脚的故事，下面的题词是“公仆型的领导”。这是爱玛客所倡导的最真实的管理理念，跟德鲁克的“领导重要的责任不过是仆人”的思想也是一脉相承的。

作为公仆型的领导，应该做些什么呢？爱玛客中国区副总裁王永治认为，德鲁克说：“领导者的工作不是提供能量，而是释放能量。”在爱玛客，高层管理者的工作其实非常简单。他们只要天天琢磨，怎么样让自己的下属和员工把他们的能量都释放出来、激发出来，而他们所要操心的就是随时给下属和员工充电，培训之类的简单事务。

爱玛客公司也极度重视德鲁克所强调的“卓越领导者”的领导力，他们力图把每个公司领导者都打造成“卓越领导者”。爱玛客的领导理念是，不管你的部门之外的外部环境如何，但是作为一个领导者，如果你撑起了一把大伞，你有正确的领导力和领导行为，然后你创造了一个非常积极的以绩效为核心的组织氛围，你的业绩是自然而然的一种结果。领导力可以决定 70%

---

① 郭圆圆．教师成为公仆型领导者：美国教师教育新理念［J］．内蒙古师范大学学报（教育科学版），2007（5）．

的结果，而外部的环境最多只占 30%。当业绩出现问题的时候，不要抱怨外界，不要抱怨你的老板如何，你的其他部门如何，先要认识自己，你是否在创造一个有效的以绩效为核心的组织氛围[①]。

美国著名管理专家吉姆·柯林斯（Jim Collins），与杰里·I. 波勒斯合著了《基业长青》一书。在书中他们提出了“第五级领导者”概念。第五级领导者，是指拥有极度的个人谦逊和强烈的职业意志的领导者。拥有这种看似矛盾的复合特性的领导者往往在一个企业从平凡到伟大的飞跃中起着催化剂似的促进作用。

第五级领导者，并不是说领导者分为 5 级，而是要通过 5 个级别，才能达到领导者的最高境界。第一级是高素质的员工：用才智、知识、技能以及良好的工作习惯为公司创造价值。第二级是团队贡献者：具有奉献精神的团队成员，投身集体项目和其他成员高效合作。第三级是能干的经理：组织人力、物力，并使其得到充分、有效的利用，以实现既定目标。第四级是高效的领导者：对于目的的工作可以投入充沛的精力，显示出专业的职业素质，激励整个集体追求的绩效标准。第五级是执行官：通过个人谦逊性格和职业意志的复杂结合，建立企业长期的持续健康发展。

第五级领导者不仅拥有前 4 个层级的所有技能，而且还有一种“超常能力”，那是一种“极端的谦卑”和“坚定的职业意志”的矛盾结合。柯林斯认为，谦卑的重要，在于领导者首先是仆人。那些带领一家优秀公司转变为伟大公司的领导者往往谦逊但有韧性、质朴但是无畏。第五级领导者，就是仆人式领导。他们认为，公司在寻找公司掌门继承人的时候，需要下大力气来寻找具备第五级领导力的领导者，因为这关系到公司今后是否能成为杰出公司、并持久保持杰出业绩的关键。第五级领导的计算公式：合适人选（文化背景以及人格特征，而非个人能力）+ 谦逊 + 强烈的专业意志（结合组织

① 李国柱 . 爱玛客：释放管理的能量［J］. 当代经理人，2009（11）.

目标）= 成功[①]。

1973 年 1 月，弗兰克 · 加里成为 IBM 首席执行官。已经退休的 IBM 第二任掌门人小沃森找到加里，传授他的管理经验和教训。他说：“外在表现像乞丐，内心感觉像国王。”意思是在跟别人打交道的时候要言辞恳切、态度谦恭，内心却具有强烈的自信和独立精神。这也正是《从优秀到卓越》中管理大师柯林斯定义的“第五级领导人”的特征。有人问过柯林斯，最重要的领导力品质是什么？他说是：“有意的谦卑（willful humility）。”有意的谦卑，就是身怀雄心、充满自信的谦卑。

有人说，哲学的原意是爱，而不仅是拥有智慧。美国领导学专家史蒂芬 · 柯维在《高效能人士的七个习惯》一书中说：“在所有进步的社会中，爱都是代表动作，但消极被动的人却把爱当作一种感觉。事实上，任由感觉左右行为是不负责任的做法。积极主动的人则以实际行动来表现爱。就像母亲忍受痛苦，把新生命带至人世，爱是牺牲奉献，不求回报。又好像父母爱护子女，无微不至，爱必须通过行动来实现，爱的感觉由此而生。”美国现代家居设计与生产中心赫曼 · 米勒（Herman Miller）公司前总裁帝普雷（Max de Pree）的领导哲学，其倡导的管理核心元素是爱、优雅、关心和包容。所以，领导者的伟大之处，也就在于他对人类的关怀。

韩国前总统李明博在自己的传记里回忆了一段难忘的经历，那还是他任现代建设的社长时到马来西亚开拓业务的事。经过激烈竞争，他为公司拿下了“槟榔大桥”的建设工程。并在 1982 年组织了一场盛大的开工仪式，他在现场指挥，准备了和韩国总统出席同样规格的典礼的舞台。

开工仪式前一天，马来西亚首相马哈蒂尔的秘书长来到现场查看准备工作，吃惊地问他：“首相的座位上有遮阳篷，但下面的 5000 人怎么办？”他闻言大惊：在韩国，从来都是只考虑总统的座位，怎么在马来西亚……秘书长毫不通融地说：“要么把其他 5000 个座位也搭上遮阳篷，要么把首相夫妇

---

① ［美］吉姆 · 柯林斯等 . 基业长青［M］. 真如译，俞利军校 . 北京：中信出版社，2009.

座位上的遮阳篷也去掉。”李明博想尽办法为5000人都搭上遮阳篷之后，秘书长又来了，并提出了新的问题：“这两把椅子为什么这么大？”“哦，这是为首相夫妇准备的。”秘书长质问：“首相的屁股比别人的大吗？”他立即让人为首相夫妇换了两把和其他人一样的椅子。

首相的椅子当然不是因屁股的大小而定的，这是尊严的问题，体现在遮阳、挡雨、位置等，很难说是安全考虑，多半是突出尊严。然而，一旦失去民心，难道椅子的大小挽救得了民望的下滑？管理者成功组织一个盛大的国际活动，固然会为城市赢得尊严，那么，该是谁去享受这些尊严？看一个国家、一个城市是否有尊严，是否值得人家尊敬，要看这个国家、城市里的普通公民能否得到自己人的尊重，是否拥有普通人应有的尊严。所以，马来西亚的领导者不肯坐外国企业提供的“大屁股”椅子，因为怕坐到群众的对立面去；不敢独享领导才有的遮阳篷，因为怕挡住了群众支持和理解的目光。我们领导者的工作也一样，首先是为了我们的人民富裕安康，而不是发展给人家看的。创造国家与城市的尊严也一样，能让自己的公民分享这些尊严，才能让外国人共享我们的荣光[①]。

格兰特（Adam Grant）在《等价交换》（*Give and Take*）一书中指出，仆人式领导者不仅更加受到员工的尊敬，自我认可度高，而且通过分享也会变得更加有生产力。而且，仆人式领导不用浪费时间去考虑为谁付出、把时间给谁；他平等对待每一名员工。在不停付出的同时他也在收获，不断重塑自我。史蒂芬·柯维在《高效能人士的七个习惯》一书中，也提到了“仆人式领导”的概念。他认为一个仆人式的领导会问员工5个问题：1. 工作进展如何？ 2. 你在学习什么？ 3. 你的目标是什么？ 4. 我能帮你做什么？ 5. 我作为一个帮助者做得怎么样？所以，仆人式领导的观点是强调以原则为中心，以品德为基础，“由内而外”地实现个人的成长和提升。

---

① 淳亮. 首相的屁股［J］. 中年读者，2015（6）.

五、超越让人喜欢的心理屏障

凡是有作为的领导者，必定是能够超越让人喜欢的心理需求的人。俄罗斯总统普京曾讲："我不希望我的人民热爱我，我只希望我的人民尊重我。"美国学者奥伦·哈拉里认为，领导者不可能让人人都满意。领导不是一种赢得公众好感的竞赛。努力不去冒犯任何人，或者试图让每个人都喜欢你，这样会像路边的标示牌一样将你引向平庸之路。为什么呢？因为那些害怕得罪人的领导者在需要做出强硬选择时，往往会犹豫不决，以致延误时机。那些关心自己受欢迎程度胜于关心自己工作效率的领导者，一般不敢面对那些需要面对的人。这样，他们就不可避免地要损害他们个人的信誉及所在组织的工作。所以，大凡优秀的领导者，是让下属和群众又爱又怕的人，而不是又爱又恨的人，或者是只爱的人，这都不是优秀的领导者。一个优秀的领导者，在员工心目中，你就是敢爱敢恨的人。

董明伦（Doug McMillon）曾担任沃尔玛百货有限公司国际业务总裁兼首席执行官，他到一个国家的沃尔玛物流配送中心参观，忽然看到地上有件垃圾，就走过去把它捡起来，一直拿着它，直到找到垃圾箱，然后把它放了进去。有个同事对他说，你最好不要这么做，因为在那里的团队领导看来，你在他们面前捡起垃圾，对大家来说都是一件很尴尬的事情。他说，如果我不去把垃圾捡起来，怎么要求这里的同事也这样做呢？很显然，那一刻，沃尔玛全球的企业文化信仰跟当地的文化习惯可能有一点点脱离。他必须做一个决定：到底是尊重当地的习惯，还是做认为正确的事情？他利用这个机会跟同事们一起讨论，让大家明白，在这个时候其实应该捡起垃圾放进垃圾箱。沃尔玛倡导"公仆领导"。在那个情境之下，他的行为可能跟当地其他人有点儿不一样，但这种不一样能够激励那个国家的同事创造更好的结果。他用自己的行动告诉下属：只要是正确的，就要敢于与众不同[①]。

① 董明伦．"公仆领导"成就沃尔玛［EB/OL］．经理人网 2011-06-30.

沃尔玛有三大企业文化信仰：第一个是尊重个人。体现在多元化与包容度。第二个是追求卓越。它激励我们在每天工作中怎样做得更好，能够有更大的提高。同时，我们对自身发展，以及业务发展有更高期望，不断追求进步。第三个核心企业文化信仰是服务顾客。我们想创造一种文化，就是我们的同事一定要做对的事情——员工尊重顾客，内心真的很在意对顾客的服务。

“公仆领导”也是沃尔玛创始人山姆·沃尔顿倡导的企业文化之一，就是团队领导者要为他人服务。“公仆领导”是一个尽其所能来帮助团队完成工作的领导，促进个人努力和团队合作的完美结合。“公仆领导”服务的对象包括他的员工、他的同事、他的合作伙伴、商场的顾客以及社区的邻居。团队的经理们通过培训、表扬及建设性的反馈意见帮助新的同事认识、发掘自己的潜能，使用“开放式”的管理哲学，在开放的气氛中鼓励同事多提问题、多关心公司。在沃尔玛，“公仆领导”与团队一起做决定和解决问题、虚心请教并付诸实践。他们都是一流的聆听者，他们关心团队成员、为团队收集资源、知道怎样提炼他人的知识和精髓，也知道怎样取得信息和资源。他们是实干家，也善于授权他人大胆尝试，善于分享信息、权限和责任。

扮演好公仆角色需要超越自我，真诚地为下属和群众服务，这是现代领导力的至关重要的一个因素。要成为服务者，领导必须在心理上把自己置身于这个角色上，设想自己在为下属和群众服务。这是个巨大的思想变化，这种转变不容易。长期以来，我们有的领导干部形成了一个观念，领导就是领导，有着不可忽视的特权，只有下属和群众为自己服务，怎么能够自己为大家服务？有的领导只懂得如何使用权力，很难懂得为他人服务带来的幸福感。

领导服务是双向的，你为他人服务，也会给自己带来快乐。我们常讲，领导就是服务。但是，让领导者成为在心理上把自己置身于这个服务者角色，是不容易的。领导者应该懂得，真心实意地帮助他人和受人之助是一种令人敬畏的经历，是一种我们不会花太多时间来思考的经历。作为领导者，应该把为他人服务作为一种机遇，成为别人给予的一件礼物。那么，你为群众服务的态度和方式就会明显不同。当我们后退几步，欣赏自己的服务为周围的人带来的人间温情，我们会感受到莫大的幸福，它真的能使人们生活变得不一样。所以，领导干部的全部工作，就是要不断实现好、维护好、发展好最广大人民的根本利益，真正做到在思想上尊重群众，政治上代表群众，感情上贴近群众，行动上深入群众，工作上为了群众，真正成为合格的人民公仆。

在领导工作中，领导者能够通过服务赢得追随者，这是最为理想的领导效果。但是，现实有时并不是我们想得这么简单。有的时候，我们有的干部做了不少工作，但总是感到得不到领导的认可，群众也不满意，甚至还会招来怨恨，自己非常很痛苦。这种痛苦应该说是一种正常的社会现象，不仅我们现在的领导者有，古人的明君也有。唐太宗李世民有一次微服私访，在大街上听到有人骂自己，感到非常气愤。回来对魏徵说，自己为百姓做了那么多好事，现在国泰民安，但还有人骂我，你来评评理。魏徵劝告他说，你想不想当一个好皇帝？要是想就要有一个思想准备：你做得好的时候，老百姓说是风调雨顺；你做得不好，老百姓就会骂你，说你无能。所以，要想做一个好皇帝，是不能要求有回报的。

同时，领导者看问题与下属群众看问题不同，领导者往往是从全局与长远的角度来思考问题，下属和群众往往是从自己利益的角度来思考问题，这样往往会发生矛盾。如果领导者一味迁就下属或群众的落后思想，往往会得到不幸的结局。马云说他做事情把握三个度：“看问题的角度，看问题的深度，看问题的广度，这三个度不一样。有时候我讲话不一定对，但是我自己是相信的。别人听了很生气，他说你错了，错不错不重要，我相信，自己相信很重要。你看问题的角度跟人家不一样，你看问题的深度不一样，你看问题的广度不一样，你自然就会不一样。”所以，领导者有时要有坚持精神，相信真理有时是掌握在少数人手里的。这种自信，不是盲目专断，而是深思熟虑的智慧结晶。

杰克·韦尔奇在接手美国通用公司时，面对这个危机四伏的企业帝国，他清醒地意识到，如果按照原规则运行，企业就会在新经济面前崩溃。因此，他要教会通用公司这只大象在旋转的舞台上跳舞。他用一个标准来衡量通用公司的所有企业，只有是全球第一、第二的企业，才能保留，其他的一律卖掉。当时，美国舆论一边倒地骂他，企业内部的压力更大，称他为“中子弹”，意思是说只要是他光顾的地方，人都没有了。当时他要追求受人喜欢，他就不会这么干了，但他坚信自己的判断是正确的，顶住了压力大刀阔斧地实施改革。事实证明他是对的，最终他赢得了人们的尊重。因此，高明的领导者懂得领导就是服务，只有真心实意为群众服务的干部，才能得到群众的爱戴和拥护。

需要明确的是，公仆型领导不只是语义学的东西，不只是大多数人对公仆型领导者的暧昧模糊的描述，而是更现实的挑战。一般来说，成为“主人”的公仆与服务“主人”的公仆完全不是一回事。前者是基于自己的意愿，后者是基于“主人”的意愿。比如，公司领导者服务很多“主人”——董事会、顾客、员工等。作为服务“主人”的公仆，能够服务于他们的主人，但是不一定要惦记或者关心他们的主人。他们提供服务有各种理由：为了钱、为了保住饭碗，因为别无选择。在这种情形，“公仆”离奴隶和很多其他负面的内涵只是一步之遥。

做公仆型领导者的关键问题，是要认识清楚“谁是公仆”以及“公仆是什么”？真正的公仆型领导力意味着不仅按照“谁是公仆”来塑造自己，而是按照“公仆是什么”来塑造自己。为什么公仆型领导力不能成为风气？因为人们很难做到公认的公仆形象。这需要领导者真正有爱民之心，把人民当作主人，自己就是公仆，一切为了群众，一切依靠群众，倾听群众的呼声，真心实意地为人民群众办实事，才能够赢得人民群众的拥护和支持。所以，领导者扮演领导角色的最高境界，是当一名人民满意的人民公仆！

C H A P T E R 0 5

第五章

善于激励的“鼓舞者”

如果有哪件事做坏了，那是我干的；如果有哪件事做得一半好，那是我们干的；如果有哪件事做得真好，那是你们干的。

——斯蒂芬·柯维（Stephen R. Covey）

领导的核心是激励人。领导者应该成为下属的支持者和鼓舞者，善于推功揽过，引爆下属的潜能，赢得下属自愿追随，激励下属焕发出高昂的热情投入工作。所以，现代领导评价方式的变化，要求领导者必须由“裁判员”角色向鼓舞者角色转换。

一、何谓“鼓舞者”？

“鼓舞”一词，《现代汉语词典》解释是指鼓动，鼓励，因为欢悦而兴奋。汉代扬雄在《法言·先知》中说：“鼓舞万物者，雷风乎！鼓舞万民者，号令乎！”教育专家认为，好老师应该是学生梦想的鼓舞者，让学生始终有不竭的学习动力，在欣赏的目光下变得自信阳光，帮助学生攀上属于自己的峰顶。体育教练认为，好教练应该是快乐的啦啦队长，组织啦啦队员为运动员鼓劲。领导学讲的鼓舞者，就是借鉴教师和教练员所充当的鼓舞者，为下属和群众撑腰打气，鼓舞斗志。

啦啦队是在进行体育竞技比赛时，为运动员呐喊助威的有组织的观众队伍。啦啦队英文名称为 cheer，字面解释有鼓舞、喝彩的含义，用于竞赛中的话是加油、打气的意思。而啦啦队长（captain of the cheerleaders）是这个团体的核心，是组织大家摇旗呐喊，加油打气的领头人。他们不仅为团队搭建足够大的平台，而且亲自组织摇旗呐喊，掀起人浪，领导大家提升士气、激励斗志。美国一些著名领导人求学期间都曾投身到啦啦队，如美国前总统艾森豪威尔、里根、布什等，为他们日后的成长产生了一定的影响。

啦啦队主要作用是为运动员撑腰鼓气。气就是人的精神作用，对于赛场上的运动员尤为重要。运动员所表现出来的体能都是由精神来支配的，精神可以使运动员达到最佳的状态。在赛场上，旗鼓相当的两名选手，气势往往决定了他们的胜负。气盛的一方给对手以强大的压力，而自己也能在这种高度亢奋的状态下发挥出色，从而赢得胜利。

领导工作也是这样，领导者要懂得不能以自己为出发点，要时刻想着怎样为下属和员工服务，成为下属的啦啦队长、支持者和鼓励者，根据下属和员工的发展阶段，运用恰当的领导方式启发、激励下属和员工，让下属焕发出高昂的热情投入工作。领导学大师华伦·班尼斯（Warren Bennis）在《新领袖主义》一书中说："一个好的领导者，应该要能够同时扮演三种角色：设计师、老师和啦啦队长。"领导者当"啦啦队长"，鼓励员工勇于表现、激励成长、凝聚组织的向心力，方能使团队齐心合力地向着最终目标迈进。德鲁克说，领导力是把一个人的视野提升到更高的境界，把一个人的绩效提升到更高的标准，是打造一个人的品格，使之超越通常的局限。领导者扮演啦啦队长这一鼓舞者的角色，其目的和作用也正在于此。

在领导工作中，我们发现有两种极端的领导者评价方式：一种评价方式是：领导者在年终总结大会上说，今年我们单位取得了很大的成绩。这项工作是在我领导下取得的，那项工作是在我的指导下取得的，还有一项工作是在我的帮助下取得的。言外之意，所有的成绩都是我领导者的。他在宣传个人的业绩，把什么功劳都归于自己。另一种评价方式是：领导者在年终总结大会上说，今年我们单位取得了很大的成绩。这项工作是王五做的，那项工作是李四做的，还有一项工作是张三做的。言外之意，所有的成绩都是大家做的，他在宣传下属的业绩，把功劳都归于下属和群众。

这两种评价方式带来的结果是不一样的：那些想把成绩往自己身上揽的

领导者，大家都不买账，心里都会想：都是你领导者干的，那我们老百姓白干了。而那些想把成绩都推给下属的领导者，大家也不买账，大家会异口同声地说：这都是因为领导有方，我们愿意跟着你干。

那么，为什么领导者想揽功的揽不过去，想推功的也推不出去呢？我想，这里面主要是领导角色的扮演差异造成的。前者扮演的是“裁判员”的角色。的确，没有领导者的领导、指导和帮助，领导工作很难取得成效。有时候领导者打一个电话，比你跑十天腿都好使。但是，领导者越是宣传自己，和下属争业绩，把下属的功绩都记在自己的功劳簿上，越让人瞧不起。因为他比下属占有更多的资源优势。培根就说过：“凡是把功劳都归于自己的人，常常得到不幸的结局。”

而后者扮演的是“鼓舞者”角色，领导者越是宣传下属的功绩，人们越是感到他领导有方，越愿意跟着他干。领导者宣传下属，实际上也是在宣传自己。美国成功的女企业家，销售皇后玛丽·凯说：“帮助部下如愿以偿，你自己也会如愿以偿。”所以，领导者要心中常存善意，成为下属生命中的鼓舞者。

“裁判员”和鼓舞者的区别就在于：裁判员只是在评价人；而鼓舞者是在激励人。两者的效果是显然不同的。领导者要懂得，领导的核心是激励。如果有一个东西是所有优秀领导者都应该具备的，那就是激励。被领导者受到领导者激励的驱策，会全力追求超越自我的成就感，想方设法督促自己跟上领导者的脚步。正如过去企业工人说的：“领导越不把我们当人看，我们越把自己当人看；领导越把我们当人看，我们越不把自己当人看。”

无数事实证明，人们工作的目的不仅是获得一份满意的薪水，最重要的是能有一个好的工作环境和快乐地工作。弗明西丝（C. Francis）说：人力资源专家指出，今后那些高高在上，板着面孔无法与员工接近的经理，将被社会淘汰。所以，未来领导者不是简单地发号施令就大功告成，应该是“煽情高手”。用激情点燃团队，用激情激励员工激情工作。激情是一种情绪，激情管理就是管理理论 + 技巧 + 激情，通过文化、观念、制度来激发人的潜能，并使之成为一股推进力。可见，激情管理比高薪、官职、地位等外在因素带来更大激励作用。如果一个人能够适时得到鼓励，会极大地调动他工作的积极性和创造性。

二、良将无赫赫之功

何谓“良将”？良者善也，将者兵之首、军之帅也。古代军事家孙武特别重视将帅在战争中的地位和作用，在《孙子兵法·谋攻篇》中指出：“夫将者，国之辅也，辅周则国必强，辅隙则国必弱。”那么，什么样的人可以为将呢？孙子认为将帅应具备“智、信、仁、勇、严”，以及“进不求名，退不避罪，唯民是保”的高素质。

“良将无赫赫之功”原为“善战者无赫赫之功”。曹操在读到《孙子·军形篇》中“故善战者之胜也，无奇胜，无智名，无勇功，故其战胜不忒”时，在旁边加批注曰：“敌兵形未成，胜之无赫赫之功也。”孙子的意思是说，真正善于用兵的人，没有智慧过人的名声，没有勇武盖世的战功，而他既能打胜仗又不出任何闪失。也就是能够用最少的兵力和流血，取得最大的战果，这才是真正的良将所为。曹操的意思是说，敌人兵力还没部署好，我乘机战胜它，看不出显赫的功绩来。善于指挥作战的人，首先使自己立于不败之地，同时也不放过任何可以打败敌人的时机，良将也是这样炼成的。我们现在拿这句话的意思是说，良将从来都是不炫耀自己显赫的功勋。所以，“良将无赫赫之功”，既是古代兵家的一种理想境界，也是我们领导者应该追求的领导境界。优秀的领导者是不需要通过显赫的功劳来评价其能力的优劣，他们的军功章都给了下属，但谁也不否认他是良将！

“良将无赫赫之功”，其前提首先必须有“良将”。这是取得胜利的重要条件。美国英特尔公司前CEO安德鲁·葛洛夫，在价值5亿美元的有缺陷的英特尔奔腾芯片必须被召回并更换的灾难性事件后，在其自传《只有偏执狂才能生存》一书中说道，商业成功饱含自身毁灭的种子。因为商业环境变化不是一个连贯的过程，而是一系列亮点或者“战略转折点”，一个公司运营的基础突然发生变化并且没有预先的警告，这些点的出现可能意味着新的机会或者是终点的开始。因此，只有培养良将，提高预警与防范危机的机制才能造就强大的公司，才能成功地提前避免或应对未来可能出现的问题。从被动的救火状态转向主动的出击管理，这些任务的完成要依靠良将的管理方法与流程，良将管理的目标就是设法找到突发事件的根本原因，采取根除这些原因的措施，彻底消除突发事件或潜在的突发事件，这也是企业可持续健康发展的根本。

“良将无赫赫之功”，其关键是良将必须有实力。实力是成为良将的基础。良将不仅有军队和装备的实力，更要有军事指挥的智慧和能力。不仅能够真枪实弹打败强敌，而且能够不战而屈人之兵取得胜利。更伟大的良将是把自己建设的强大使敌人不敢和我们打，这就是永远立于不败之地的奥秘。所以，作为一个良将，对于战争是非常谨慎的，不该打的仗就不打，能少死人的尽量少死人。

“良将无赫赫之功”，其本质是良将必须有品格。我们常说的“良将无赫赫之功”，也是老子“无为”思想的应用。就是表面看起来良将自己没有什么功绩，但又的的确确取得了伟大的胜利。这是因为他放弃事必躬亲的做法，将自己从前台调整到后台，给下属建功立业的机会，忠实地做下属的支持者，让下属舒心地在台前表演，事后把功劳都给了下属。领导者不但要有足够的勇气，可以说是对人性弱点的挑战。这需要海纳百川的博大胸襟，需要对下属高度的信任，因为把本该自己得到的荣誉和利益让给下属，同时还要承担被下属置换的风险，这的确是对自身人性弱点的极大挑战。然而，许多领导者正是因为没有认识到团队的成功就是领导者的成功，下属的成功就是自己成功的道理，始终难以摆脱单打独斗，难以使自己的和事业达到质的飞跃。

有人把中国历史上的良将分为5类。一星上将，西方称为能力突出，东方称为虎将。特征是迅捷矫健，张飞、尉迟恭之类；二星上将，西方的特征是“团队精神，乐于奉献”，东方称为“骑将”，即能“领一师，所向无敌”，李光、李陵之类；三星上将，西方是组织力强、目标明确，东方称“领将”，御军整齐严肃，井井有条，岳飞之类；四星上将，西方是坚强有力，执着追求希望，东方则是“胆气果敢”的猛将与深而有谋的谋将的混合体，韩信、周瑜之类；五星上将，西方是“谦虚而坚定，施行民主”，东方则是“大将”，能“包罗英雄，使群才各得其用”，而这些大将得天下则为开国君主，他们是名副其实古代的CEO。很明显，四星上将和五星上将都是现代CEO们的学习榜样，不过四星上将是优秀的，而五星上将则是卓越的[①]。

胡林翼是晚清政治家、湘军重要首领，为清朝的中兴立下了汗马功劳，与曾国藩、李鸿章、左宗棠并称为“中兴四大名臣”。曾国藩对胡林翼非常佩服，认为自己不如胡林翼。他评价说：“林翼坚持之力，调和诸将之功，综核之才，皆臣所不逮，而尤服其进德之猛。”曾国藩特别赞赏胡林翼改过自新的精神，他评价道：“润公聪明，本可霸术。而讲求平实，从日常行事以见至理。开口皆正大之语，举笔则正大之文。不意朋辈中进德之猛，有如此者。其于朋友，纯用奖借，而箴规即寓乎其中。有权术而不屑用，有才智而不自用。有如此襟怀气局，岂与仓猝成功名、权宜就事会者比哉！”

“有权术而不屑用，有才智而不自用”，意思是说，有权术而不屑于使用，有才智而不独自使用。有如此的襟怀、气度、格局，无论是选人、办事、待人，都不是仓促侥幸得以成功的。曾国藩虽是湘军创始人，但长期得不到清廷信任。1854年清廷曾让曾国藩署理湖北巡抚，仅一个星期即收回成命。而胡林翼则集湖北政、财、军大权于一身，曾国藩旧部李续宾、杨岳斌、鲍超等都隶属于他，使他在湘军内部俨然具备了与曾国藩分庭抗礼甚至取而代之的条件。然而胡林翼始终竭力维护曾国藩的统帅地位，在曾国藩复出后不仅积极为其谋求职位而奔走，还把湘军主力部队交给曾国藩统率，自己则甘做副手，确保了湘军集团的团结。对此洋务运动领袖薛福成评价说：“公名位既与曾公并，且握兵饷，所以事曾公弥谨，馈饷源源不绝。湖北既清，乃遣诸将还江西，受曾公节制，军势复大振。”

---

① 梁清．五星上将与企业CEO境界［EB/OL］．台州人力网，2003-11-16.

胡林翼推荐人才秉持公诚，许多他推荐的人甚至没见过面，全凭访察的优秀记录就肯举荐，如他推荐左宗棠和沈葆桢，都没有跟这两人见过面。胡林翼曾送给曾国藩一副寿联：“以雷霆手段，显菩萨心肠。”曾国藩阅后百感交集、热泪盈眶。从胡林翼可以看出，真正的领导力的核心，不在于权谋，而在于领导者的坦诚。美国学者詹姆斯·库泽斯和巴里·波斯纳，曾经在世界范围内做过多次名为“受人尊敬的领导者的品质”的调查，每次都有 80% 以上的人选择了“真诚”，并在所有的调查中差不多都是占据第一位。可见，在领导活动中，真诚是一种大德，聪明则只能是一种小技。良将往往都是为人低调，长期默默工作，积蓄能量，不飞则已、一飞冲天，不鸣则已、一鸣惊人。

如何做一个“无赫赫之功”的领导者？汉代刘邦早已给出了答案：“夫运筹帷幄之中，决胜千里之外，吾不如子房；镇国家，抚百姓，给馈饷，不绝粮道，吾不如萧何；连百万之军，战必胜，攻必取，吾不如韩信。此三人，皆人杰也，吾能用之，此吾所以取天下也。”刘邦作为国家领导者，他懂得任何事情都是人来做的，打了胜仗自己不去跟下属比赫赫之功，而是表现出博大的胸怀，善于知人善用，尽力为下属创造建功立业的机会，胜利了把军公章都给了部下，谁也不否认他是良将，反而赢得部下的忠心拥戴。

西点领导力旨在激励人性来提高效率。人性极其复杂，其中既有利己也有利他的内容，如“重赏之下必有勇夫”是以私利激励，“天下兴亡匹夫有责”是以利他主义去驱动。西点方式则是激发人性中利他主义激励，以提升士气、实现目标，不过这是建立在对人性更了解的基础上。奥马尔·布拉德利将军有句名言：“领导者伟大是以他所率部下的成就来衡量的。”也就是说，领导者主要发挥的并非其个人能力，而是影响力，即如何通过工作方式去影响他部下的思想、行为以及工作，以实现组织机构的目标。对领导者最好的考核是他下属所取得的成就，包括现在即未来的成就。所以，判断一个好领导的标准在于他能否帮助员工实现自己最大的潜质，而不是把成就和荣誉都归于领导者自身[①]。

无产阶级革命领袖深深懂得“良将无赫赫之功”的道理，他们才能够唤起工农千百万，同心协力为共产主义事业而奋斗。马克思主义是马克思和恩格斯共同创立的。他们的名字是不能分离的。没有马克思就没有马克思主义，同样，没有恩格斯也没有马克思主义。然而在表达共产主义学说的“马克思主义”这个词语中，恩格斯却拒绝写上自己的名字，这既反映了他对马克思的崇敬和忠诚，又表现了恩格斯的无比谦虚。列宁对革命事业做了很大贡献，可是他从来不谈自己的功劳。二月革命是在以列宁为首的布尔什维克党的领导下进行的。但是填写履历表的时候，列宁只写这样一句：“1917 年曾作为一个普通党员参加过二月革命。”

毛泽东同志对中国革命的贡献之大是无法估量的，中共七大以确认毛泽东在党内的最高领袖地位和毛泽东思想为党的指导思想载入史册的。但是，作为党的领袖的毛泽东，总是把自己摆在马、恩、列、斯学生的地位，多次提出不要再用“毛泽东思想”的提法，更是反对使用“毛泽东主义”的提法。他要求全党学习马恩列斯的理论和中国革命的经验。朱德同志为革命南征北战，劳苦功高，他却多次说，功劳是从哪里来的，还不是靠党和群众的力量。不经过党的领导，不经过工农群众，哪里来的功？他还说，人家把功劳归给我，我就把功劳往下推，大家也要这样推才好。

解放战争时期，冀南党政军各界代表献给刘伯承同志一幅绣有“常胜将军”四个金光闪亮大字的横匾。刘伯承同志说：“说我是常胜将军，我不敢当。不会是常胜，多数胜就不错了。这是党的功、人民的功，我不敢贪天之功。”红军长征时，彭德怀指挥了吴起镇战役，消灭了一个半团，击溃了两个团。毛泽东同志特意赠诗赞扬彭德怀：“山高路远坑深，大军纵横驰奔，谁敢横刀立马？唯我彭大将军。”彭总看到这首诗，将最后一句“唯我彭大将军”改为“惟我英勇红军。”习近平也说，要有“功成不必在我”的境界，像接力

① 刘贤方．领导力核心是人性激励［J］．商界（评论），2014（11）．

赛一样，一棒一棒接着干下去。

美国领导学专家吉姆·柯林斯在《从优秀到卓越》一书中提到，第五级领导要做到“成功时看窗外、失败时看镜子”。意思是说，在一切顺利的时候，领导者要向窗外看，把功劳归于自身以外的因素，如果没有特定的人或者事件，他们就把功劳归于运气。同时，如果事情不顺利，他们就会朝镜子里看，主动承担责任，而不是埋怨运气。吉姆·柯林斯认为，领导就是应该将成功与大家分享，而主动承担弱点和失败的责任。美国德鲁克基金会首任CEO兼总裁弗朗西斯·赫塞尔本认为，去领导就是去服务。真正具有领导力的人都是想要为组织、为他人服务的。领导就是应该将成功与大家分享，而主动承担弱点和失败的责任。

现代西方流行一种领导交易理论，最早是由贺兰德（Hollander）1978年提出的交易型领导（Transactional Leadership）。他认为，领导行为乃发生在特定情境之下时，领导者和被领导者相互满足的交易过程，即领导者借由明确的任务及角色的需求来引导与激励部属完成组织目标。交易型领导的特征是强调交换，在领导者与部下之间存在一种契约式的交易。在交换中，领导给部下提供报酬、实物奖励、晋升机会、荣誉等，以满足部下的需要与愿望；而部下则以服从领导的命令指挥，完成其所交给的任务作为回报。伯恩斯认为，这种领导的效果要视领导者与下属之间的心理契约的状况而定。我认为，领导是一种特殊的交易，这种交易不是赤裸裸的金钱交易，而是领导者与被领导者以心换心，思想相互交流，感情相互交融，彼此相互作用，才能做好领导工作。

“良将无赫赫之功”也是领导者追求的人生快乐。作为领导者应该树立起下属有功我有功，下属无功我有过的观念，学会克制自己有作为的冲动，为下属创造建功立业的平台，甚至以推功揽过为荣。世界销售大师理查德·丹尼说：“只有真正从下属的成功中感受到快乐的人，才能成为伟大的领导者。”领导者还必须要学会用他人的业绩评价自己，学会用组织的业绩评价自己。敢担当是领导的基础。美国著名橄榄球教练保罗·贝尔，对于他的球队为何能够取得一个又一个的胜利是这样解释的:“如果有什么事办糟了,那一定是我做的;如果有什么差强人意的事,那是我们一起做的;如果有什么事做得很好,那么一定是球员做的。这就是使球员为你赢得比赛的所有秘诀。”保罗·贝尔这种“出了问题自己承担责任,而将荣誉全部给予下属”的精神,深深震撼和鼓励了球队的每一个成员,那么,他们球队队员抱有“士为知己者死”的信念,每战必胜也就是情理之中的事了。这恐怕是21世纪领导的真谛。我们要学会由“裁判员”的角色方式向鼓舞者的角色方式转变。

三、引爆下属的潜能

“灌能”(Empowerment),是指导下属能够独立完成任务,减少对领导者的依赖,使下属达到自动、自发、自觉、自成境界。“灌能”不仅是给下属能量激励,而且使下属做事时有意义感、选择感、能力感、进步感。更重要的是指导下属能够独立完成任务,使之渐渐不必依赖你。所以,“灌能”的本质是:让下属自在的做事,也为结果负责。领导者扮演“灌能”角色的目的,是创造组织活力,引爆下属潜力,使下属达到自动、自发、自觉、自成境界。

领导者做“灌能”领导者,需要发掘下属的潜能。管理学大师德鲁克说,人是唯一可以扩大的资源。这就是说,在人的身上隐藏着巨大的能量。激励的宗旨是把隐藏在一个人身上的潜能充分挖掘出来。哈佛大学的威廉·詹姆斯教授研究发现,员工一般仅需发挥出20%~30%的个人能力,就足以保住饭碗而不被解雇;如果受到充分激励,其工作能力能发挥到80%~90%。其中50%~60%的差距是激励作用所致。

有一则故事说有人去向大师求教,如何发挥人的潜力?大师说,每一个人都有他的潜力,就如每一粒米都有它的潜力一样。那人问,米有什么潜力呢?大师回答,大家看过酿酒吗?酿酒师把米蒸熟,再把蒸熟的米放进缸里,然后把缸密封起来,让米与外界隔绝,隔绝外界的喧嚣与繁华。一段时间后,缸里那质朴的米便酿成了醇香的酒。这时，几元钱一斤的米，开始成为几十元甚至上千元的酒，这就是米的潜力。大师顿了顿，看了一眼大家，继续说，米的潜力是怎样形成的呢？就是从它隔绝外界的喧嚣与繁华开始，是黑暗、孤独、寂寞、沉静“酿”成的，每一个人潜力的挖掘和开发也是如此。

领导者做“灌能”领导者，需要给下属灌输能量。如何灌输能量？最有效的方式是找到那个引发下属潜能的突破口。美国作家马尔科姆·格拉德威尔（Malcolm Gladwell）在《引爆点》一书中提到了“引爆点”这个概念，说明许多难以理解的流行潮背后的原因，并且发现其中的因素，如果能够掌握这些因素，就可以轻易地推动起一个流行潮。引爆点的观念与流行病的传播十分类似。马尔科姆·格拉德威尔将建立起一个流行潮的三个法则为：个别人物法则、附着力法则、环境威力法则。流行三法则告诉我们，当我们试图使一种思想、一种观念、一个产品为别人接受，实际上是在很小但是很重要的方面改变他们。这个目的可以通过那些具有非凡人际关系的人来实现。（个别人物法则）；可以通过改变交际的内容和方式使人牢记来实现。（附着力法则）；可以通过改变大环境下的细微之处来实现（环境威力法则）。综合以上，只要一件物品或一个观念拥有适当的条件，就可以形成一个风潮，而掌握到了这个趋势，就可以让一个趋势引爆起来。

领导者给下属灌输能量，必须首先给自己灌输能量。自我灌输能量最有效的方式是自我激励，这是最持久的激励。美国弗吉尼亚大学教授詹姆斯·克劳森（James G. Clawson）在《权力与领导》一书中将领导定义为，领导就是管理能量，首先是管理自己的能量，其次是管理周围人的能量。也就是说，如果你不能让组织中的成员充满能量，你的领导就是软弱无力的。而要做到这一点，你首先需要自我领导，即让自己的能量达到更高的水平，其次才能引导和激励他人。共鸣和沉浸状态是这里的两个关键因素。对于激励问题，能量也许是另一种更为直接的思考角度。因此，优秀的领导者不仅要能激励他人进取，还要善于自我激励。在中国竞争环境极为激烈的今天，自我激励的品质尤为重要。它可以把工作压力和生活压力转化成工作生活动力，为事业的成功、生活的美好建立良好的心理基础。

领导者要给下属灌输能量，就要学会做群体的精神领袖。就是成为能够给予每个人精神鼓舞，把领导团队的精神向某个方向发展的人。群体会因为你的言行或意图为之欢呼雀跃，你也可以为其挖掘出无限的潜能。领导者要把自己打造成精神领袖，就要比下属有更加充沛的激情去工作。如果领导者积极乐观、满腔热忱地工作，并以自己的热情带动员工，就会给下属带来不断向上的力量，那么他们就很容易去追随你，从而形成一种团结奋斗的氛围，这就是精神领袖的气场。

1914 年 8 月，沙克尔顿率领“坚毅”号进行南极探险之旅中，充分展现了一位领导者的魅力。由于恶劣的大风天气，浮冰困住了“坚毅”号。沙克尔顿要求每个人都尽可能通过固定每天的日程和互动，控制住了船员们集体性的恐惧、焦虑和悲观情绪。到了 1915 年 10 月，船体在冰的挤压下不堪重负进水。沙克尔顿命令船员放弃下沉的“坚毅”号，登上三艘小救生艇返航。此时，沙克尔顿意识到，他必须把新的生存使命融入自己身上——不仅用他的语言和行动，还要用他的活力和风度表现出来。作为一个领导者，这时最困难的不在于给团队注入想法和动力，而在于激励自己。当有几名队员对他的计划表示怀疑时，他迅速采取行动，努力争取他们。1916 年 4 月，浮冰开始碎裂，沙克尔顿命令队员登上救生艇，希望能沿着南极半岛的边沿到达陆地。在惊涛骇浪中漂流一个星期之后，他们到了荒无人烟的象岛。1916 年 8 月 30 日，沙克尔顿坐上智利的蒸汽机拖船“耶尔乔”号开进象岛，救出其余的 22 人。他在给妻子的信中写道：“我们从地狱里走出来了，一个也不少。”①

领导者自我激励，要树立远大目标。戴高乐说：“眼睛所到之处，是成功到达的地方，唯有伟大的人才能成就伟大的事，他们之所以伟大，是因为他们决心要做出伟大的事。”一个乞丐站在路旁卖橘子，一名商人路过，向乞

---

① ［美］南希·凯恩．南极绝境领导魅力［J］．领导文萃，2012（9）．

丐面前的纸盒里投入几枚硬币后，就匆匆忙忙地赶路了。过了一会儿后，商人回来取橘子说：“对不起，我忘了拿橘子，因为你我毕竟都是商人。”几年后，这位商人参加一次高级酒会，遇见了一位衣冠楚楚的先生向他敬酒致谢，并告诉商人：他就是当初卖橘子的乞丐。而他生活的改变，完全得益于商人的那句话——你我都是商人。这个故事告诉我们：你定位于乞丐，你就是乞丐；当你定位于商人，你就是商人。正如复星总裁郭广昌所说：“商业中的理性，就是既要认清自己的目标，又要清楚自己所持有的资源，而只有具备了激情，才能克服一个又一个的困难，具备为一个宏大目标而奋斗的耐心。”理性与激情兼具，这是郭广昌为魅力领导者所做出的独到诠释。

领导者自我激励，要敢于迎接挑战。毛泽东性格中最大的底色是自信而不信邪。他声称“自信人生二百年，会当水击三千里”。他的一生“与天斗，其乐无穷；与地斗，其乐无穷”。就拿打麻将来说，别人总是摸到一副好牌沾沾自喜，而毛泽东却以摸到一副坏牌欣喜若狂。在延安时期，毛泽东时常打打麻将来换换脑筋休息。一次，毛泽东和叶剑英等同志一起玩麻将，毛泽东幽默地说，打麻将里边有辩证法。有人一看到手上的“点数”不好，就摇头叹气，这种态度，我看不可取。世界上一切事物都不是一成不变的。打麻将也是这样，就是最坏的“点数”，只要统筹调配，安排使用得当，也会以劣代优，以弱胜强。相反，胸无全局，调配失利，再好的“点数”拿在手里，也会转胜为败。最好的可能转变成最坏的，事在人为！说到这里，他爽朗地哈哈大笑起来。所以，成功的人不在于摸到了一副好牌，而在于打好一副坏牌。

领导者自我激励，要善于把握好情绪。领导者要找出自身的情绪高涨期，不断激励自己获得新的动力和力量。西点军校教育的核心，就是在毕业后能够在不同环境下保持一种不断进取、自我激励的精神。生活是由思想造就的，每个人的命运完全取决于他们的思想。消极的思想将产生消极的生活，积极的思想则创造积极的生活。成功学家戴尔·卡耐基说：“如果我们想的都是快乐的念头，我们就会快乐；如果我们想的都是悲伤的事情，我们就会悲伤。”据科学家分析，世界名画《蒙娜丽莎》体现了“全世界最有名的微笑”，研究发现蒙娜丽莎确实在笑，面部表情中同时包含快乐、仄恶、恐惧、愤怒4种情绪。其中，快乐的情绪占的比重最大，83% 的快乐，9% 的厌恶，6% 的害怕，2% 的气愤。所以，生活的快乐与否，完全取决于一个人对人、事、物的看法如何。当我们改变对事物和其他人的看法时，事物和其他的人对我们来说就会发生改变。

控制自我情绪对领导者个人及工作都非常重要。美国的创始人之一、科学家富兰克林曾说："生气永远会有个原因，但很难找到一个合理的原因。"情绪是一种传染病。《三国演义》中，张飞的命运和蜀国的前途都受到情绪化的影响。当张飞得知关羽被东吴杀害后，旦夕号泣，血染衣襟，发誓要报仇血恨。刘备也受感染冲动地做出伐吴的错误决定。张飞立刻发出"限三日内置办白旗白甲，三军披麻伐吴"的命令。当末将范疆、张达感到犯难时，张飞将二人绑在树上，各鞭背五十。还威胁说来日如备不齐，即杀二人示众。范疆、张达没有办法，只好趁张飞醉酒，潜入帐中将其刺死。由于张飞不善于控制自己的情绪，尽管他勇猛忠义，但却不受部属拥戴。正如培根所说，愤怒就像地雷，碰到任何东西都一同毁灭。可见，如果控制不了自己的情绪，轻则会伤人伤己，重则会误事亡国。

领导者给下属灌输能量，必须传递"正能量"而非负能量。"正能量"指的是一种健康乐观、积极向上的动力和情感，是社会生活中积极向上的行为。当下，中国人为所有积极的、健康的、催人奋进的、给人力量的、充满希望的人和事，贴上"正能量"标签。它已经上升成为一个充满象征意义的符号，与我们的情感深深相系，表达着我们的渴望，我们的期待。正能量，既可以是一种处事或处世的心态，亦可以是处事或处世的方法。只要是为着好的结果，好的方向，有益于公众，集体利益的行为，都是有正能量的行为。

正能量的意思是积极的能量、正向能量，它原本是一个物理学的概念。英国心理学家理查德·怀斯曼在《正能量》一书中，对什么是正能量解释是：以真空能量为零，能量大于真空的物质为正，能量低于真空的物质为负。而在此书中，正能量指的是一切予人向上和希望、促使人不断追求、让生活变得圆满幸福的动力和感情。

《正能量》是一本世界级心理励志书。为读者打开了一扇重新认识自己和他人的窗户，并结合多项实例，教会我们如何激发自身的潜能，引爆内在的正能量。《正能量》告诉我们：每个人身上都是带有能量的，而只有健康、积极、乐观的人才带有正能量，和这样人交往能将正能量传递给你，让你觉得“活着是一件很值得、很舒服、很有趣的事情”。而人的意念力来自人类自身，来自人体的能量场，减少不该有的欲望，保持心态的平和，多做善事能增加这一能量场。人的意念越专一，这个能量场就越大。能量有正负，应用需智慧。该书通过一系列的训练方法，提升我们内在的信任、豁达、愉悦、进取等正能量；规避自私、猜疑、沮丧、消沉的负能量。这是一本能彻底改变我们工作、生活、行为模式的心理学著作，要求每个人都要学会运用正能量，打造全新的自己。

2013 年 3 月 6 日，习近平总书记在参加辽宁人大代表团审议时指出：雷锋、郭明义、罗阳身上所具有的信念的能量、大爱的胸怀、忘我的精神、进取的锐气，正是我们民族精神的最好写照，他们都是我们“民族的脊梁”。要充分发挥各方面英模人物的榜样作用，大力激发社会正能量，为实现“中国梦”提供强大精神动力。正能量，这是一个原本隶属物理学科的词汇，如今变成一个让人倍感温馨的词语，逐渐延伸为一切予人向上和希望、使人不断追求、让梦想变成现实和生活变得圆满幸福的动力和感情。《正能量》一书随之也在中国引起了购书狂潮。“正能量”也为此当选“汉语盘点 2013”年度的国内最热字词。

爱玛客作为一家国际领先的专业外包服务公司，它的成功是在德鲁克领导思想指引下成功的一个典型。德鲁克警告说：“没有正直，领导力就会沦落成一种滑稽的闹剧。”这也是爱玛客对公司管理层的最基本要求。并且正是因为正直，爱玛客从来没有回扣，却做到了行业的领先者，这都是正直给予企业的回报。正直的领导才能得到员工的衷心拥戴，正直的企业文化也才能得到同行和客户的尊敬和认可。

领导者传递正能量的最佳途径，不是代替，也不是填充，而是激活。生化反应中有一种起催化作用的酶，能促使和推动物质产生质的蜕变。学习中也有那种“知识酶”，它能给人以启发，使你大脑中沉淀的知识活起来，为你所用。领导者在教导下属时，最好是不用费心思给下属灌输能量，而试着去激活下属的“知识酶”，让他们自己去顿悟，效果往往会事半功倍。通用电气 CEO 韦尔奇曾告诫他的员工：“如果 GE 不能让你改变窝囊的感觉，你就应该另谋高就。”为此，领导者一定要相信下属的能力，多给予他们支持、鼓励和温暖的氛围，经常向下属灌输“你很行，你是最棒的”“我相信你一定有办法做好！”这样，下属才能有高昂的工作热情，就会朝你期待的方向发展。

罗杰·罗尔斯是纽约历史上第一位黑人州长。他小的时候正值美国嬉皮士流行，他们这些黑人孩子比那些“迷惘的一代”还要无所事事，天天旷课、斗殴。一次他从窗户跳下被校长看见了，校长没有批评他，只是说，我一看你修长的手就知道，你将来一定是纽约州长。当时，罗杰·罗尔斯大吃一惊，他记住了校长的话。从那天起，他衣服再也不沾泥土，说话也不再带污言秽语，他开始挺直腰杆走路，成了班主席。在以后的 40 多年间，他没有一天不按照州长的身份要求自己，51 岁那年，他真的成为州长。在他就职演说时他说了这么一段话：信念值多少钱？信念是不值钱的，它有时是一个善意的欺骗，然而你一旦坚持下去，它就会迅速升值。

领导者做“灌能”领导者，需要引爆下属的能量。美国管理大师德鲁克说：“领导者的工作不是提供能量，而是释放能量。”领导是对话，不是独白。领导者无法命令他人奉献，他只能激发他人奉献。唯有设身处地地了解下属的期望、志向、看法和价值观，领导者才能获得下属的拥护和支持。而唯有当下属支持领导者时，才会赋予领导者领导的权利。高效的领导者不能做奖励者，而是要成为激励者。激励者会用心去了解自己的下属。他们力求发现每名下属的独特价值，鼓舞和激励他们拓展自身能力，追求更高水平的绩效。所以，领导者应该设法使下属能够成功，而要使人们发挥全力达到成功，就必须为他们创造报酬之外的内在动机，这就需要领导者支持、帮助和理解下属，不断给下属灌输能量，让下属清楚地了解任务和目标，给予每位下属适当的表现机会，想尽办法让下属实现自己的梦想。

美国IBM公司为了选拔出真正的领导人才，建立各个层次的领导班子和人才梯队，长期坚持开展领导力素质评价，并且开发出独特的三环模型：对事业的热情处在环心，三大要素围绕这个环心运转。这些评价标准的确立，有效地激励了IBM公司的员工。

所谓环心，即对事业的热情。IBM认为，杰出领导者对开创事业、赢得市场以及IBM的技术和业务能为世界提供服务充满热情。评价事业热情度的指标包括：充满热情地关注市场的赢得；表现出富有感染力的热情；能描绘出一幅令人振奋的IBM未来图景；接受企业的现实，并以乐观自信的方式做出反应；表现出对改造世界的技术潜力的理解；表现出对IBM解决方案的兴奋感。其中，包含3个环节：

第一环节，是致力于成功。IBM以三大要素来考察领导者是否致力于成功，包括：对客户的洞察力；突破性思维；渴望成功的动力。一是客户洞察力的评价指标要求：设计出超越客户预期，并能显著增值的解决方案；站在客户和IBM双方的角度来看待客户企业；促使人们关注对客户环境的深刻理解；努力澄清并满足客户的当前和未来需求；一切以满足客户需要为优先；以解决客户遇到的问题为己任。二是突破性思维的评价指标要求：必要时能突破条条框框；不受传统束缚，积极创新观念；在纷乱复杂的业务环境中积极开拓并寻求突破性的解决方案；洞察不易发觉的联系和模式；从战略角度出发而不是根据先例做决策；高效地与别人探讨创造性解决方案；以为企业创造突破性改进为第一要务；开发新战略使IBM立于不败之地。三是渴望成功动力的评价指标要求：设立富有挑战性的目标，以显著提升绩效；一贯寻求更简单、更快、更好地解决问题的方法；通过投入大量的资源或时间，适当冒险以把握新的商机；在工作过程中进行不断的改变，以取得更好的成绩；为减少繁文缛节而奋斗；将精力集中于对业务影响最大的事情；坚持不懈地努力以实现目标。

第二环节，是动员执行。IBM 认为，一位领导者是否能动员团队有效执行并实现目标，可以从以下 4 个要素加以考察：团队领导力、直言不讳、协作、决断力和决策能力。一是团队领导力的评价指标要求：创造出一种接受新观念的氛围；使领导风格与环境相适应；传达一种清晰的方向感，使组织充满紧迫感。二是直言不讳的评价指标要求：建立一种开放、及时和广泛共享的交流环境；言行一致，说到做到；建立与 IBM 政策和实践相一致的商业和道德标准；行为正直；使用清晰的语言和平实的对话进行沟通；寻求其他人的诚实反馈以改善自己的行为；与他人坦率沟通，尽管有时这样做很难。三是协作的评价指标要求：具有在全球、多文化和多样性环境中工作的能力；采取措施建立一个具有凝聚力的团队；在 IBM 全球内寻求合作机会；从多种来源提取信息以做出更好的决策；信守诺言。四是判断力和决策力的评价指标：即使在信息不完全的情况下也能果断行动，也就是说能有效处理复杂和不确定的情况；能够根据清晰而合理的原因邀请其他人参与决策过程；尽快贯彻决策；快速制定决策；有效地处理危机。

第三环节，是持续动力。判定一个领导者是否能为组织带来持续的动力，IBM 也有三条标准：发展组织能力；指导和开发优秀人才；个人贡献。一是发展组织能力的评价指标要求：调整团队的流程和结构，以满足不断变化的要求；建立高效的组织网络与联系；鼓励比较和参照公司以外的信息来源，以开发创新的解决方案；与他人合理分享所学到的知识和经验。二是指导和开发优秀人才的评价指标要求：提供具有建设性的工作表现反馈；帮助提拔人才，即使这样会使人才从自己的团队转到另一个 IBM 团队也要如此；积极、现实地向他人表达对其潜能的期望；激发他人以发掘他们的最大潜力；与自己的直接下属合作，及早分配以培养为目的的任务；帮助他人学会如何成为一个有效的领导者；辅助他人发挥自身的领导作用；以自身正确的行为鼓励重视学习的氛围。三是个人奉献的评价指标要求：所做的选择和确定的轻重缓急与 IBM 的使命和目标保持一致；具备本职工作相关的职业和技术知识；

帮助他人确定复杂情况中的主要问题；热诚地支持 IBM 战略和目标；为满足 IBM 其他部门的需要，放开自己的关键人才。

四、学会正确的激励

激励指的是激发和鼓励的意思。激发是对人的动机而言，鼓励则是指对人的行为趋向加以控制。激励一般分为正激励和负激励。正激励主要是表扬、奖励；负激励主要是批评、惩罚。有效的激励一般以正激励为主，通过表扬和奖励，充分调动人的积极性。美国前总统里根曾说过：“对下属给予适时的表扬和激励，会帮助他们成为一个特殊的人。”领导者要善于经常适时、适度地表扬下属，这种“零成本”激励，往往会涌现出很多优秀的人才。

领导者对下属正确的激励，要使下属获得尊重感。许多西方著名企业研究，最有效的激励不是加薪、晋升、奖励，而是让员工满意、获得尊重和自豪感。德鲁克认为，“不要把员工看作成本，而是资源”。美国爱玛客公司认为员工是公司经营的根本，一直把员工放在至关重要的位置，迄今没有一名员工是劳务派遣的，绝对不能外包。爱玛客的高层经理到工作现场的时候，见到员工一定要停下来问候一声，握一下手或者说声辛苦了，这在员工看来，是非常大的尊重。

美国纽可钢铁公司（Nucor Steel），是柯林斯（Jim Collins）在他的畅销书《从优越到卓越》中所挑选的 11 家代表公司之一。纽可钢铁公司的前任 CEO 艾佛森就是这样一位领导者。艾佛森就任以后一直努力为公司营造一种人人平等的文化氛围，在此之前纽可的员工一直统一佩戴以颜色区分职位高低的安全帽，艾佛森认为如果相信这种以炫耀权力为目的的安全帽的力量的话，干脆全都染成黄金色的好了。他相信只有珍惜每一位员工，把他们视为“同伴者”，才能激发起他们的工作献身精神。因此把所有人的安全帽不论职位大小一律换成了白色。

尊重下属重在培养亲和力。亲和力的狭义概念是指领导者在群体心目中的亲近感；其广义概念则是指领导者能够对所在群体施加的影响力。亲和力源于人对人的认同和尊重。亲和力所表达的不是人与人之间的物理距离的远近，而是心灵上的通达与投合，是一种基于平等待人的相互利益转换的基础。人们都愿意和谦和、宽容的人交往，不喜欢和刻板、威严、冷漠的人打交道。真实的亲和力，以善良的情怀和博爱的心胸为依托，是一种发自内心的特殊禀赋和素养。

亲和力是一种难得的个人魅力。它能够唤起人们的爱心，并使人愿意与之交往。美国总统林肯是一位以亲切、宽容、悲天悯人著称的伟人。在他的故居里挂着两幅画像，一个有胡子，一幅没有胡子。画像旁边墙上贴着一个11岁小姑娘格雷西写给林肯的一封信，希望正在竞选总统的林肯把胡子留起来，这样会更有魅力赢得选票。林肯收到小格雷西的信后，马上回信表示赞同和感谢。第二年2月，当选总统的林肯在前往白宫就职的途中，特地到小城韦斯特菲尔德车站停下来，见到了小格雷西。林肯笑着对她说，你瞧，我让它为你长出来了。可见，亲和力让人萌发亲近的愿望，使人感到一见如故，会使人愿意接受领导。

亲和力实际上就是与群众打成一片的能力。有亲和力的领导者，与群众说话像拉家常，为群众办事像对待家人，没有官腔，没有敷衍，积极主动地与群众交流、帮群众办事，即便有些事情一时办不了、办不好，也绝不说绝话，更不说伤人话，而是如实把事情原委讲清楚，以求得到群众的理解和谅解。所以，领导者有亲和力，群众就愿意接近你、靠拢你，向你倾诉衷肠，为你出谋划策，理解和帮助你渡过难关。人们遇到这样的领导者，又怎能不激发工作热情和干劲呢?

日本企业为什么长盛不衰？主要是企业尊重员工，培养“以公司为家”的企业文化。他们的三大法宝：一是年功序列工资制，即工资随着资历（年龄、工龄和学历等）逐年稳定上涨，其中保障性的基本工资约占65%，绩效工资占25%，补贴占10%。二是终身雇佣制，不仅给员工安全感，还促使员工与企业之间形成“一损俱损，一荣俱荣”的共同利益关系，增强员工的归属感。三是企业工会制，即除管理层以外的所有职工都是工会成员，工会在劳资之间起到缓冲作用，尽量满足员工的需要。因此，领导者要培养员工“爱厂如家”精神，家庭和睦，心情才会舒畅。心情舒畅，工作才有激情。

领导者对下属正确的激励，要使下属获得成就感。德鲁克认为，“对员工最大的激励就是帮助他获得业绩，只有业绩才能让他获得成就感。不是加薪不是晋升不是奖励，那只是结果而已”。美国一项针对 5388 名员工的研究发现，如果员工能预见到 2 年内有晋升的可能，那他们会有更好的表现和满意度，效果相当于薪酬提升 69%。可见，加薪不是唯一的激励手段，明确的职业发展空间，能大幅提升员工职场的幸福感。

美国爱玛客公司遵照德鲁克的说法，“给员工一项要求很高的工作，更具有挑战性的工作，最能激发他去提高绩效。没有什么能比他以高超的技艺获得的成就更令他感到自豪。自豪来自他实现了业绩，而不是你让他自豪”。员工在科学的管理理念指导下和管理团队的鼎力帮助下，从参与销售到取得业绩，从个人完成业绩到部门完成业绩，每个人都被一种热情所感染，从来没有一种奖励能让员工迸发出如此巨大的能量和使业绩得以如此飞速的提升[①]。

美国通用电气公司董事长兼 CEO 杰克·韦尔奇说：“领导者的工作，就是每天把全世界各地最优秀的人才延揽过来。他们必须热爱自己的员工，拥抱自己的员工，激励自己的员工。”作为一个过来人，韦尔奇给公司领导者传授的用人秘诀是他自创的“活力曲线”：一个组织中，必有 20% 的人是最好的，70% 的人是中间状态的，10% 的人是最差的。这是一个动态的曲线，即每个部分所包含的具体人一定是不断变化的。但一个合格的领导者，必须随时掌握那 20% 和 10% 里边的人的姓名和职位，以便做出准确的奖惩措施。最好的应该马上得到激励或升迁，最差的就必须马上走人。

领导者要使下属获得成就感，就要学会欣赏下属的成就。在以往的工作评价中，领导者往往缺乏欣赏的意识和心情，即使下属工作有很优秀的表现，

① 李国柱 . 爱玛客：释放管理的能量［J］. 当代经理人，2009（11）.

领导者给予的往往是表扬而不是欣赏，更不是激赏。表扬是馈赠，是我与他的关系，而欣赏才是平等的交流，是我们的情感共鸣；表扬诉诸价值判断，而欣赏诉诸审美价值。欣赏更易于通达下属的心灵，让下属享受到尊重、理解的快乐。因而，对于下属中的优秀表现或工作中的某一闪光点，最重要的不是堂而皇之的表扬，而是发自内心的激赏。一次对下属工作发自内心的激赏，往往会影响下属的工作态度。

领导者要使下属获得成就感，就要为下属提供良好的工作环境。在这方面 Google（谷歌）堪称一个典范，Google 在办公室里为员工提供免费的美食、瑜伽课程、健身房、游戏机等各种各样丰富多彩的娱乐活动，办公场地非常宽敞，每个人都可以根据自己的喜好去装点自己的个性办公空间，工作氛围也十分轻松。在公司内部员工从不穿正装，人性化的管理使员工可以穿便装上班，甚至可以穿短裤上班。总部内还拥有 11 家不同风格的自助餐厅，一日三餐，餐餐免费，荤素兼备，世界各地区、各族群来的员工无不称好。咖啡时间由员工自选，各角落的迷你厨房里，点心、水果、饮料样样俱全，同样免费随便吃。同时，部门经理要为下属打造一种有助于满足其成就感的良好人际环境，还要为下属提供相应的职业培训，使员工的视野由本职工作拓展到多个岗位或更高的岗位。当员工沿着职业生涯规划的路径一步一步实现既定目标时，那种成就感是不言而喻的。

领导者要使下属获得成就感，还要给员工提供适度挑战性的工作。德鲁克认为，“别人无法给你荣誉感、成就感和受重视感。自豪感和成就感都必须源自工作本身，无法衍生自工作以外的事物”。朗讯（上海）公司让员工觉得每天都可以学到很多新东西，都可以实现个人的事业目标。所以在公司里，朗讯的员工每天都会感受到工作具有一定的挑战。而这个挑战是经过员工自己的努力和上级的帮助来克服困难的，是可以完成的，以此来磨炼下属的工作能力，并让他们在逐渐的成功中获得成就感和满足感。

领导者对下属正确的激励，要使下属获得舒适感。法国作家拉·封丹写过这样一则寓言：南风与北风打赌，看谁能脱去一位农夫的衣服。北风自以为力气大，使足了劲儿向农夫一顿猛吹，瑟瑟发抖的农夫反而裹紧了外衣。而南风却是向农夫轻抚慢拂，送去温暖熏风，让农夫遍体发热，自己脱下了衣服。这则寓言所揭示的“南风效应”，就是柔性方法能顺应人的内在需求，往往比生硬的刚性方法好用得多。

“南风效应”的实质是为营造一种让员工舒心的工作氛围，以使人的积极性和创造性得到充分的发挥。南方李锦记由已有118年历史的香港李锦记集团投资，于1992年成立的公司，多次获得最佳雇主、卓越雇主等荣誉，主要得益于其“思利及人”的文化和独到的管理举措。李锦记公司的“爽指数”以中国特色和风格，对“南风效应”做了最好的诠释。“爽”通俗的理解为“舒服”“舒畅”“有满足感”，更通俗的含义是“好”。在李锦记，“所有工作直接的目的就是让员工感觉爽！”用公司总裁李惠森的话来说，“我们营造的是这样一个氛围：看到的是默契、听到的是真诚、得到的是爽！”

“爽指数”是量化员工除工资福利以外所有因素“感受”的指标。它能够最直观地感受员工是否满意，旨在让员工更开心地工作。“爽指数”包含的范围很广，有工作上的压力指数，有生活上的开心指数，影响他心情、激发他热情和潜力的各种因素。比如一个销售人员，辛苦奔波了一个星期回到公司，主管拍拍他的肩膀，对他说“你辛苦了”，这简单的一句话就可以激发他的干劲。

“爽指数”虽是一种感觉，但采取的是量化的指标，有1~10分之间的程度区隔。1分代表非常不爽，8分则是最爽。只要员工感觉不爽，管理就彻底失败。公司通过随时抽查各部门的爽指数，如果在一个平均指数为7的团队里，某位员工的指数为5，主管就要去看看造成这位员工不爽的原因是什么。看看如何帮助这位员工进行调整，提高他的爽指数，也就是他的满意度。所以，“爽指数”是动态的指数，设立的主要目的是发现员工现在遇到的困难，主管帮助他进行改进，确保了组织和谐氛围的不断提高。

用“爽指数”来管理企业的做法，值得各级领导者借鉴。因为人们对“爽”的认可是最直接的也是最实在的。作为领导者，如果手下的人员表现不爽，就证明领导工作出现了什么问题，就应该检查领导的各个环节。如果你的下属感觉不爽，或者证明他有这样那样的困难。善于领导的人，应该及时进行了解，并帮助他解决困难，使之感到爽。如果一个团体人人都感觉爽了，这个团体就是一个团结的上进的团体。如果一个国家绝大多数的公民都感觉爽了，这个国家的人民就团结，这个国家就不可战胜了。

领导者要使下属获得舒适感，就要以情感人、以理服人。美国艾基工业公司董事长、作家克勒姆认为，给领导工作打比方，用河流比用火焰更贴切。河流谦恭温顺地长流，而火焰只有一时的明亮。绕过障碍向前流，算得上是一种女性的温柔。今天和明天的领导者，无疑应当具备这样的素质。所以，我们领导者光有才干不行，更要懂得以情感人，以理服人，给下属更多的信任、关心和放权，学会柔性领导和管理。

在美国雅芳公司前任 CEO 吉姆的办公室，挂着一幅印着猿猴、赤足男人、男皮鞋、女高跟鞋 4 个足印的装饰画，上面写着“领导权的演变”。1993 年吉姆与时任雅芳兼职高级顾问的钟彬娴进行了一次推心置腹的长谈，吉姆断言，在未来 10 年一定会有一位女性来领导雅芳。1999 年钟彬娴成为雅芳全球董事会主席兼首席执行官，2003 年，美国《财富》杂志连续第六年推选她为“全美 50 位最有影响力的商界女性”。钟彬娴的成功，很大程度源于她提出的“成功 CEO 五大特质”，即热情、同情、平衡、坚持和梦想。这也正是女性所具有的柔性领导优势。今天和明天的领导者，无疑应当具备这样的素质。

著名学者尼尔森特别强调，赞美员工需符合“即时”的原则。管理者应能做到在每天结束前，花短短几分钟写个便条纸对表现好的员工表示称赞；透过走动式管理的方式看看员工，及时鼓励员工；抽空与员工吃个午餐、喝杯咖啡；公开表扬、私下指责等，管理者只要多花一些心力，员工却能受到莫大的鼓舞，使工作成效大幅提升。土光敏夫在担任东芝公司总裁时，这方面做得十分出色，他赢得了下属的敬佩，下属愿意追随他，与他同甘共苦，彻底改变了东芝公司的命运。

国外有人总结出领导活动阶段的三种法则：在以专制为特征的第一阶段，领导者普遍遵循的是“黑铁法则”。所谓的黑铁法则是指，“领导者让被领导者干什么，被领导者必须去干什么”。这里只有领导者铁的意志，却没有被领导者的些许权利。在以管理为特征的第二阶段，领导者普遍遵循的是“黄金法则”。所谓黄金法则是指，“领导者希望被领导者怎样对待自己，自己就怎样去对待被领导者”。显然，黄金法则比黑铁法则柔软多了，领导者在领导活动中更多地考虑到被领导者的愿望和要求。但是请注意，黄金法则和黑铁法则一样都是以领导者为中心的，都是主要从领导者的角度来考虑问题的，让被领导者围着领导者转。在以领导为特征的第三阶段，尤其是以引导为特征的第四阶段，领导者普遍遵循的是“白金法则”。所谓白金法则是指，“被领导者想让领导者干什么，领导者就应该去干什么”，“被领导者想让领导者怎样去干，领导者就应该怎样去干”。简单地说，就是学会真正了解别人——你的工作对象，然后以他们认为最好的方式对待他们，而不是我们中意的方式，以便让他们觉得更称心和自在。

很显然，“黑铁法则”是完全由领导者说了算，“黄金法则”是部分考虑被领导者的意愿，而“白金法则”是以被领导者为中心，让领导者围着被领导者转。它使领导活动发生了质的飞跃。正如《白金法则》的作者亚里山德拉指出的那样：根据“白金法则”，你可以很容易地了解自己和别人。如果我们探究一下“白金法则”的本质，那么就是一句话：“尊重别人。”它打破了“他们对我们”这种人与人隔阂的格局，而统统融进“我们”这一种关系中。所以，我们应该看到，从“黑铁法则”到“黄金法则”，再到“白金法则”，领导行为也从超强的刚性到一般的刚性，从一般的刚性到明显的柔性。

海尔集团总裁张瑞敏非常重视以人为本的激励方法。他认为：“从某种意义上说，企业就是人。海尔把员工一直当作“大写的人”，强调对待员工要“三心换一心”：解决疾苦要热心，批评错误要诚心，做思想工作要知心，用这“三心”换来职工对企业的铁心。所以，领导者要在关心人、激励人、满足人上下功夫。海尔就是通过研究和满足人的需要，创造一种以人为本的文化。

海尔以人为本的企业文化是为人服务的，主要致力于解决三个问题：一是给人以公平感，如果不是事实上的公平感，起码也是心里感受的公平感；二是给人施展才能的机会，让人感到企业的天地广阔，员工能翻几个跟头，就给他搭相应的台子；三是给人以成就感，哪怕员工有一点小改小革，也要给他们充分的荣誉。如“云燕镜子”“晓玲扳手”等小发明都是以发明者的名字命名的，尊重每个人的价值。

激励的法宝是信任、尊重、关怀、赞赏、肯定。我国著名领导学专家刘峰教授对激励的阐释最为精辟。他说：激发力的作用可分为两个相互联系的阶段：第一阶段是“激”，是激发人的热情，激发人的动机，激发人的潜能，激发人的创造性；第二阶段是“励”，是及时奖励、鼓励人的正确行为。“励”是一种评价，一种反馈，一种正向的行为强化。什么是激励？回答是“给她鲜花给她梦”。这里“给她梦”是“激”，是激发她的动机和欲望，给她鲜花是“励”，是对她正确行为的一种奖赏和鼓励。激励要先激后励，少激多励，再激再励，重点在“励”。激励是一个永不停歇的过程。激的对象是人的行为的动机，励的对象是人的行为的结果。因此，激与励要一致，动机与结果要一致，激励的目标与决策的目标要一致，激励的过程与决策的过程要一致[①]。

新中国成立时，周恩来被任命为政务院总理，在各部门的领导人的人选安排上，周恩来煞费苦心，曾两次亲自登门邀请中国民主建国会领导人黄炎培“出山”做官，一时传为佳话。早在北洋政府时期，当局就曾两次请黄炎培担任教育总长，都被他拒绝了。新中国成立之时，黄炎培已是72岁的老人，被推选为全国政协常委。10月11日晚，周恩来来到黄炎培的寓所，劝说黄炎培出任政务院副总理兼轻工业部部长。黄炎培面有难色地说：“我已72岁，还能做官吗？”周恩来爽朗地笑着说：“黄任公不老。”他细心地解释说：在新政府任职，不同于在旧社会做官，现在是人民的政府，不是做官，是做事，

---

① 刘峰. 简约领导观与柔性领导力［J］. 中国浦东干部学院学报，2007（1）.

是为人民服务。在人民政协会议上，由全国各党派一起千斟万酌制定的《共同纲领》，就是为人民服务的“剧本”。我们编了“剧本”，自己怎能不上台唱呢？两人促膝交谈，不知不觉两个钟头过去了，最后黄炎培答应考虑考虑。第二天，周恩来再次登门，讨取黄炎培的思考结果。政府总理两次登门，黄炎培感激不尽，他知情晓理，不愿让总理“三顾茅庐”，欣然同意担任政务院副总理和轻工业部部长两职。

五、善于赢得追随者

所谓追随者，一般是指那些心甘情愿追随领导者行动的人。世界著名管理学大师 F. 德鲁克认为，领导者的唯一定义是身后有追随者。领导者是与追随者相对应的，没有追随者也就没有领导者。所以，高明的领导者懂得领导他人的最好方式是使他人自觉追随。领导者越是关心爱护下属，把下属推到前面，利用各种场合宣传下属，下属就会对你产生好感和信赖，玩命地为你工作。所以，追随者接受领导的愿意程度、对领导者的认可程度，对领导者来说都是不容忽视的力量。当然，这与追随者的成熟度、经验和能力有着密切的关系。

领导者要赢得追随者，就必须通过自己的思想和行为，让下属主动自觉地选择追随。管理学家孔茨（James M. Kouzes）和波斯纳（Barry Z. Posner）经过研究发现，追随原因来自领导者的诚实、有远见、能力和号召力。香港著名企业家李嘉诚在总结他多年的管理经验时说：如果你想做团队的老板，简单得多，你的权力主要是地位，这可来自上天的缘分或凭仗你的努力和专业知识；如果你想做团队的领袖，则较为复杂，你的力量源自人格的魅力和号召力。由此可见，领导者只有把自己具备的素质、品格、作风、工作方式等个性化特征与领导活动有机地结合起来，才能较好地完成领导任务，体现领导能力。没有人格魅力，领导者的领导能力难以得到完美体现，其权力再大，工作也只能是被动的。

我们一般理解上级是天然领导者，下属是天然追随者。但是，这样的理解并没有抓住问题的本质。追随者最为本质的特征是“追随”，而不是“被领导”。就下属而言，下属的追随至少有主动追随和被动追随、积极追随与消极追随之分。这说明追随者是有着很多的类别。哈佛大学肯尼迪政府学院的芭芭拉·凯勒曼教授（Barbara Kellerman）将追随者区分为 5 种类型：孤立者（Isolates）、旁观者（Bystanders）、参与者（Participants）、积极者（Activists）、铁杆者（Diehards）。所以，追随者不同于一般的下属，优秀的追随者不仅仅是按照领导指令办事的下属，而且是主动的积极的具有创造性的下属。从这个层面上讲，领导者的任务是如何赢得模范的追随者。所以，最成功的领导者不过是顺应了追随者的变革要求，在合适的时间、地点发挥了关键性的领导作用。

随着时代的发展，追随者与领导者的关系呈现出新的特征。第一，追随者与领导者人格是平等的。他们之间不再是人身依附关系，而是一种民主、自由、平等的社会关系。追随者不仅仅是在追随领导者，而且是在追随共同愿景。第二，追随者与领导者身份是相对的。在不同的时间、场合和组织中，领导者可以变成追随者，追随者也可能变成领导者。第三，追随者与领导者存在互相追随、互相领导的关系。领导者有主动权，追随者也有很大的主动权，如果领导者失去了威信，追随者也可能放弃追随，领导者就不再能够领导他了。第四，追随者与领导者在权力上是相互制约的。领导者的权力来自组织的法定权力，更来自追随者的认可，没有追随者的承认，领导者将是有权无威，形同虚设。追随者也要与自己认可的领导者默契合作，共同实现美好的愿景。

现代领导工作表明，追随者是赢得的，而不是强迫得到的。罗勃·康克林在《如何驱动人们为你效命》一书中说，如果你希望某人为你做某事，你就必须用感情，而不是智慧。谈智慧可以刺激一个思想，而谈感情却能刺激他的行为。可见，领导者要想吸引下属信赖自己、为自己做事，就一定要先进行关心下属，培养下属的归属感，让下属自愿跟随自己。

海尔公司每年都会为新来的员工统一过一次生日，每个人得到一个温馨的小蛋糕和一份精致的礼物；华为公司中秋节向常驻海外的工作人员家属，寄去月饼和公司的慰问信，以表示华为对他们的节日问候和衷心谢意。他们所做的一切，只为帮那些远离家乡的人找到“家”的感觉。西塞罗说：“人世间没有比互相竭尽全心、互相尽力的照顾更加快乐的事情了。而这种互相关心才能真正得到对方的忠诚。”只有领导者用心关心下属，才能换回下属对自己的忠诚和支持。

美国前总统杜鲁门曾经说：“领导就是叫人做一件原本不想做的事，但事后却会喜欢它”，一语道破领导不只是个“职位”，而是一种影响的过程。部属并不会追随一个职位，他要追随有能力影响他的人。而且除非他本身愿意，否则领导者无法强求他成就什么非凡的事情。俗话说：“你可以牵牛到河边，但是你无法强迫牛喝水”，就是这个道理。所以，领导者要引导被领导者由自发变成自觉，由自在变成自为，由消极变成积极，由被动变成主动，由分散变成合作，才能够真正实现领导。

正如美国国际领导学权威芭芭拉·凯勒曼在《追随力》一书中所言，人不可能永远是领导者，总有某个时间、某个角色会是追随者。组织中最终产生影响的很可能不会是领导者，而是普通员工。追随者对领导者的重要性，要大于领导者对追随者的重要性。在他看来，领导力和追随力可以基于相互尊重和信任而产生一种共生关系。优秀领导者的职责是使追随者更加积极、更有创造性，在公共领域进行更多的政治参与，为了自身和群体的福利主动地影响领导者。詹姆斯·库泽斯和巴里·波斯纳认为，“你无法独自成事”是卓越领导者的秘诀。实现梦想要靠团队的能力，要靠精诚的团结和稳固的关系，要有非凡的能力和沉着的决心，还要有团队的合作和个人的责任。领导者必须通过授权他人来进行领导，开放地接纳各种想法，让每个人参与决策，通过建立信任和增进关系来促进协作[①]。

美国国家队的主教练格雷格·波波维奇是马刺的主帅，是 NBA 最成功

① 贺海峰 . 领导者如何引领变革［N］. 学习时报，2015-07-29.

的教练之一，北美职业体育史的传奇。他执掌马刺 20 年，三获年度最佳，1000 场胜利，5 个总冠军。球场上的波波维奇，是出了名的暴君。蛮横，独裁，暴躁，刻薄，六亲不认，追求细节，不断地提出要求，忽略你的表现，如同你是世上最蠢的人。如果你犯了错，他那副愤怒咆哮的嘴脸，你几个星期都忘不掉。

但是，球场下的波波维奇，却超级可爱，是一个大好人。在他的治理下，马刺成了一支欢乐奇葩的球队。好玩故事数不胜数，球队氛围令人陶醉。这里全是有天赋的人，这里充满了对篮球的讨论，简直是篮球人的天堂。他和弟子彼此信任、感情深厚。有人说波波维奇是“所能遇到的内心深处最善良的人”。他关心你的家庭，即使全世界抛弃了你，他还会陪着你，希望你能做到最好。波波维奇是一个优秀的管理者样本。成功的教练都需要具备这两方面的性格，并在两者间切换自如。场上暴君，场下朋友；工作魔鬼，生活好人。

我们现在讲的领导力，就是领导者与追随者相互作用的合力。它与领导者能力和追随者能力的大小成正比，与阻力大小成反比。领导力就是赢得追随者的能力。领导者的能力主要是凝聚人心的能力，这种能力愈大，追随者的能力发挥得就愈好。阻力包括内部人际关系的不协调，步调不一致，是因摩擦、矛盾冲突产生的内耗，它对领导力起抑制作用。所以，领导力的核心是你能够影响多少人，而不是你的权力有多大。其影响主要通过领导者运用权力时产生的亲和力、凝聚力和感召力而体现出来。也就是说，对那些具有领袖特质和具有领导魅力的领导者来说，一个典型的特征是他们能够唤起、激励、影响他人的情绪。

东汉刘秀心胸豁达，以诚待人，深谙“柔治”之道。冯异是刘秀手下的一员大将，他文武双全、韬略超伦，用兵持重又“能御吏士”，战功卓著，威信素孚。刘秀根据他的能力，委派他镇守关中地区。冯异到任之后，“威权至重，百姓归心”，很快稳定了关中局面，被当地民众称为“咸阳王”。有人劝谏刘秀对冯异要有所戒备，以防止其拥兵自重，尾大不掉。刘秀凭自己对冯异的了解，否决了这个建议。冯异本人得悉这一情况后，心里自然不踏实，立即上书表明心迹，并申请尽快调离关中，以避嫌疑。刘秀对冯异的举动颇不以为然，认为冯异未免神经脆弱，于是立即复书：“将军之于国家，义为君臣，恩犹父子，何嫌何疑，而有惧意。”彻底打消了冯异的顾忌，使之更好地为国家效忠尽力①。

领导者要真正赢得追随者，必须想方设法使下属有获得感。1956 年，卡斯特罗带兵在古巴东部山区建立根据地。这里条件极其艰苦，手术刀用完了，军医只能用刮胡刀片为伤员动手术。不久刮胡刀片也所剩无几，卡斯特罗就带头蓄起胡须，并下令战士们也要如此。一周后卡斯特罗发现大家都没有执行命令，他把战士们召集起来，指着自己的胡子说：“如果哪个人的胡子跟我一样长，就可以领到 10 块钱奖金。”半个月过去了，没人来领赏。卡斯特罗不得已又对战士们说：“如果你们的胡子不见长，就交 10 块钱罚金！”几天后战士们都主动来交罚金。卡斯特罗气得吼道：“胡子再不长，今后定期交钱。”这时，军医拦住了他，对大家说：“我觉得应将大家所交的刀片实名登记。这样如果有人负伤，就可先用自己的刀片。如果本人没交刀片而别人又不愿借，他的手术就不做了。”军医的话一说完，战士们都争先恐后地交上了刀片。事后，军医对卡斯特罗说：“战士们随时都面临生死考验，哪里还会在乎一点点罚金？唯有让他们意识到这件事与自己的性命相关，他们才会自觉遵守。”卡斯特罗恍然大悟。后来他也一直保留着自己的大胡子，似乎在时刻提醒自己：要想影响和改变他人，首先得了解和把握人们的内心。②

六、甘愿为下属担责

领导者是引领方向的先导者、重大事项的决策者、集体力量的凝聚者、行动结果的承担者。首先表现是敢于担当的领导者，才发挥领导作用。领导

---

① 黄朴民 . 光武帝刘秀的政治智慧与治国方略［J］. 文史知识，2013（4）.

② 黄鹤 . 大胡子背后的奥秘［J］. 领导文萃，2013.10 下 .

者的担当，就是忠诚履责、尽心尽责、勇于担责。为官避事平生耻，从政必须有作为。领导者的担当精神，具体表现是：在是非面前，坚持正气、维护真理、实事求是；在原则面前，旗帜鲜明、立场坚定、敢于亮剑；在大局面前，找准位置、认清责任、担责履责；在重任面前，敢迎敢接、敢闯敢试、敢做脊梁；在矛盾面前，敢抓敢管、敢于碰硬、毫不退缩；在风险面前，敢作敢为、敢为人先、敢担责任；在歪风面前，坚守原则、保持本色、敢于斗争。真正做到不避事、不怕事、敢管事、能成事。正如松下幸之助所说："站在领导立场的人，首先就要确立自己的责任，抱着使命感求其贯彻。"

习近平总书记非常重视领导干部的担当精神，并身体力行，为全党做出榜样。2012 年 3 月 1 日在中央党校春季开学典礼讲话指出："是否具有担当精神，是否能够忠诚履责、尽心尽责、勇于担责，是检验每一个领导干部身上是否真正体现了共产党人先进性和纯洁性的重要方面。"2013 年 6 月 28 日在全国组织工作会议上发表重要讲话指出，"好干部要做到信念坚定、为民服务、勤政务实、敢于担当、清正廉洁"。2014 年 2 月 7 日在俄罗斯索契接受俄罗斯电视台专访时重申："我的执政理念，概括起来说就是：为人民服务，担当起该担当的责任。"所以，党的十八大以来，习近平为总书记的党中央全面深化改革，敢于涉深水区，啃硬骨头，坚决反腐败，赢得了全党全国人民的拥护和支持。

领导者的担当精神，突出表现在敢于为下属承担责任。有人曾说过："世界上只有两种人不会犯错误，一是没有出生的，二是已经去世的。"下属也会犯错，有些错误是不经意间犯下的，而有些错误则是因为领导者决策失误导致的。无论何种类型的错误，身为领导者，都有必要站出来为下属的过错承担责任。做一个有担当的领导者，才能得到下属的敬佩，才能赢得下属的信任和追随。

美国经济学家米尔顿·弗里德曼说过："一个喜欢承担责任的人通常具有责任。一个仅仅喜欢行使权力的人往往会失去权力。"1912 年 3 月，蔡元培就任中华民国教育总长后，无意中读到一个叫胡玉缙的人写的《孔学商榷》，引起了他的浓厚兴趣，便决定将其聘请到部中任职。于是，他指示下属官员起草了一封信。胡玉缙在当时学术界还是无名小卒，他与蔡元培素昧平生，有蔡元培这样的大人物来举荐他，本应是感激不尽。可出乎预料的是，胡玉缙接到邀请信后，非但没有感激，还给蔡元培写了一封抗议信。

原来，问题出在蔡元培让下属写的信中的个别文字上。信的全文是：“奉总长谕：派胡玉缙接收（教育部）典礼院事务，此谕。”按字面理解，“谕”和“派”两个字是上级对下级的，包含着必须服从的意思。而胡玉缙这时不是教育部雇员，不存在上下级关系，因此他感到不是滋味。特别是“谕”字，本来是封建专制时代使用的一个“特定词”，胡玉缙认为无法容忍。蔡元培接到胡玉缙的抗议信后，内心深为不安，立即给胡玉缙复信表示歉意，称“责任由我来负”。胡玉缙被蔡元培的诚意所感动，欣然答应到教育部任职，后来成为近现代著名的文学家、学者。因部属拟稿用字失当，蔡元培主动承担责任，向人道歉。此事看似虽小，但从中折射出蔡元培律己不苟的高尚情怀。[①]

敢于承担责任，是领导者必须塑造自己的品质。美国著名领导学专家斯蒂芬·柯维（Stephen R. Covey）也说过一段很有名的话：“如果有哪件事做坏了，那是我干的；如果有哪件事做得一半好，那是我们干的；如果有哪件事做得真好，那是你们干的。”这恐怕是21世纪领导的真谛。过去笔者在党校和学员私下交谈，有人就问怎样找到做领导的感觉？笔者当时没有很好地回答他。当看到斯蒂芬·柯维这段话，以后谁要再问当领导的感觉是什么？笔者会告诉他，如果你按照这三句话去做，一定能真正找到做领导的感觉。所以，我们要学会由“裁判员”的角色方式向鼓舞者的角色方式转变。

1949年7月，刘亚楼被任命为空军司令员组建人民空军后，励精图治，历经朝鲜空战、台海大空战、国土防空，使新中国空军跨越式地跻身为世界空中三强。他在主动为下属承担责任方面，为我们领导者做出了榜样。1964年8月初，美国制造全面扩大侵略越南战争，不断派飞机入侵中国大陆进行

---

① 崔鹤同．蔡元培曾主动担责致歉：因部署拟稿用字失当［N］．人民政协报，2014-05-15.

袭扰和侦察。此时，美军鉴于造价昂贵的 U–2 飞机屡遭覆亡，于是使用新研制的火蜂 1 型无人驾驶高空侦察机不断窜入两广、闽浙沿海地区。美军无人驾驶飞机高度可达 1.8 万米，速度 1179 公里 / 小时，航程 1282 公里。而当时中国空军比较先进的国产歼 –6 型飞机最高能飞 1.75 万米，高度不及无人机，追着追着就进入螺旋状态，拿它没有办法。有人建议用地空导弹萨姆 –2 去打，但刘亚楼认为这样做代价太大。刘亚楼把有关指挥员叫到北京磋商，他提出一个“甩上去”的战法，就是精确计算好美军无人机的航线，并预先设伏，在敌机到来的一刹那，加速冲过最高升限开火。

10 月 13 日，美机从友谊关窜入广西南宁及海南岛地区，空一师作战分队副大队长邹广如驾驶歼 –6 飞机迎敌，在 1.76 万米高度上先后对敌机进行了三次攻击，最后炮弹打光了，也未命中目标。邹广如决心驾机把这架在中国领空肆无忌惮的美机撞下来，与敌人同归于尽。但因高空空气稀薄，飞机操纵系统反应较慢，邹广如动作过猛，结果造成失速，飞机进入螺旋状态。在完全失控的情况下，邹广如只得饮恨跳伞，飞机坠毁。一架歼 –6 飞机价值巨大，给国家带来多大的损失呀！更重要的是一击不中，无功自毁，对空军部队是个沉重打击。邹广如返回基地后，引起了许多议论。有人说他好大喜功，想露一手，结果丢了脸，摔了飞机。在讲评会上，师首长也批评他蛮干，“偷鸡不成反蚀把米”。摔了飞机，放跑了敌人，邹广如心里难过，思想压力很大。

病中的刘亚楼得到作战部队对这次作战情况和部队情绪的报告后，立即复电空一师：“你们的心情我都了解。出了事故总结教训是必要的，但要抓准，不能批评飞行员蛮干。这不是蛮干，这是勇敢，有这样勇敢的飞行员，我们应该自豪，但是要进一步研究一下战术，怎样利用我们的劣势装备打下敌人具有优势装备的飞机。士气可鼓不可泄，我相信你们！”刘亚楼的指示在前线部队传达后，引起强烈反响。邹广如热泪盈眶，激动地说，司令员真是了解我们飞行员的心啊！ 11 月 15 日，空一师中队长徐开通运用并发挥刘亚楼“甩上去”的战法，在海南岛上空首次将一架美军无人驾驶高空侦察机击落。通过这次战斗，空军摸到了打敌无人驾驶侦察机的基本经验和方法，标志着中国空军的防空作战能力提高到了一个新的水平。

受命入桂林作战的空十二师师长郑长华，利用战事空隙，受命来到刘亚楼司令员的病榻前。此时，郑长华正陷于内疚中。他指挥的师在保持长达6年的飞行安全纪录后发生了事故。飞赴广西后，一位新飞行员在高空编队时与长机相撞，一下摔了两架飞机。郑长华以为司令员召见自己，肯定会先来一通批评。谁知，刘亚楼给他的却是安慰：我们空军部队在保证飞行安全上有个理论，飞行安全是相对的，不安全是绝对的，空军师一级特别是像你们这样担负繁重战备任务的机动师，能保证6年的飞行安全，已经很不容易了。事故发生了，当然要总结教训，把坏事变成好事，我相信你会做出样子来的！接着，刘亚楼细心地问起空十二师在前线的情况。了解到空十二师因为没有装备新型歼–6战斗机，打美制无人驾驶高空侦察机有困难时，他当即说，我特批你们四架歼–6。摔掉了两架飞机没挨批，还给补上4架新式战机，郑长华一时热泪盈眶，说道，请司令员放心！您好好养病。我们一定把这次事故变成动力，从零开始，再创6年安全，同时把新式飞机使用好，争取早日击落敌机①！

1965年5月7日，年仅55岁的刘亚楼病逝。解放军三总部的唁电称刘亚楼的逝世，“是我党我军的重大损失。他的高贵的革命品质，是全军同志学习的榜样”。刘亚楼的骨灰安放在北京中山公园的中山堂，连续三天举行隆重的公祭仪式。11日，在中山堂内举行隆重的公祭大会，罗瑞卿致悼词，刘少奇、周恩来、朱德、邓小平等中央领导前来吊唁，空军司令部和后勤部有4位同志当场哭晕倒地。追悼会后，灵车车队由刘少奇、林彪亲自护送，前往八宝山革命公墓。沿途所有的军人全部立正敬礼。葬礼规格之高，在将军里面可以说首屈一指。刘亚楼书生投戎，陆战中身经百战，屡建奇功，堪称战神；白手起家建空军，练成铁翼摧强敌。其军事才能和人格魅力，永远

---

① 钟兆云．上将刘亚楼的最后岁月［J］．党史博览，2010（12）．

如白云之绚烂，蓝天之永恒。

领导者甘愿为下属担责，不仅是领导者人格的魅力，更是高超的领导艺术。其中，一个主要方法就是通过赋予责任进行激励。进行责任激励，首先要善于交代责任。这是实施责任激励的起点。要明确把责任给予谁？何时给予？怎样给予？为此，领导者要善于把握激励点。一要把握交代责任的时机，及时赋予责任和权力。赋予责任的过程，其实也是给予权力的过程，要善于分解责任，下放权力，让下属参与决策，必将激发下属的工作热情。二要明晰责任的具体事项，把下属分内应做的事尽可能地说清说细，充分肯定下属具体能力，增添下属履行责任的自信，从而鼓足工作的勇气。同时，要说明下属所要承担的责任和对之追究的形式，给下属一定压力，使之增强责任意识和危机意识。三要激发责任人的上进心，适当提升责任。譬如，放慢说话的速度，语气要气平声沉，增加谈话的严肃性，使下属感受到所担职责的分量，产生被信任和被器重感。这样，便会产生荣誉感，激发责任感，增强事业感，从而激发出更大的积极性。

其次，要主动承担责任。不论下属失职的原因是什么，作为授权的领导者，都要主动承担领导责任。这并不仅仅是一种姿态，因为任何下属的失职，都可能有领导者用人不当、检查不严、监督不力的原因。因此，领导者进行责任自究是情理之中的事。同时，面对主动分担自己责任的领导者，下属会感到一种安慰，从而对领导者产生一种敬佩感，今后也会跟领导者学习，敢于承担属于自己的责任。因此，对于有过失的下属，领导者的责任自究既是启发下属承认过失和承担责任的有效途径，也是帮助其发扬成绩、纠正错误、以利再战的有效武器，无疑会激励下属主动承担责任，弥补过错[①]。

---

① 责任激励，参见百度百科词条 .

C H A P T E R 0 6

第六章

领导潮流的“变革者”

必须以更大的政治勇气和智慧，不失时机深化重要领域改革，攻克体制机制上的顽瘴痼疾，突破利益固化的藩篱，进一步解放和发展社会生产力。

——习近平

变革是任何时代的主题，领导是一种变革的力量。领导需要变革，变革需要领导。领导者要善于认识和适应时代潮流、催化和引领变革，在变革中寻求机会和创造价值。所以，现代领导趋势的变化，要求领导者必须由管理者角色向变革者角色转换。

一、何谓“变革者”？

我们要知道什么是“变革者”，就要先弄清楚什么是变革？为什么要进行变革？领导与管理的区别是什么？

（一）为什么要进行变革？

进入 21 世纪以来，人类社会正经历着一场前所未有的巨大转变，最能代表这个时代的词就是“变革”。随着世界多极化、经济全球化深入发展，文化多样化、社会信息化持续推进，变革充斥着我们生活的各个方面，快得始料未及，变得超出想象。特别是现代互联网技术的迅猛发展，带来了领导观念、思维方式、组织机构、领导方式的根本变革。在这个机遇与挑战并存的时代，唯一不变的就是变化，只有变化才能带来改变。

变有多种诠释，比如变化、变革与蜕变。变化无处不在，变革是本质的改变，蜕变则通过转型来实现这种本质的改变。任何变革与蜕变都是变化，但不是每种变化都是变革或蜕变。彼得·德鲁克说："我们无法左右变革，我们只能走在变革的前面。"变革从来都不是坦途，更不是一定成功；变革是一次洗牌，也是一次淘汰；变革是一次洗礼，更是一种期盼。人类历史表明，未来将由变革者创造，唯变革者得天下！

当今世界正处于大发展大变革大调整时期，国际形势正发生着极为深刻复杂的变化。世界多极化、经济全球化深入发展，科技革命孕育新的突破，社会信息化影响越来越大，国际社会相互联系、相互依存更加紧密，新兴市场国家和发展中国家不断发展壮大。同时，世界仍然很不安宁，霸权主义和强权政治依然存在，局部冲突和热点问题此起彼伏，国际金融危机给世界经济造成了深度冲击，世界经济增长速度减缓，气候变化和能源资源安全、公共卫生安全等全球性问题更加突出，南北差距拉大，世界的和平和发展面临着诸多难题和挑战。

我国进行的全面改革开放，就是一场深刻的社会变革。改革是当今中国经济社会发展的迫切需要，是社会主义制度的自我完善和发展。改革开放以来，我国实施对外开放政策，经济社会发生了翻天覆地的变化，综合国力有了很大的提高。但是，我国经济依然是粗放型经济，也积聚了大量的社会性、结构性的问题，不平衡、不协调、不可持续问题依然突出。过去我国所实施的改革是渐进式改革，总体方向是先易后难，现在必须进行深化式的改革。我们只有进一步解放思想，坚持改革开放，敢于涉险滩、啃硬骨头，坚决贯彻"五大发展理念"，统筹推进"五位一体"总体布局，协调推进"四个全面"战略布局，才能保持经济社会持续健康发展，全力推进全面建成小康社会进程，最终实现"两个一百年"的奋斗目标。

变革为我们赢得了历史机遇。变则通，革则新，新则久。美国学者吉尔伯特·罗兹曼在《中国的现代化》一书中做出判断："中国现代化之所以一误再误，首要原因不在于外来挑战本身力量的强大，而在于中国做出的反应太软弱。"中国近代百年屈辱史就说明了这个问题。现在我们党审时度势，对世界环境变化有了敏锐感觉，对时势演进趋势进行了准确判断，顺应历史潮流进行主动变革，才有了今天的大好局面。通用电气公司前任 CEO 杰克·韦尔奇论述变革时说：“总是要想到变革是有好处的。变革总不会太坏，它每时每刻都带来机会而不是危机。充分利用变革，领导变革，这样你的企业组织才不会因为变革而瘫痪！我们要使变革成为充满活力、令人振奋的事件。把握变革，适应变革，我认为这是我们公司的最强项。”

在 21 世纪的今天，稳定不复存在，变革成为我们这个时代的哲学。领导者必须进行革新，带领组织走上新的轨道。但是，在面对变革的时候，我们必须弄清楚三个问题：第一，环境在发生怎样的转变；第二，我们转变的到底是什么？第三，我们到底要变成什么样？环境变化是不可控的，但我们转变的到底是什么？将来到底要变成什么样？这些问题需要事前想清楚，才能越变越好，而不是越变越坏。就如我们的改革开放一样，我们一定要牢记我们的改革开放是社会主义制度的自我完善，不能忘记这个初心。

习近平总书记指出，在中国这样一个拥有 13 亿多人口的国家深化改革，绝非易事。中国改革经过 30 多年，已进入深水区，可以说容易的、皆大欢喜的改革已经完成了，好吃的肉都吃掉了，剩下的都是难啃的硬骨头。这就要求我们胆子要大、步子要稳。胆子要大，就是改革再难也要向前推进，敢于担当，敢于啃硬骨头，敢于涉险滩。步子要稳，就是方向一定要准，行驶一定要稳，尤其是不能犯颠覆性错误①。

习近平总书记指出，改革是由问题倒逼而产生，又在不断解决问题中而深化。35 年来，我们用改革的办法解决了党和国家事业发展中的一系列问题。同时，在认识世界和改造世界的过程中，旧的问题解决了，新的问题又会产生，制度总是需要不断完善，因而改革既不可能一蹴而就、也不可能一劳永逸。改革开放是当代中国最鲜明的特色，也是我们党最鲜明的旗帜。面对人民群众新期待，我们必须坚定改革信心，以更大的政治勇气和智慧、更有力

---

① 习近平：不能犯颠覆性错误［EB/OL］. 新华网，2014-02-09.

的措施和办法推进改革。全面深化改革是一项复杂的系统工程，需要加强顶层设计和整体谋划，加强各项改革关联性、系统性、可行性研究。我们要在基本确定主要改革举措的基础上，深入研究各领域改革关联性和各项改革举措耦合性，深入论证改革举措可行性，把握好全面深化改革的重大关系，使各项改革举措在政策取向上相互配合、在实施过程中相互促进、在实际成效上相得益彰①。

变革说到底是为了人民过好日子。习近平提出改革的评价新标准："把是否促进经济社会发展、是否给人民群众带来实实在在的获得感，作为改革成效的评价标准。"所以，变革要顺乎民心，合乎民意。

（二）领导与管理的区别

"领导"一词，《现代汉语词典》中的界定是："率领和引导朝着一定方向前进。"《韦氏大辞典》解释为："获得他人信仰、尊重、忠诚及合作的行为。"由于领导是一种复杂的社会现象，人们对它的界定也是五花八门，莫衷一是。一位国外管理学家说，有多少人为领导下定义，就有多少个领导的定义。我认为，所谓领导，是指领导者充分运用各种影响力，在获得被领导者的自觉追随和服从的前提下，引导、率领或鼓励被领导者实现共同目标的行为过程。

那么，领导与管理的区别何在？目前，中外领导学者普遍共识，领导与管理是有区别的，这种区别表现在许多方面，主要区别是：管理是正确地做事情，领导是做正确的事情。通俗地说，领导是架梯子，领导者要选择把梯子放到哪个面才是对的，他关注的是一种方向；而管理是爬梯子，管理者则是考虑如何顺着这个梯子最快地爬到这个顶端，也就是达成目标。

美国哈佛大学教授约翰·科特在《变革的力量——领导与管理的差异》一书中，十分精准地分析了两者之间的区别。他认为，管理和领导虽定义不

---

① 中共中央召开党外人士座谈会 征求对中共中央关于全面深化改革若干重大问题的决定的意见 习近平主持并发表重要讲话［N］. 人民日报，2013-11-14.

同，但显然有诸多相似之处，但两者之间的相似性却不能掩盖两者之间的差异性。领导与管理的区别主要体现在以下三个方面：（1）领导具有全局性，管理具有局部性。也就是说，领导侧重于战略，管理侧重于战术。（2）领导具有超前性，管理具有当前性。领导活动致力于整个组织发展方向的规定，而管理则侧重于当前活动的落实。（3）领导具有超脱性，管理具有操作性。领导要从根本上把握活动过程，而管理注意细节问题的安排与配置。

约翰·科特认为，科特认为，领导与管理根本区别体现为：领导是一种变革的力量，而管理则是一种程序化的控制工作。约翰·科特认为，领导就是变革。组织成功的方法是75%~80%靠领导，其余20%~25%靠管理，而不能反过来。领导和管理是两个互不相同但又互为补充的行为体系。要获得成功，真正的挑战在于将强有力的领导能力和管理能力结合起来，并使两者相互制衡。领导与管理最根本的区别就是会导致变革。科特认为，变革速度是一种驱动力。领导变革恰恰是应对变革的唯一方略。

约翰·科特还在此书中列举了管理与领导的30项区别，其中近10项谈到变革。科特认为，管理是正确地做事情，领导是做正确的事情；管理是安于现状，领导是挑战惯例；管理是接受现状，领导是强调未来的发展；管理是一种程序化的控制方法，要求员工顺从标准，领导是一种变革的力量，鼓励员工进行变革；管理是避免不确定性，越稳定越好，领导是勇于冒险、突破和创新；管理是等待机会的到来，领导是令机会发生；管理是仔细看管一切，领导是创造成长；管理是通晓如何在一个现有的系统中实施各种操作，领导是产生一种新系统、新秩序的人；管理者是模仿，领导者是原创。

美国加州大学领导学专家华伦·班尼斯认为，领导与管理的区别是：管理是寻求稳定，领导则探讨革新；管理是循规蹈矩，领导则独辟蹊径；管理注重组织结构，领导则注重人力资源；管理依赖控制，领导激发信任；管理目光短浅，领导目光远大；管理注重原则方式，领导注重事情和原因；管理盯住结果，领导看到希望。美国哈佛商学院的亚伯拉罕·扎莱兹尼克认为，管理者和领导者的区别在于：管理者和领导者是两类完全不同的人，他们在动机、个人历史以及想问题、做事情的方式上存在差异。他指出，管理者如果说不是以一种消极的态度，也是以一种非个人化的态度面对目标的；领导者则以一种个人的、积极的态度面对目标。管理者倾向于把工作视为可以达到的过程，这种过程包括人与观念，两者相互作用就会产生策略和决策；领导者的工作具有高度的冒险性，他们常常倾向于主动寻求冒险，当机遇和奖励很高时尤其如此。管理者根据自己在事件和决策过程中所扮演的角色与他人发生关系；而领导者关心的是观点，以一种更为直觉和移情的方式与他人发生关系。

我们研究领导与管理的区别，其目的就是要清楚领导者的主要任务是变革。全球领导力大师罗纳德·海菲兹说，“常规问题要求管理，而适应性问题要求领导。领导是发动适应性变革。”弗兰克林也认为，成功的领导者总是将变革作为通常的领导方法，努力追求不断地改善与改良是幸运之母。20世纪八九十年代兴起的领导变革理论认为，领导需要变革，变革更需要领导，而且越是变革，越需要领导。所以，变革理论的最大的特点是把变革与领导连在一起，认为管理追求常规，而领导追求变革，领导推动变革，领导在变革中寻求机会和创造价值。因此，领导变革理论突出了领导者的主动变革，即主动地发现变革、主动地适应变革、主动地引导和推动变革。更能给人启发的是，领导变革论把追求变革视为领导活动的动力、视为领导活动的本质。越是变革，越是变化，越需要领导力，越需要领导人，越需要领导作用。

美国领导力大师诺埃尔·M. 蒂奇认为，詹姆斯·麦格雷戈·伯恩斯在《领导论》一书中，区分了交易型领导和变革型领导。交易型领导其实是管理，变革型领导才是领导。蒂奇在伯恩斯的基础上，写了一本叫作《变革型领导》的书，蒂奇认为，变革型领导从根本上变革组织，把它带到一个不同的层次，而且以后也不会倒退回去。即使变革型领导离开，组织也依然如故。蒂奇任务，变革组织是戏剧性的行动。变革带来恐惧和希望，变革带来改变和抵制。蒂奇在书中说，变革是三幕剧：第一幕是唤醒组织，迎接改变。第二幕是给出你要实现的愿景。第三幕是根据愿景来重构组织结构、人力资源等。等你完成第三幕，世界又变了，又要重新来过。他的整个框架建立在帮助人们成为变革型领导之上[①]。

（三）什么是变革者?

变革是改变事物的本质，能够带来体制和制度上的变化。包含着改变，改革的含义。变革既是在原基础上进行修改或改进，也可在触动本质的基础上开始新的改变。变革与创新又是紧密相连的。创新是在原有资源的基础上，通过资源的配置和整合，进而提高现有价值的一种手段。其含义包括更新、创造和改变。我们这里谈的变革，包含着改革和创新之意。创新只是一种手段，其目的是突破、变革、引领大家实现目标，其本质是打破常规，带领和影响下属朝正确的方向行进。因此，所有的变革都是系统改革和创新，变革的核心是改革和创新社会制度和人的思想。现代国家竞争，主要是综合国力竞争，根本是创新能力的竞争。创新兴则国家兴，创新强则国家强，创新久则国家持续强盛。

领导者扮演的变革者，就是指打破某个组织内部的陈腐格局，并推动组织前进的人，是作为变革的催化剂和管理变革过程的人。变革者往往具有坚韧的品质，坚定的目标，很少为外力所左右，通过自我不懈的努力，成就世人敬仰的传奇。领导力大师库泽斯和波斯纳在《领导力》一书中指出：“在某种意义上说，领导者是生活在未来的。”要感召他人，第一步就是要识别你的追随者并找出他们共同的想法。你怀着什么样的信念，你的组织就为什么而存在。热情和精力能鼓舞人，但是坚定的信念和价值观才能感召人。以此为基础，才会有追随者与之共同实现愿景。

西方学者研究发现，变革领导者扮演的角色，应当是理性分析的变革管理者、思路清晰的宣传鼓动者、考虑周全的组织联络人、深思熟虑的文化传播者和理解生命的基因改良者。麦肯锡公司顾问迪克欧德则说，每一次变革

① 刘澜．领导力沉思录［M］．北京：中信出版社，2009.

都是对一系列具体问题和机会的唯一反应，在领导者看来只是“敲击一个深藏于组织中的密码”，结果能量得到了释放，改善业绩的渠道被打开。柯林斯提出的“第五级领导”认为，推动伟大的变革，领导者首先要实现心灵上的超越，领导人自我价值的完善和内心世界的修炼是领导变革的力量源泉①。

综合以上研究，领导者扮演变革者角色，应该具备以下基本特征。

一是变革者是陈规陋习的挑战者。他们思想解放，思维开放，不墨守成规，喜欢求异求变，有独特见解，常语出惊人，敢于挑战权威，敢破禁锢，敢闯禁区，敢试新路，敢于打破旧的条条框框，有舍我其谁的自信和魄力，勇于直面矛盾，迎难而上，敢于担当和承担风险，义无反顾地推进变革。

二是变革者是时代风尚的引领者。他们思路开阔，思维超前，高瞻远瞩，放眼全球，预测未来，目标明确，善于接受新事物，敢于标新立异，拥有无限的激情，深信改革能够成功，善于凝聚共识，将核心的价值追求诉诸变革之中，向下属提出变革的主张，聚焦先进典型，率先垂范地引领时代潮流。

三是变革者是领导工作的创新者，他们胸怀天下，思维活跃，思想开放，想象力丰富，活力四射，不断有新点子，勇于开拓创新，有首创精神，敢于除旧布新，有破冰前行的勇气，撼动乾坤的实力，力排众议的勇气和魄力。

四是变革者是变革工作的推动者。他们济世图强，积极乐观，宽怀大度，顺应人们变革的需求，把自己的理想传给别人，说服他人认同并愿意变革，充分营造变革的氛围。善于顶层设计，统揽全局，谋定而动，又善于步步为营、层层推进，注重落实，通过层层传导推动全方位变革。

五是变革者是变革目标的捍卫者。他们具有以天下为己任的高尚情怀，无私无畏，刚直坦率，认准的事情就定力如山，义无反顾地做。在各种矛盾冲突面前不退缩，敢于亮剑，意志坚韧，不折不挠，不惧怕失败，不计得失毁誉，勇于担当，在逆境中能坚持下去，有卷土重来的能力，自觉为变革献身的精神。

---

① 贺海峰 . 领导者如何引领变革［N］. 学习时报，2015-07-29.

领导者要扮演好变革者角色，就要树立变革的领导观。过去的领导者总是过分地强调稳定，一旦组织机构和领导方式形成后，往往总是不愿意变革。现代领导观认为领导不是一成不变的，领导需要变革，变革需要领导。领导与变革是互动的。领导者就要不断适应变革、领导变革、推动变革，做变革的先锋和向导。就是说，领导者要始终保持与时俱进的心态，有驾驭变革的能力，不能满足于被动地应付发生的变化，应当事先就有预测和引导变革走向的本领。未来领导的首要条件是欢迎变革，甚至渴望变革。他们应当成为变革的鼓吹者，而不是变革的抱怨者。每当变革的速度加快，也就是特别需要高明的领导者的时候，领导者要创造出有利于新思想和变革的气候，不断推动组织的发展。

领导者在组织变革中，不仅要大刀阔斧地改革不合时宜的组织机构、规章制度，而且要下大力气变革和调整下属的思想和行为。一个领导者能够带给变革的最重要元素，是员工的激情、信念和信心。所以，领导者要学会聆听周围的声音，根据现有的信息构建变革蓝图；要敢于挑战现行的智慧，找出变革新的方法；要能够传播有感召力的愿景，坚定下属变革的信念；要打造同盟军，寻找和确认关键的支持者；要让每一个人都成为主人翁，并享受到实施变革所需要的保护；要学会坚持，防止遇到困难放弃变革。这些无形的资产——观念、能力和关系，都是领导变革时必须注意的重要因素。

为此，我们要弄清楚变革领导与领导变革的关系。变革领导是指领导工作出现不良问题，无法适应环境的变化时，必须进行组织调整和体制改革，以清除变革障碍与阻力，或者变革领导者的领导观念和领导方式，以达到使组织顺利转型的目的。比如，美国政治社会学家詹姆斯·麦格雷戈·伯恩斯在《领导论》中提出，要改变传统交易型领导方式为变革型领导方式。交易型领导以追随者对领导者的顺从为前提的，关注领导者与下属之间的交易关系；而变革型领导能在领导者与下属之间创造出一种提高双方动力和道德水平的关系，他们对员工的需要和动向十分敏感，尽力帮助员工发挥其最大的潜力。人们之所以受到变革型领导的鼓舞而付出更大的努力，是因为对这样的领导者有着信任、羡慕、忠诚和尊敬。巴斯随后提出，变革型领导通过理想化影响、精神鼓舞、智力激发、个性化关怀等 4 种行为方式影响追随者，从而使追随者超越个人利益的局限，提升自身的需要层次，最终实现超越预期的高绩效。

埃森哲公司（Accenture）的研究发现，作为领导变革的领导者是变革成败的关键。根据埃森哲公司高绩效企业研究院做的一项调查结果表明，有 14 个行业的高级经理人表示，由于公司管理层对变革需求产生误解，对实施情况漠不关心，对企业领导人的统领作用认识不足，或因顾虑重重而被分心困扰，重要变革方案因而迟迟见不到成效，甚至被否定推翻。一个成功的转型变革需要具备 5 个要素：鼓励创新、自下而上；领导支持、无处不在；深入沟通、持续交流；提高技能、改变行为；订立标准、评估进展。如果能够将这些因素有机结合起来，所创新的局面一定是欣欣向荣。

组织变革需要变革领导者。领导要能够引领组织成员按着变革目标前进，要善于去发现甚至去制造心甘情愿的追随者。奎因认为，变革领导者作为谋略家，他关注未来，了解最新的发展趋势，强调目的和方向，描绘组织发展愿景；作为宣传鼓动家，他关心人们的奉献，强调组织的价值，以新的目标和抱负激励员工，创造振奋人心的氛围；作为分析家，他关注组织的运作效率，评估计划和项目，协调相互抵触的看法和需求；作为管理者，他关注业绩，强调结果，解决问题，影响下层决策。

变革领导者不同于普通领导者，他必须具有独特的个性特征。詹姆斯认为，变革领导者必须有更大的雄心；保持高度的谦虚；坚持对真理的不懈追求；不回避模棱两可、不确定和似是而非的麻烦；对他们行为的后果承担起个人的责任；过一种高度训练化的日常生活；永远保持真诚。博西狄指出，业绩优异组织中的变革领导者一般具有以下 6 个特点：他们对自己的业务有着足够的了解，能够在一些重大的决策中贡献自己的力量；他们为企业的发展确立明确的目标；他们常常给自己的下属提供指导和培训；他们会通过在报酬和升职机会方面对表现不同的员工加以区别对待的方式建立一个强大的领导基因库；他们了解并勇于接受现实；他们有着坚强的性格，不会因为小小的胜利而沾沾自喜，他们永远秉承着一种信念——止步不前者必将淘汰。

变革领导者需要具备超越一般人的能力。第一是学习能力，由于变化越来越快，持续的学习和变革将是变革领导者唯一不变的任务；第二是创新能力，变革领导者应该跳出模仿的圈子，大力提倡创新思维和求新意识，充分发挥自身的创造力和想象力来引领组织变革；第三是博弈能力，变革领导者应该清醒地意识到变革将触及很多人的利益，在变革成效与个人得失之间，需要求得一种适度的平衡，而这就需要变革领导者具备较强的博弈能力；第四是合作能力，变革领导者需要营造合作的气氛，共享愉悦和谐的人际关系，团结所有的团队形成一个相互配合的组织；第五是应变能力，变革领导者要随时掌握变革的局面，根据内外环境的变化，采取不同的应变措施；第六是前瞻能力，变革领导者必须重视对环境的分析和洞察，形成战略选择进行决策。

领导者变革需要有强大的变革领导力，这是实现变革的关键能力。前GE（中国）副总裁徐正认为，变革领导力包含5个方面：激情（inspiring）、视野（visionary）、勇气（courageous）、韧劲（tenacious）和执行（execution）。

一是激情（inspiring）。这是变革领导力的核心，是一切变革的根本和出发点。所谓激情，指的是对于所从事的事业充满热爱，我们指的是那种发自内心的热爱，甚至认为这是他一生的使命，这种发自内心的热爱和激情会成为持续不断行动的动力和不竭的能量来源。

二是视野（visionary）。所谓视野，指的是对发展趋势有敏锐的洞察力，他能看到未来变化的方向和趋势，从而能够洞察先机，找到适合自己的机会，并且智慧地选择进入哪些机会，放弃哪些机会。

三是勇气（courageous）。所谓勇气，指的是敢于在不熟悉的领域进行冒险性的尝试，这是变革领导者的一个杰出特征。他们并不是把所有事情都完全考虑清楚，把所有的风险计算得当以后才迈出谨慎的一步。他们愿意在不熟悉的领域进行适当的冒险，甚至一些大的冒险。当然他们并不是盲目冒险，而是在快速变革时期看准了就力排众议，迅速出击。

四是韧劲（tenacious）。所谓韧劲，指的是面对挫折不放弃，努力达成预定目标。变革的过程绝非一帆风顺，也不可能不遭遇挫折。但是当挫折来临的时候，具有韧劲的领导者不轻言放弃，想尽各种办法去实现预定的目标。变革领导者并不是一味地坚持己见，他善于坚持立场并说服他人一起干。

五是执行（execution）。所谓执行，指的是专注于行动，追求取得结果，而非空谈。执行不是靠一己之力，靠的是团队的力量，甚至是不同的组织力量，懂得执行的人善于凝聚他人，知道如何达成妥协和共识，在兼顾各方共赢的情况下取得最终的成果①。

二、善观大势适应变革

领导者扮演变革者角色，首先要善观大势，适应潮流。孙中山先生站在时代前列，以“世界潮流，浩浩荡荡，顺之则昌，逆之则亡”为座右铭，强调要“内审中国之情势，外察世界之潮流，兼收众长，益以新创”。他领导辛亥革命，推翻了2000多年的封建帝制，为变革者树立了榜样。

2016年9月5日，习近平总书记在杭州二十国集团工商峰会上讲话指出：“这几天正值钱塘江大潮，‘弄潮儿向涛头立，手把红旗旗不湿。’我同各位一样，期待着二十国集团勇做世界经济的弄潮儿。”习近平总书记以钱塘江大潮为例，非常形象地说明了变革者的角色要求：既要做“弄潮儿向涛头立”，又要做到“手把红旗旗不湿。”也就是说，变革者既要勇立潮头适应潮流，又要举旗引路领导潮流。

每年农历八月十八日，是钱塘潮最为壮观的日子。南宋时朝廷规定，八月十八日在钱塘江上校阅水师，以后相沿成习，这一天逐渐成为观潮节。明代高得旸诗云：“秋满湖天八月中，潮头万丈驾西风。云驱蛟蜃雷霆斗，水激鲲鹏渤澥空。自古江山夸壮丽，至今父老说英雄。诸溪近海徒相应，气势

① 许正．掌握这5点，你也能拥有变革领导力［EB/OL］．搜狐网 2016-08-30.

安能与此同。”现在每年10月的农历八月十八日，钱塘江沿岸聚集了几十万游客，领略了钱塘大潮的壮丽奇观。但是，钱塘江潮是如何形成的呢？前些年我在观看中央电视台直播的钱塘江潮时，特意查了一下钱塘江潮形成的原因，可谓是天时、地利、人和的杰作。

所谓天时，是说钱塘江受天体引力和地球自转的离心作用，农历八月十六日至十八日，太阳、月球、地球几乎在一条直线上，海水受到的潮引力最大。同时，受风势影响，沿海一带常刮东南风，风向与潮水方向大体一致，助长了潮势。所谓地利，是说杭州湾喇叭口的特殊地形像半岛似的挡住江口，潮水易进难退，杭州湾外口宽达100公里，到外十二工段仅宽几公里，江口东段河床又突然上升，滩高水浅，当大量潮水从钱塘江口涌进来时，由于江面迅速缩小，使潮水来不及均匀上升，就只好后浪推前浪，形成层层相叠的汹涌浪涛。所谓人和，是说历史上钱塘观潮的变化和人为因素有关，钱塘江大规模的治理，大面积围垦海涂，约束了河道使潮水变大。而且，沿江修建的S形海堤、300多处的丁字坝，使得大潮受阻掀起滔天巨浪。由于以上因素，不同的地段可赏到不同的潮景：大缺口观“一线潮”，八堡看“汇合潮”，老盐仓赏“回头潮”，美女坝观“冲天潮”。

自古钱塘江潮出名，不仅是其潮宏伟壮观，更重要的是人们常把钱塘江潮和时代潮流联系在一起。北宋诗人潘阆的《酒泉子》写道：“长忆观潮，满郭人争江上望。来疑沧海尽成空，万面鼓声中。　弄潮儿向涛头立，手把红旗旗不湿。别来几向梦中看，梦觉尚心寒。”这首词以豪迈的气势和劲健的笔触，描绘了钱江潮涌的壮美风光，也表现出弄潮健儿与大自然奋力搏斗的大无畏精神，抒发出人定胜天的豪迈气概。后来人们将“弄潮儿”喻指那些站在时代前列，敢闯敢干的人。由此，我们也常常形容领导者要勇立潮头，做时代的弄潮儿。

我认为，我们领导干部不仅要顺应潮流、勇立潮头，更应该适应潮流、引领潮流。勇立潮头是静止的，引领潮流是动态的；勇立潮头是被动的，引领潮流是主动的。我们说历史潮流不可阻挡，顺之者昌，逆之者亡。但是，并不是说我们在历史潮流面前束手无策，不能够发挥主观能动性。钱塘大潮的形成不仅是天时地利所设，更有人和所为。我们领导者在历史潮流面前的正确态度，应该是不仅要适应潮流、跟着潮流走，更应该把握潮流的大趋势，推动潮流向着有利于自己的方向走。这里不仅需要领导者有胆量，更要有领导智慧。因此，领导者的任务，不仅是顺应潮流、适应潮流，更应该引领潮流、推动潮流。这恐怕就是我们古人常说的顺势、借势、造势吧。任何时代的领导者如果不懂得这一点，就很难有大的作为！

笔者写了这篇短文给其女儿看，她在文后补充道：领导者不仅要引领潮流，让时代顺着自己的方向走，更应该注重汇合潮和回头潮。整合领导班子的意见，倾听民意之所向，让官念和民意高度融合，达到民主的最大化。而回头潮则是提醒我们走路时要不忘回头看看，比如经济发展过快，城市建设很美，也要停下来回头看看城市光鲜的背后，所反射出来的环境、生态、民生等问题。

钱塘江潮不仅反映了自然规律，也使我们悟出了领导之道。无独有偶，许多研究领导问题的人也在研究钱塘江潮原理。有人认为，一个成功的领导者应是一个“引导型”领导，而非“带领型”领导。在带领式的领导者手下工作的员工只是机械地执行命令，领导者最期盼的创造精神很难出现。引导型的领导不怕员工超过自己。钱塘江潮颇为壮观，那一浪推一浪，一浪高一浪的潮水，发出的是撼天动地的震响。然而，钱塘江潮的层层波浪不是在某个浪头的带领下产生的，它是因势而生。独有的钱塘江地理地貌是产生钱塘江江潮的根本原因。引导型的领导者就是要做“钱塘江河道”的挖掘者，他是江潮形成的掘道人。当河道掘好后，他看到的便是万马奔腾的壮丽景观。

万事都会改变，只有变不改变。变革与领导是密不可分的。领导者如何适应变革？首先自己就要永远做好变革准备。面对汹涌的互联网移动化趋势，百度公司董事长李彦宏选择要成为向新趋势进击的变革者。他在 2012 年年底给全公司的内部邮件《改变，从你我开始》一文中说：“我听说恐龙脚上踩到一个石头，几个小时以后他的脑子才能够反应过来，这样不管你长到多大，你都会灭绝。而我们不能做恐龙，我们要做一个强者。”所以，后来百度不管是对 91 无线、糯米网、PPS 等的并购大手笔，还是年初成立深度学习研究院、百度世界推出轻应用……百度快速的进击变革，节奏感十足的动作，让外界应接不暇，最终资本市场以股价不断创出新高，给李彦宏的变革投了信任票[①]。

领导者适应潮流，必须科学地分析判断形势。这是领导变革的基础。宋代苏洵在《几策·审势》云：“不先审天下之势，而欲应天下之务，难矣。”我们只有科学地判断形势，才能够审时度势、因势利导、趋利避害，增强工作的预见性、系统性和创造性，推动变革向健康方向发展。为此，领导者要正确领导变革，就必须不断增强形势的洞察力，敏锐地预见经济和社会发展的新动向、新特点，把握倾向性、苗头性的问题。要增强形势分析力，找出形势的本质及其内在联系，找出影响事物发展的主要矛盾和矛盾的主要方面，正确把握形势发展的规律。要增强形势预见力，根据事物发展规律，预先预测到形势变化的结果和趋势。要增强形势鉴别力，要分清形势发展的好坏、主流与支流，抓住他人容易忽视的关键问题，善于透过现象看本质，防止被假象所迷惑，更不能“跟着感觉走”。

邓小平作为改革开放的总设计师，可以说，没有邓小平就没有改革开放；没有改革开放，就没有强大的中国。那么，邓小平是如何确定改革开放决策的？总的来说，是邓小平高瞻远瞩，准确把握世界发展大势所做出的英明决策。邓小平年轻时有法国勤工俭学和苏联莫斯科中山大学学习的经历，特别是 20 世纪 70 年代末期，邓小平先后出访了美国、日本、新加坡等发达国家，对西方的现代化有更加深刻的感受。他在日本乘坐新干线列车时坦言：“我懂得了什么是现代化。”也更加坚定了对外开放的决心。1978 年 7 月，邓小平支持在全国开展了真理标准大讨论，打破了“两个凡是”束缚，使人们的思想获得了空前的大解放，为全党全国人民接受改革开放奠定了思想基础。

---

① 李彦宏 . 永远做好变革准备［N］. 经济观察报，2013-12-28.

1978年12月召开的中共十一届三中全会，邓小平在这次全会上发表了《解放思想、实事求是，团结一致向前看》的重要讲话，重新确立了解放思想、实事求是的思想路线，把我们党的工作重点转移到经济建设上来。面对一些人的疑虑，邓小平说，对外开放就像打开窗户一样，是会有苍蝇、蚊子飞进来，但是随之而来的还有新鲜空气。比较一下利弊，还是利大于弊。邓小平就是用这样生动的比喻，说服了全党全国人民，体现了高超的领导艺术。至此我国进入了改革开放的新时期。

到了20世纪90年代初，我国社会意识形态纷争不断激化，经济发展速度创下新低，改革开放事业陷入胶着之境，官场弥漫着一种消极情绪，中国再一次走到十字路口。此时，邓小平又准确地洞察形势，发表了“南方谈话”，为改革开放再一次拨正航向。针对当时“姓社姓资”的思想混乱，他明确提出：“市场经济不等于资本主义，社会主义也有市场。计划和市场都是经济手段。”邓小平在深圳国贸中心指着窗外的一片高楼说，深圳发展得这么快，是靠实干干出来的，不是靠讲话讲出来的，不是靠写文章写出来的。那怎么区分什么是社会主义，什么是资本主义？邓小平给出了“三个有利于”的标准，即：“是否有利于发展社会主义社会的生产力、是否有利于增强社会主义国家的综合国力、是否有利于提高人民的生活水平。”“三个有利于”标准，成为我们党衡量一切工作是非得失的判断标准，在此鼓舞下中国大地又涌动起改革开放的春潮。

领导者适应潮流，重在解放思想，更新观念。思想是行动的先导，没有思想的大解放，就没有事业的大发展。解放思想、更新观念、与时俱进是变革的强大动力。“思则变、变则通、通则久。”可以说，改革开放历史上的每一次发展提升，实际上都是思想解放的最终结果。解放思想是我们顺应发展大势，主动适应国际国内化格局现实的需要，是打破思想禁锢，激发领导工作活力，抢抓新机遇，寻求新发展的客观需要。只有解放思想、更新观念，才能有效地指导各项变革。改革开放的实践证明，思想解放是改革开放的强力引擎，决定着发展的快慢，攸关事业的成败。谁率先冲破计划经济的思维定式，树立市场经济的崭新观念，谁就能抓住市场先机、赢得竞争优势。没有思想上的闪光点，就不会有变革的突破点，更不会有发展的增长点。解放思想是科学跨越的必由之路，是后发赶超的助力源泉。社会实践没有止境，解放思想未有穷期。世界著名管理大师德鲁克说：“当前时代的竞争不是一场技术，也不是软件和速度的革命，而是一场观念上的革命。”海尔集团董事长张瑞敏认为，改革开放为海尔带来的最本质、最核心、最打动人心的东西是什么？想来想去，比来比去，笔者认为就是四个字：观念革命。可以说，海尔创业以来最大的收获，绝不仅仅是销售收入、利润翻了多少番，更重要的是观念、思维方式的全新的变革。

解放思想是和更新观念相互联系的。观念是人们通过对客观事物的观察、体验，并经过思维活动而形成看法和思想。观念变革之所以重要，是因为新观念、新理论往往是变革的先导和前驱。领导者观念的快速变革，推动社会主义事业勇往直前。随着我国经济和社会建设的纵深推进，遇到的矛盾和问题越来越多，矛盾问题的形式越来越复杂，解决的困难和压力越来越大。破解这些难题就要在解放思想、转变观念上求突破。习近平总书记指出：“要在全面深化改革上取得新突破，就必须进一步解放思想。冲破思想观念的障碍、突破利益固化的藩篱，解放思想是首要的。”习近平同志在党的十八届五中全会上提出的“创新、协调、绿色、开放、共享”五大发展理念，代表了当今世界发展潮流，体现了我们党认识把握发展规律的深化，为我国全面发展指明了方向。

领导者适应潮流，需要组织文化适应变革。如果组织文化不适应变革，则需要改革组织文化。2004 年 1 月 5 日，爱德华·桑德（Ed Zander）开始担任摩托罗拉 CEO 时，摩托罗拉是经营错误的代表。摩托罗拉曾经一度是移动电话市场的领导者，但摩托罗拉没有能够利用 20 世纪末手机快速发展的机会，丧失了市场领导的地位。桑德上任第一天，就感到摩托罗拉特权和等级文化的严重问题，而他的任务就是摧毁这种文化。为此，桑德展示的领导变革的技巧：注入新经营实践，使员工重新以客户为中心；根除官僚作风、整合业务部门以重组企业；以及彻底革新过时守旧的企业文化。此外，摩托罗拉还开发了一个代表其复兴的热门产品，即极为畅销的锋丽（Razr）手机。桑德上任后摩托罗拉的年收入上涨超过36%。净收益同期增长超过4倍。两年后，桑德获得了“年度最杰出CEO”的称号[①]。

乔布斯就是一个善观大势、勇领变革的高人。他曾在说服百事可乐CEO约翰加盟苹果公司时说：“你是想一辈子卖汽水，还是和我一起改变世界？”他就是凭这句话成就了他们为共同梦想奋斗的一段佳话。乔布斯在1997年回到跌入谷底的苹果公司，约见微软总裁比尔·盖茨时说：“比尔，桌面系统全是由我们两家公司控制的。”当时世界上使用两家公司操作系统的人员构成比例是97∶3，而不是50∶50。但到2010年时形势逆转，乔布斯将苹果送到了纳斯达克的巅峰。乔布斯以自己强大的野心和能力，挑战了不可一世的微软，致使华尔街惊叹：“这是一个时代的结束，又是一个新时代的开始。”在PC时代，人们聊天还需端坐电脑前，而移动互联出现后，人们可以在任何地点与其他人通信和响应。

三、因势而生引领变革

面对这个变革的时代，领导者不仅要灵活应变，更要能够在远景的引领之下发动变革，创造改变，引导变革向着正确的方向前进。日本“经营之神”松下幸之助认为：“今日的世界，并不是武力统治而是创新支配。”领导者只有创新才能不会被历史潮流所淘汰。因此，领导者必须鼓励改变，承担因改变造成的一切后果。尤其是当组织处于变动的环境中，领导者就应该成为变革领导者，一方面带给组织稳定的力量，另一方面则凭着改变现状的机会，滋养领导力，引领事业发展。

狄德罗说：“知道事物应该是什么样，说明你是聪明的人；知道事物实际是什么样，说明你是有经验的人；知道怎样使事物变得更好，说明你是有才

① 杨锦辉．领导变革：技巧重于风格［J］．化工管理，2009（4）．

能的人。”领导者在变革过程中要掌握变革的主动权，统筹规划，合理安排，做好顶层设计。同时，领导者还要将变革看作众多主体参与的联合行动，在这样的联合行动中，构建支持变革的信任关系决定变革的成败，并且领导者应当成为构建这种关系的主动者。还要将体制改革和人的塑造相结合。只有体制改革而没有人的塑造，使变革失去了人的支持，变革不可能成功；只有人的塑造，而没有体制塑造，使领导变革流于空洞，变革也不可能成功。

约翰·科特在《领导变革：转型为何失败》一书中指出，变革失败的错误，一是没有制造足够强烈的紧迫感，二是没有建立足够强大的变革领导集团。在一个不断变化的世界里，要取得成功，仅凭良好的管理和技术是不够的。成功的关键是动员你的员工，培养共同目标和职责，以及快速有力地行动以获取和保持竞争优势。变革要靠“领导”而不是“管理”；在此所谓“领导”就是“设定方向，争取认同，引发动机，激励人心”的功能，这些才是导致组织变革的最重要因素和力量。“组织变革”的困难，在于必须克服来自人们抗拒改变和组织惯性两方面的阻力。为此，约翰·科特提出变革的八大步骤：1. 建立危机意识；2. 成立领导团队；3. 提出远景；4. 沟通改革远景；5. 授权员工参与；6. 创造进程效果；7. 巩固战果并再接再厉；8. 深植企业文化。这八大步骤，层次分明，循序而进，使其前后呼应，浑然一体。然而在此必须强调，这八大步骤不会自动发生和进行，而有赖领导者认真而持久地推动，这就是领导功能。

领导者进行变革，要有改变的决心。圣雄甘地有句名言：“如欲改变他物，必先改变自我。”领导者是下属的模范。印度 Infosys 公司的首席导师 Murthy 说：“为了一个更宏伟的目标，在你要求他人做出牺牲之前，你必须先要做出牺牲。”他还说：“一个好的领导知道如何以适当的姿态退到幕后，同时鼓励继任者在岗位上越做越成功。”IBM 2008 年全球 CEO 调查发现，所有 1130 位受访的世界顶级 CEO，有着惊人相似的成功特质。通过他们我们看到：完美的领导应该渴求变革、应该让创新超出客户的期望、应该关注全球整合、应该有实施颠覆性业务创新的魄力；更重要的是发自内心的真诚，而不仅仅是慷慨。所以，我们既然知道变革有多美，也知道变革是必需，那么我们的心应该先跟着变。当你的心改变了，你的行为才能变。要始终不忘初心，以火热的激情来拥抱变革。

美国苹果公司联合创始人乔布斯说：“活着就为改变世界，这是向疯子们的致敬，他们特立独行，桀骜不驯，麻烦制造者，他们是格格不入的人，习惯用不同眼光看事情的人，不受规则约束的人，对既成事实也不屑一顾的人。你可以引导他们，亦可以反驳他们，或赞颂或诋毁他们，你唯一做不到的就是忽视他们。因为他们会带来变革，他们推动人类向前，或许有些人将他们视作疯子，但我们视之为天才，因为只有疯狂到相信自己能改变世界的人才能真正改变世界。”

领导者发动变革，要让大家感受到危机感。最好的办法是想方设法让大家看到外部变化，通过现实的差距对比，理解为何变革。只有理解，发动变革才比较容易。当人们对外部变化的差异不了解时，是很难接受变革的。电视剧《历史转折中的邓小平》中描述一种现象：邓小平带领一个团队到日本、欧洲、美国等地参观当地优秀企业，对比感受到我们实在太落后了。既然落后，就要改革开放，向外国学习。当日本专家到北京吉普车厂参观生产流水线时，负责接待的总工程师不愿让日本专家参观，其理由是我们每年生产5000辆吉普车，不能随便透露企业核心技术，这属于国家核心机密。事后一位国务院领导听后大怒：“你以为我们一年生产5000辆就特别了不起，可是前段时间我们参观国外企业，一年几百万产量，简直天差地别……”可见，如果看不到外部变化通常会故步自封，只有了解了外部发生的变化，使其看到差距，就会愿意变革。

被誉为领导变革之父的约翰·科特在《紧迫感》一书中认为，紧迫感是领导变革和应对危机的关键。在成功中预见危机，在危机中发现机遇。紧迫感将帮助企业化危机为机遇，使每一个人变被动为主动。真正的紧迫感是一种十分主动目标明确的动力，因为它会引导你关注眼下发生的一切真实情况，很少会误导人们去竞相过问小事。必须看到组织外部的变化并且有所行动，紧迫感不强，人们不会去认真看组织外部的变化或是没有时间认真看，要不就是他们看到了，却不愿意相信。变化和紧迫感是相伴而生的，有紧迫感变化就是机会，没紧迫感变化就是坟墓。伟大的领导者赢得的是别人的心和头脑。大脑的认知首先通过心灵体验获得，为什么人们不会为你的产品感动，只会为你的人感动？关键就是心灵体验。

科特认为，变革就是“弃旧迎新”。弃旧就是自我否定，就是放弃那些曾带给自己成功的经验与信念。弃旧了，就要迎新。但关键什么是“新”？一旦未来放在当下，人就可能过分焦虑，解决焦虑最好的办法就是充满热情地大量行动。这种状态就像热锅上的蚂蚁，重要的不是你“正在做”，而是你“做什么”，这样做的危险在于忙乱和焦虑会麻痹你，从而不能发现真正的问题，而空有的热情则是火上浇油。我们过于自满，却又认识不到。

领导者在变革中常犯的一个错误，就是启动变革，然后放弃变革。有些领导者在变革初期热情高涨，但稍有成效便忘乎所以，导致变革最终一败涂地。其实，支撑变革成功的往往不是爆发力，而是来自组织上下全体员工的长途跋涉和不懈努力。正如科特所言，“员工的紧迫感是领导变革和持续变革的催化剂，真正的紧迫感应该是谨慎、迅速、眼光向外，集中精力于主要事务，防止身心疲惫、一蹶不振”。

领导者发动变革，要树立愿景感召追随者。改变始于梦想与目标。没有一个人可以在一个不可预知的情况下开展工作。在发起变革前要向大家宣传变革带来的好处，并想方设法让大家相信变革将给我们带来的好处。愿景是变革的旗帜，能够引领人们朝着正确的方向前进。塞登伯格是美国移动通信新霸主 Verizon 公司的 CEO。塞登伯格认为，要变革，首先要树立愿景。“所谓愿景，是充分理解自己的价值主张，有勇气有计划地承担风险，同时利用可信的同事帮助形成成熟的看法。看法成熟后，接下来面对的就是执行实现愿景的挑战。”

塞登伯格认为“从成立第一天起，Verizon 就要成为通信行业的领袖”。Verizon 成立时他宣告道，“我们比以往所有公司都有更多的方法打动客户，更多的资金推动发展和创新，更多的投资运用未来的技术”。他预见高速互联网连接将在上百万的家庭和成千上万的小企业中扮演重要角色，并下了重注。他深信率先提供光纤网络连接服务将使他在众多电信竞争对手中脱颖而出。他的愿景牢牢扎根于创造规模效应的商业模式，客户越多意味着服务收入越多。塞登伯格依赖的是自己确定行业未来发展方向的能力。塞登伯格说："我们提供只需轻松一点、简单便捷的服务，把整个数字世界送到客户的指尖。"①

领导者发动变革，要促进群体的支持。在发起变革时，领导者要清楚坚守的使命、愿景、价值观是什么？哪些可变，哪些不可变？应该让他人知道，给予足够的安全感和归属感，从而赢得内外部的信任和支持。群体影响力会放大变革阻力，同样也可通过群体促进和支持放大变革的动力。当变革遭到阻力，先寻找部分支持者，放大其渴望变革的意愿，这是领导变革中最常见的方式。由于发起变革者的声望和信誉会影响变革的成败，将警醒变革者小心经营个人信誉从而树立威望。也可以寻找威望高、有影响力的人支持，来降低变革的阻力。

波士顿咨询公司的高级副总裁珍妮·德克女士在《变革之魂——波士顿咨询公司组织变革理念》一书中指出，要使变革成功，必须像考虑体制因素和实际的生产要素一样来考虑人们的情感因素。她根据自己亲自参与和研究过的变革案例，总结出了变革曲线，将变革过程分为 5 个阶段：停滞阶段、准备阶段、实施阶段、巩固阶段和收获阶段，并对每个阶段中人们的不同情绪反应及可能产生的各种影响进行分析。这些阶段是动态的，可以合理预期的，因而变革中的领导者可以把它作为一种方法和工具使用。但无论要遭遇多少艰辛和痛苦，作者始终认为，变革是令人兴奋的过程，它终将引领组织和个人进入新的辉煌。

领导者引领变革，要让大家自觉接受变革。一方面，要通过制造舆论鼓动说服员工变革。优秀的变革领导者相信并能够发掘出员工的内在改变动

---

① 杨锦辉 . 领导变革技巧重于风格［J］. 化工管理，2009（4）.

力，帮助人们看清变革的深意，让他们从排斥到接纳新行为。但要做到这些，领导者必须理解员工内心深处的价值观，如果硬向员工塞进一些价值观，结果只能适得其反。变革领导者特别需要利用中层领导和意见领袖的影响力，在基层制造改变的舆论氛围，让全体员工成为彼此间改变的动力。另一方面，要通过改变激励大家变革。不仅要利用物质激励员工，使大家看到短期变革带来的利益，越是处于社会底层者，越应该让他们看到变革带来的物质利益。而且要通过改变周边环境来影响员工变革。周边环境对人的心态与行为影响更为间接和深刻。美国纽约地铁长期以来以偷窃、抢劫和枪击等事件频繁而声名远播。20世纪80年代中期，冈恩就任纽约市地铁总监，他力图整顿秩序。许多人建议他严惩地铁犯罪，冈恩却把重点放在整治“乱涂乱画”上。他认为，到处都是的涂鸦象征恶劣的地铁环境，在这样的环境下，人心低迷，而且有犯罪企图的人更会感到警方的无力，消除涂鸦现象，犯罪就失去了土壤。结果证明，冈恩的做法果然奏效。

领导者引领变革，要明确自己不同阶段的角色。变革通常分为形成期、探索期、执行期、总结期，每个阶段都需要领导者努力。因此，领导者引领变革时，需要扮演不同的角色。在发起阶段，领导者应当勇于承担发起者的角色，这样能够使大家感觉领导重视，有主心骨。例如，习近平当总书记以来，分别兼任中央全面深化改革领导小组、中央网络安全和信息化领导小组、中央军委深化国防和军队改革领导小组、中央财经领导小组的组长。这不是事必躬亲，而是身体力行，引起全党全军和全国人民对改革的重视。在探索期和执行期，最好担任支持者角色，在反对力量强大时，可以居高临下地进行协调。让改革者感受到：“当所有人都靠近你的时候，我提醒你耐心等候；当所有人都离你而去，我还站在你身后。”[①] 当真正推行之后，要成为自始至终的支持者。领导者在变革中要注意角色和阶段差别，不同阶段扮演不同角色，对领导变革至关重要。

---

① 陈春花：自我改变是企业持续领先根本动因［J］. 中国企业家，2014-01-21.

领导者发动变革，要引领潮流向正确的方向前进。改革开放30多年间，我国以年均近10%的速度持续增长，已成为世界第二大经济体。但是，我国现在模仿型排浪式消费阶段基本结束，个性化、多样化消费渐成主流。传统产业相对饱和，但基础设施互联互通的投资机会大量涌现。传统产业供给能力大幅超出需求，企业兼并重组、生产相对集中不可避免。如何认识新常态，适应新常态，引领新常态，是当前和今后我国经济发展的大逻辑。科学认识当前形势，准确研判未来走势，必须历史地、辩证地认识我国经济发展的阶段性特征，准确把握经济发展新常态。新常态催生着新动力，全面深化改革，观念上要适应，认识上要到位，方法上要对路，工作上要得力。通过改革创新驱动，实现新常态新跨越。

习近平总书记是如何领导中国变革的？2016年9月27日，中共中央全面深化改革领导小组成立1000天。这些天来取得的巨大成就举世瞩目，其中离不开正确的改革方法论指导。习近平总书记常说“治大国若烹小鲜”，讲的就是方法论问题。从深改组第一次会议上提出“把握大局、审时度势、统筹兼顾、科学实施”，到2016年8月第二十七次会议上强调“强化基础支撑、注重系统集成、完善工作机制、严格督察落实”，既有统揽大局的改革方式，又有实施的具体办法。新华社通过梳理习近平总书记在历次深改组会议上的讲话，总结出习近平总书记改革方法论的四大特点。

一是准：对准焦距、找准穴位、精准施策。习近平提出，突出重点，对准焦距，找准穴位，击中要害。对准瓶颈和短板，精准对焦、协同发力。特别强调要突出问题导向，加强分类指导，注重精准施策。所谓精准施策，就是要对准重点和要害发力，其本质是抓主要矛盾和矛盾的主要方面。习近平不断要求提高改革精准化水平，着眼的是全面深化改革的全局。重大改革都是牵一发而动全身，必须统筹谋划、整体推进。整体推进不是平均使力，而是要分清轻重缓急，抓住要害突破重要领域，补齐突出短板，才能实现协调发展，才能科学地整体推进。

二是变：识变、应变、求变。改革永远是进行时，旧的问题不断解决，而新的问题又在不断产生。中国在变、世界在变。在新起点上继续推进改革，就必须识变、应变、求变。“变”意味着创新。习近平曾说，“唯改革者进，唯创新者强，唯改革创新者胜”，就是将创新摆在了改革方法论的突出位置。第十八届五中全会提出的“创新、协调、绿色、开放、共享”五大发展理念，在改革进程中处于引领性地位。习近平特别指出，要把鼓励基层改革创新、大胆探索作为抓改革落地的重要方法。要注重从体制机制创新上来推进。习近平曾深刻指出，不创新不行，创新慢了也不行。实施创新驱动发展战略，是加快转变经济发展方式、破解经济发展深层次矛盾和问题的必然选择。

三是实：理解要实、谋划要实、落实要实。当下的改革是涉险滩、动奶酪、啃硬骨头，其复杂敏感艰巨程度，一点不亚于30多年前。不抓落实，再美好的蓝图也是空中楼阁。习近平要求把“三严三实”要求贯穿改革全过程，理解改革要实，谋划改革要实，落实改革也要实。引导广大党员、干部特别是领导干部既当改革的促进派，又当改革的实干家。这既要求领导干部拥护改革、支持改革、敢于担当，又必须把改革抓在手上、落到实处、干出成效，说到底，就是要实干。改革不能图虚名、务虚功，而要“久久为功”，一抓到底、善始善终。把是否促进经济社会发展、是否给人民群众带来实实在在的获得感，作为改革成效的评价标准。允许试错、宽容失败，但对敷衍塞责、拖延扯皮、屡推不动的，对重视不够、研究甚少、贯彻乏力的，要严肃问责。

四是严：严格要求、严明责任、严格督察。习近平认为，改革落实要抓真抓细，必须实行严格的督察。各地区各部门要以更大的决心和气力抓好改革督察工作，既要督任务、督进度、督成效，也要察认识、察责任、察作风，确保党中央确定的改革方向不偏离、党中央明确的改革任务不落空。要把抓改革作为一项重大政治责任，盯着抓、反复抓，直到抓出成效。强调各地区各部门的一把手，对抓改革、抓落实负有直接责任，必须要亲自抓谋划、抓部署、抓督察、抓落实。只有解决好推动落实的责任担当问题，才能真正把改革落准落细落实，使改革更加精准地对接发展所需、基层所盼、民心所向，更好造福群众[①]。

四、创造改变推动变革

领导变革是一门艺术。领导者推动变革需要勇于创新，不断推动变革朝着正确方向前进。2001 年 9 月，出任美国通用公司董事长兼首席执行官的杰夫·伊梅尔特曾说：作为一个 CEO，其工作就是去推动变革。企业面临着前所未有的不确定性，管理者只有领导变革，才能成功带领企业去战胜新的挑战。英国哲学家 Affred North Whitehead 也认为："前进的艺术是在变革中保持秩序和有秩序地保持变革。"时代在变迁，我们唯一能做的就是改变自己，21 世纪不再是大鱼吃小鱼的时代，而是快鱼吃慢鱼，谁转变得快谁就成功得快的年代。我们只有因势利导，以变制变，才能立于不败之地。

在变革中都会遇到以下几类人：第一类是建议变革的人。通常都是领导者或一心为着组织前途着想的人，他们能力相对比较强，是改革的先锋者、宣传队、播种机，是动员和鼓动改革的中坚力量。第二类是顺从变革的人。通常是听话的人，对变革不反对也不热情，只是当老好人听从老大安排。但是，一旦自己的利益受到损害，他们可能马上就会站到改革的对立面。第三类是抵制变革的人。由于思想认识和利益冲突，总会有一部分人或明或暗地对变革进行抵制和对抗。要晓之以理、动之以情，并通过初步的变革成效，引导他们转化思想，支持变革。领导者在进行变革中，就必须因人施策，重用建议变革的人、鼓励顺从变革的人、改变抵制变革的人，不断把变革引向深入。

领导者推动变革，要有较强的变革领导力。领导力是实现企业组织变革的关键成功要素。詹姆斯·库泽斯和巴里·波斯纳在《领导力》一书中对领导力给出的定义是：领导力就是带领其他人走到他们从未走过的地方的

① 新华视点．深改组 1000 天习近平的改革方法论［EB/OL］．新华网，2016-09-27.

能力。宝洁公司对领导力的定义为5E，即：高瞻远瞩（Envision）；调动他人积极性（Engage）；激励斗志（Energize）；授人以渔（Enable）；卓越执行（Execute）。领导力是实现组织变革的关键成功要素，要实现组织变革，领导力的强弱决定了组织变革是否成功。领导者的领导力强弱，决定着是否能够意识到组织变革的需求，收费清晰地明确组织变革的方向，科学整合组织变革所需要的资源，保证领导者变革的战略意图的执行和落实。因此，组织变革成功的关键同领导力的强弱息息相关。领导者想改变组织首先需要改变自己，只有具备变革领导力，才能变革组织。

领导者推动变革，要从改变心态开始。领导者在变革过程中，该如何带领员工顺利度过变革期呢？对此，美国知名领导力变革专家Noel M. Tichy提出的“心理舒适区—恐慌区—发展区”理论，为我们提供些许启示。他认为，对于每个人来说，成长的过程就是一个不断适应变化，潜能开发的过程。在整个过程中，人们会不断在三种状态下交替：心理舒适区（comfort zone）、心理发展区（stretch zone）和心理恐慌区（stress zone）。

所谓“心理舒适区”，是指我们已经习惯的一种心理模式和固有状态，这是在我们能力范围之内的区域。当处于舒适区，我们往往会感觉放松，对事物的掌控感较强，压力感也很小。对于变革者来说，要顺利带领员工走出“心理舒适区”，主动迎接新的变化和挑战，就需要在准备变革前建立共同的愿景，不仅可以增强员工对团队的归属感和安全感，也会对团队的未来、自己的行为结果有一个清晰的界定。而这一切，正是员工在未来变革中，当压力增大，情绪低落时，重新找回内在安全感的最重要心灵依附点。

所谓“心理恐慌区”，是指当周围的事物和环境发生变化，超出自身的能力范围，人的安全感和控制力就会受到威胁，员工就会内心感到严重的不适，并产生诸如恐惧、焦虑和烦躁不安等一系列消极情绪。员工对当前变革感到压力倍增、忧心忡忡时，往往会出于自我保护的本能而消极回避。变革者就要在变革开始前后，跟员工做良好的沟通，赢得广大员工内心的支持。

所谓“心理发展区”，是指当人们发现变化已经发生，自己无法改变，只能主动或被动适应的时候，就会通过调动自身潜能，探索和学习适应变化的方式和技能，理解变化的意义，并将其融入自身工作。这时，领导者在变革中需要引导员工快速转变思想，系统地规划变革期任务，尽快取得短期成绩[①]。

约翰·科特在《变革之心》一书中，引用了他非常喜欢的一个案例：一位 24 岁的暑期实习生受命调查她所在公司下属的所有工厂如何购买工作所需的手套。结果她发现采购的手套竟多达 424 种，价格却相差悬殊，有的是 5 美元，有的是 17 美元。即使同样一副手套，这家工厂购买价格为 3.22 美元，另一家却可能付出 10.55 美元。当这 424 种手套被标上价格出现在公司高层经理会议上时，引发了一直无望发生的革命：重新设计采购流程，减少财务浪费……科特试图表达的观点是：直观的例证比抽象的理论与思想更有可能引发变革，而变革的引领者也并不一定需要具有 CEO 那样的权力，她可能仅仅是一名实习生。所以，领导者在推动变革时，要注意利用人们的心理变化规律，从改变人的心态开始变革。

这样的时代对领导者来说，意味着要积极地创新历史、引领未来。国际领导学协会副主席特德·巴特曼斯指出，“过去二十年间，领导研究的焦点正在发生改变。其中一个焦点就是转移到渐变式领导：人们不再关注典型差异，而是更多地关注相似点。关注人们可以从其他人的经验中学习到什么。因此，领导力、转型和改革不再是相互独立的概念，而是彼此相连”。为此，领导者在领导变革中，要充分发挥领导者在变革中的主导作用。领导者不仅要充分认知变革的重要性，具备变革的意愿和决心，更应该加强变革领导，大力提升领导者的变革技能，制订出变革的目标和计划，建立并描绘未来的愿景，传递员工变革的紧迫感，沟通并达成共识，做出表率引导和鼓励员工为变革而奋斗。

领导者推动变革，要尽量降低变革的阻力。变革的过程中会有许多的阻

① 刘艳 . 从“心”开始带领团队度过变革期［EB/OL］. 财富中文网，2012-10-31.

力，总体来说分为两类：一类是人的因素；一类是环境因素。首先，当人习惯于某一样东西或者规则时，任何改变都让他们觉得复杂而疲惫，他们对于不熟悉的东西有一种本能的恐惧感，这种恐惧与生俱来，无论是变革的支持者还是反对者，都会感到巨大的压力。其次，周围的环境对其也有影响，不同群体的不同利益诉求，当周围的人不希望做出改变，变革的支持者有可能受他人的影响而终止变革。面对急剧变化的时代，领导需要积极主动而富有创造性地应对，这就促成了变革领导的应运而生。

怎样克服变革阻力？国际知名的组织变革专家布莱克（J. Stewar Black）和格里格森（Hal B. Gregerson）在《领导战略变革：突破脑障》一书中提出：变革阻力具体表现为三个脑障（brain barrier）：视而不见、知而不行和行而不达。视而不见的脑障，使人们看不见变革的需求，原本正确的事情变得不正确了，因而不去变革。知而不行的脑障，是人们在认识到变革的需求之后，有可能因为变革目标不明确，或者对于实现变革目标缺乏信心和动力，从而不愿意行动，不愿意放弃错误的事情去做正确的事情。行而不达的脑障，是人们决定以实际行动投入变革之后，但是因为不熟练，人们做正确事情的行为一时得不到预期的效果，因而在中途放弃变革的努力。因此，有效地进行变革，需要有效地克服这些变革的脑障。克服视而不见的脑障，需要改变人们的心智地图，通过不可逃避的体验，让人们刻骨铭心地感到原本正确的事情变得不正确了。克服知而不行的脑障，就要在明确目标的基础上，让人们相信他们有足够的资源和能力把新的正确事情做好，并且能够得到应有的回报。克服行而不达脑障，就是提供全方位的资源和心理的支持，以及全方位的沟通[①]。

领导者推动变革，要善于把握时机。什么时候才是领导变革的最佳时机呢？正确的回答是，任何时候都是变革的最佳时机。因为唯一不变的是变化。

---

① ［美］J. 斯图尔特 · 布莱克布莱克，格里格森 . 领导战略变革：突破脑障［M］. 彭政策译 . 北京：机械工业出版社，2004.

因此，不论是时乖运蹇还是春风得意，变革必然列入工作议程的首位。即使是已经多年保持高成就的组织，也更需要变革，因为成功会隐藏问题，而问题如果没有及时解决，则会在将来制造更大的困难。同时，领导者推动变革，必须掌握好火候。哈佛大学肯尼迪政治学院领导学教授罗纳德・海菲茨和马蒂・林斯基认为，压力太大容器会爆炸。领导者进行变革时，要施加足够的压力，但要注意将压力保持到下属能够接受的水平，并时刻监控组织成员对压力的承受能力，适时做出调整，调和不同的观点，争取中立者的支持，降低敌对的程度，掌握一些生存技巧，为自己建立一个避风港，才能够取得变革的成功[①]。

领导者推动变革，要充分发挥群体力量。汤姆・彼得斯认为，变革就是 21 世纪的主题。尽管变革是大势所趋，但一旦变革战车启动，就发现各自的决心和预期都相去甚远。在长远利益与短期利益的冲撞下，变革越来越成为变革者“一个人的战斗”。最为艰难的环节或许是，必须与强大的惯性战斗。Mercer Delta 咨询公司的董事长纳德勒认为，变革者是不会受欢迎的，因为他会被陈旧的企业文化、官僚经理人作风和不愿改变现状的员工态度所排斥。所以，领导者在推动变革时，要充分发挥群体力量，避免“一个人的战斗”。

彼得・圣吉认为，要让变革成为组织学习与系统创新的集体舞蹈。在《变革之舞》一书中，他将领导艺术定义为是“一个社团塑造未来的能力，特别是持续不断地进行必要的重要变革的能力”。将领导分为基层领导、关系网络领导和高层领导三类，虽然一种类型的领导足以促成一些有意义的变革，但从长远来看，变革中各种因素的多样化需要三种领导的并存。圣吉还将变革面临的挑战按照时间顺序分为发动变革的挑战、持续变革的挑战和重新规划与思考的挑战三个阶段，并围绕这几种挑战展开了系统的分析。圣吉

---

① 罗纳德・海菲茨（RonaldA. Heifetz），马蒂・林斯基（MartyLinsky）. 领导者变革生存指南［N］. 中国经营报，2003-06-30.

等人研究的一个突出特点是将变革看作一个螺旋推进的持续学习和创新过程，而不是一次性的变革事件，变革中的领导的任务就是塑造未来的联合行动。他们认为，最成功的变革领导者是那种既要充分地融入组织主流文化，又要超脱出来生活在革新型亚文化中的“双重文化人”。既然变革是一场集体的舞蹈，那么变革先行者和其他主体之间的关系就成为变革中重要而又微妙的影响因素①。

领导者推动变革，要注意循序渐进。领导者循在在组织变革实施过程中，要按照设立的变革目标，引导群体层层推进，反馈完善设计方案，防止欲速则不达。苏东坡有诗云“法相因则事易成，事有渐则民不惊。”意思是说，法律制度如果有一定的继承性，事情容易做成功；做事有一定的渐进性，百姓就不会感到吃惊。所以，领导者要与下属和群众充分沟通，消除变革障碍。变革没有终点。所有改革都已落地，仍需要不断地去完善。正如杰克·韦尔奇所说，变革不是一个事件，而是一个不断寻求成功的过程。领导者要善作善成，久久为功，对变革的重心、方向和节奏等进行系统性把握、平衡性驾驭，从而实现资源的有效协同，并及时有效地将变革成果进行制度化，尽可能巩固战果，在整个组织全面推广。

五、鼓励下属创新变革

乔布斯说过：领袖和跟风者的区别就在于创新。创新无极限！只要敢想，没有什么不可能，立即跳出思维的框框吧。如果你正处于一个上升的朝阳行业，那么尝试去寻找更有效的解决方案：更招消费者喜爱和更简洁的商业模式。如果你处于一个日渐萎缩的行业，那么赶紧在自我变得跟不上时代之前抽身而出，去换个工作或者转换行业。不好拖延，立刻开始创新！

领导者鼓励下属创新，需要积极提供支持。一方面要为员工改变提供组织支持。优秀变革领导者非常善于利用外部力量，让改变中的员工感受到无

---

① 贺海峰 . 领导者如何引领变革［N］. 学习时报，2015-07-29.

处不在的支持。AT&T公司的信息技术负责人迈克·米勒尝试将领导者变成了导师，通过领导者的带动，推动员工间的坦诚探讨变革，鼓励员工提出问题，促成员工采用上述新行为。另一方面，训练员工学会改变。在领导变革时，必须要培训员工，让他们有能力参与变革。

宝洁是全球最大的消费品企业之一，其经营活动覆盖全球近80个国家，员工总数超过9.8万人。当雷富礼（A. G. Lafley）接任宝洁公司CEO时，公司陷入困境。主要祸根是公司犯了忽略核心产品的错误，如象牙香皂、帮宝适纸尿布、佳洁士牙膏和汰渍洗衣粉。雷富礼变革之初做的一个决定，就是承认宝洁的规模实在过于庞大，开始放缓新产品开发速度、稳定企业文化、削减成本使公司重新盈利等关键措施。雷富礼说："我们接受了变革。我们没有试图抵抗变革，而选择了领导变革。我们开始选择——明确地选择宝洁要做什么，不做什么。认清现实后，我们做了一系列选择，尤其是需要改变行为才能获得更好结果的选择。"

为了培养经理们独立做出困难抉择的能力，雷富礼使用了聆听与辅导的领导技巧。他说："我保留了宝洁文化的核心，拉动大家和我往同一方向前进。我请他们一起参与变革，而不是命令他们。"在辅导和带动员工前进的同时，他努力保持最大的耐心。雷富礼说："我担心的是我对宝洁变革的要求超出了公司的理解、能力与承诺，因为这会带来问题。我扮演的是变革的催化剂、鼓励者和变革管理辅导者的角色。"雷富礼仅用了两年多一点的时间，就使宝洁重新回到盈利的轨道上。《华尔街日报》为了表示对其成功改变宝洁的认可，把"综合执行领袖"奖颁给了雷富礼①。

领导者鼓励下属创新，需要进行机制创新。被称为"机制设计之父"、获得过诺贝尔奖的哈维茨提出过好机制的观点。一个好的机制，第一有参与约束，就是每一个人都应该自动的，愿意以这个机制驱动自己。第二有激励相容，每个人都想实现自己的利益最大化，这没有问题，问题在于怎样把个

---

① 杨锦辉．领导变革：技巧重于风格［J］．化工管理，2009（4）．

人实现利益最大化的目标和企业实现利益最大化的目标有机结合在一起。中国改革开放以来，最成功的机制就是联产承包责任制。联产承包责任制很简单，承包人留给国家的是定数，剩下的都归自己。它有参与约束，也有激励相容，大家就很愿意参与进去，这就是联产承包责任制的魅力所在。

领导者鼓励下属变革，一要创新激励机制。主要包括：利益激励机制。建立与政绩和贡献相挂钩的工资分配制度；制度激励机制。建立科学合理的人事干部制度，形成能者上、平者让、庸者下的良好机制；名誉激励机制。给予创新者一定的名誉，在一定程度上更能激励创新的行为。二要创新保护机制。对下级来说，最重要的保护则是允许探索、允许失败和允许犯错误。积极探索政策保护机制，用时代发展的新要求评价领导干部，允许他们在创新中犯错误和改正错误；积极探索利益保护机制，对于干部在改革创新中出现失误者，经调查其动机是好的，但效果欠佳，撤下领导岗位的应保留相应的物质待遇；积极探索创新发展机制，建立和完善干部培训考察制度、学习考核制度、调查研究制度，始终掌握最新的知识和发展动态，保持旺盛的创造力和开拓进取精神[①]。

海尔的用人机制旨在鼓励员工创新变革，其内容包括两个方面：一是人人是人才；二是“赛马不相马”。人人是人才，是创造了一个公正、公平、公开的用人环境，让每个人都有自己的发展空间。一位年轻员工发明的一项技术革新成果，企业以这位工人的名字命名，并由文化中心把这件事作为一个故事在所有员工中推开。很快工人中就兴起了技术革新之风。“赛马不相马”，是变“伯乐相马”为“赛场赛马”，以此吸引人才和留住人才。海尔的用人机制把职工的前途命运不是放在领导人的手里，而是让员工自己掌握自己的命运，通过挑战机遇和超越自我去赢得事业的成功，从而激活了员工的激情和由此爆发的创造力。张瑞敏认为：“在中国的环境中，关键是要给每个人创造一个发挥个人能力的舞台，这样，就永远能在市场上比对手快一步。”

领导者鼓励下属创新，需要制定创新政策。习近平指出：“抓创新就是抓

① 王爱英．论转型社会领导者的创新［J］．湖北教育领导科学论坛，2010（4）．

发展，谋创新就是谋未来。不创新就要落后，创新慢了也要落后。要激发调动全社会的创新激情，持续发力，加快形成以创新为主要引领和支撑的经济体系和发展模式。要积极营造有利于创新的政策环境和制度环境，对看准的、确需支持的，政府可以采取一些合理的、差别化的激励政策。”

2015 年 3 月 23 日，中共中央国务院出台了《关于深化体制机制改革加快实施创新驱动发展战略的若干意见》。提出了一系列鼓励创新驱动的政策。其中，规定完善成果转化激励政策，强化尊重知识、尊重创新，充分体现智力劳动价值的分配导向，让科技人员在创新活动中得到合理回报，通过成果应用体现创新价值，通过成果转化创造财富。加快下放科技成果使用、处置和收益权，提高科研人员成果转化收益比例，加大科研人员股权激励力度，鼓励各类企业通过股权、期权、分红等激励方式，调动科研人员创新积极性。要结合个人所得税制改革，研究进一步激励科研人员创新的政策。这些政策规定，必将对我国加快改革步伐，实施创新驱动战略起到积极的推动作用。

全国百强县排名第一的江苏省江阴市，从 20 世纪 50 年代开始，经济总量呈几何级数增长，2015 年财政收入 218.9 亿元，11 家企业入选“中国企业500 强”，城镇和农村居民人均可支配收入分别达到 50770 元、26120 元，提前多年达到小康标准。这一切都源于江阴县委县政府制定了一系列鼓励干部群众大胆创新变革的政策措施。他们敢于冲破一切有碍于发展的思想观念，摒弃一切落后于时代的经验做法，变革一切影响发展的体制弊端，敢于说前人没有说过的新话，做前人没有做过的创造性工作，不断解放和发展生产力。

突出表现在江阴县委县政府提出的“创新思路、创新科技、创新体制”发展战略。创新思路，是说只要符合实际、人民拥护的就允许试、允许改、允许闯，旗帜鲜明地鼓励探索、善待挫折、激励成功、宽容失败。创新科技，是突出创新驱动，运用高新技术改造传统产业，推动产业升级，运用电子信息技术提高工艺设计和经营管理水平，壮大特种钢铁、金属材料、集成芯片、机械制造、智能制造、生物技术等优势产业。创新体制，是推进投资主体多元化，推动资源配置市场化，推进保障体系社会化，政府管理间接化。扎实推进重点领域和关键环节改革，集聚创新资源，提升开放水平，努力把改革红利和开放优势转化为发展新动能。

领导者鼓励下属创新，需要营造创新文化环境。在组织文化变革方面，海尔集团堪称典范。在海尔的成长中始终贯彻着的就是变革的理论，海尔一直处于持续变革的状态，包括思想变革、技术变革、业务流程变革。张瑞敏认为，企业的竞争，说到底是文化的竞争，唯有高扬万众服膺的企业文化大旗，才能在竞争中立于不败之地。当美国一家报社记者采访张瑞敏时，问他在企业中应该是什么角色？张瑞敏回答说：第一是设计师，在企业的发展过程中是组织结构适应于企业的发展；第二是牧师，不断地布道，使员工接受企业文化，把员工自身价值的体现和企业目标的实现结合起来。从这里可以看出张瑞敏既看重组织结构变革，同时又高度重视文化建设和变革。

青岛红星电器公司曾是我国三大洗衣机生产企业之一，拥有 3500 多名员工，年产洗衣机达 70 万台，年销售收入 5 亿多元。但从 1995 年上半年开始，其经营每况愈下，出现多年未有的大滑坡现象，而且资产负债率高达 143.65%，资不抵债 1.6 亿元。1995 年 7 月 4 日，青岛市政府决定将红星电器股份有限公司整体划归海尔集团。海尔总裁张瑞敏善借文化之力管理企业。他常用老子在《道德经》中的一句话来感叹无形文化的神奇：“天下万物生于有，有生于无。”在此思想启示下，他们发明了“吃休克鱼”的办法，用海尔文化激活那些硬件好但管理观念差的企业。这是采用文化兼并成为海尔经营的一个经典佳作。1995 年 7 月海尔兼并了原青岛红星电器厂，海尔并没有输入一分资金，而是采用了“文化先行”战略，以此来统一企业思想、重铸企业灵魂，以无形资产去盘活有形资产，使红星电器厂在三个月内扭转了亏损局面，并从第四个月开始盈利。约翰·科特认为，将变革作为一种新的行为规范与企业文化固定下来，是企业常青的必由之路。海尔人利用海尔文化激活“休克鱼”，从而快速扩大企业规模，增强企业竞争力，成了海尔竞争的一大法宝。这正是海尔文化所具有的非凡的变革动力，形成了巨大规范力、行动力和竞争力。

参考文献

1. 刘峰 . 领导大趋势［M］. 中国言实出版社，2003.7.

2. 刘峰 . 新领导观［M］. 北京大学出版社，2005.9.

3. 许晓平 . 领导・组织・战略［M］. 红旗出版社，2003.8.

4. 孙立樵 . 现代领导学教程［M］. 中共中央党校出版社，2006.7.

5. 孙立樵 . 基层领导干部领导力教程［M］. 中共中央党校出版社，2007.2.

6. 杨平 . 领导角色与艺术［M］. 中国财富出版社，2014.7.

7. 万君宝，秦施洁 . 仆从领导［M］. 上海财经出版社，2016.5.

8. 曹宇红，张镝 . 成为教练式的领导者［M］. 电子工业出版社，2015.5.

9. 温亚其 . 教练型领导［M］. 商务出版社，2006.6.

10. 刘澜 . 领导力沉思录［M］. 中信出版社，2009.11.

11. 宿景祥 . 耶鲁领袖训练大讲义［M］. 广东旅游出版社，2006.1.

12. 郑杭生 . 社会学概论新修［M］. 中国人民大学出版社，2014.4.

13. 俞文钊 . 领导心理学［M］. 东北财经大学出版社，2012.8.

14. 朱先春 . 企业驱动三大方法［M］. 中华工商联合出版社，2015.1.

15. 周新民 . 领导者核心能力［M］. 人民出版社，2009.5.

16. 戴一鸣 . 修为：成就卓越领导者［M］. 中国纺织出版社，2006.9.

17.［美］理查德・尼克松 . 领导者［M］. 世界知识出版社，1997.1.

18.［美］彼得・圣吉 . 第五项修炼——学习型组织的艺术与实践［M］. 中信出版社，2009.10.

19.［英］安德鲁・D. 布朗 . 六维领导人［M］. 上海译文出版社，2002.3.

20.［美］约翰·科特.变革的力量［M］.华夏出版社，1997.1.

21.［美］约翰·科特.权力与影响力［M］.中国国际广播出版社，1992.1.

22.［美］史蒂芬·柯维.领导力训练［M］.中国城市出版社，1997.12.

23.［美］特里·R.培根.影响力技能与实操［M］.南方出版社，2013.10.

24.［加］亨利·明茨伯格.明茨伯格论管理［M］.机械工业出版社，2007.8.

25.［美］詹姆斯·麦格雷戈·伯恩斯.领袖论［M］.中国社会科学出版社，1996.7.

26.［美］詹姆斯·麦格雷戈·伯恩斯.领导论［M］.中国人民大学出版社，2006.12.

27.［美］詹姆斯·麦格雷戈·伯恩斯.总统领导力［M］.中国人民大学出版社，2012.11.

28.［美］华伦·本尼斯.领导艺术全书［M］.海潮出版社，2002.3.

29.［美］索亚·泽奇.成功领导者的8种风格［M］.机械工业出版社，2002.9.

30.［美］艾德加·H·斯克因.领导与组织文化［M］.中国人民大学出版社，2011.5.

31.［美］加里·尤克尔.组织领导学（第七版）［M］.中国人民大学出版社，2015.4.

32.［美］埃德加·沙因.企业文化与领导力［M］.中国人民大学出版社，2011.4.

33.［美］伯格达.九型人格与领导力［M］.中信出版社，2012.8.

34.［美］芭芭拉·凯勒曼.追随力［M］.中国人民大学出版社，2011.3.

35.［美］多弗·塞德曼.未来领导者［M］.广东人民出版社，2012.11.

36.［美］吉姆·柯林斯.从优秀到卓越［M］.中信出版社，2009.11.

37.［美］J·斯图尔特·布莱克布莱克等［M］.领导战略变革：突破脑障，机械工业出版社，2004.1.

38.（美）马歇尔·戈德史密斯等.全球领导者［M］.下一代，中国人民大学出版社，2004.4.

39.（美）查尔斯·汉迪，彼得·圣吉，罗莎贝什·坎特.领导：70位领导学家谈如何成为世界级领导者［M］.中国发展出版社，2002.4.

后　记

2016年初春，国家行政学院胡月星教授邀请我参加编写“中国领导力提升系列丛书”，我自告奋勇地认领了《领导角色》一书。这不仅是因为我这些年来热心研究这一领域，更主要是我对诸多师友有着深深的情感寄托。春华秋实，今天此书终于付梓，也差可告慰自己和呵护我的师友。

记得2000年之夏，我参加了国家行政学院在山西顿村举办的全国领导科学师资研讨班，亲耳聆听了刘峰教授等全国领导科学大家的真经传授，使我如醍醐灌顶，进入了领导科学研究的崭新境界。特别是国家行政学院吴江和许晓平两位教授双讲的“领导角色的认知与转换”，不仅使我耳目一新，也找到了领导科学研究的主攻方向。从此我对领导角色的研究和教学情有独钟，乐此不疲。

领导角色是领导者的身份证，也是做好领导工作的护身符。每个人从走上领导岗位的那天起，都有着扮演好领导角色的强烈愿望。但是，扮演好领导角色不仅需要加强领导实践锻炼，更需要弄清楚领导角色的基本理论。只有达到理论上的清醒，才能不会在实践中迷茫。所以，领导者要想做好领导工作，必须首先认清自己所扮演的领导角色定位，遵循领导角色的规范，满足社会公众对领导角色的期待，按照时代发展的要求，勇于进行领导角色的创新，才能担当起领导角色的使命，成为无愧于时代和人民的优秀领导者。

领导角色是世界领导科学界研究的热点，也是领导科学研究的难点。迄今还没有大家公认的权威领导角色定义和理想架构。这一方面说明领导角色的复杂性，另一方面说明时代和国情的特殊性。我国领导角色研究处于起步阶段，可借鉴的研究资料不多，领导角色的研究还任重道远。这既给我们研究增加了难度，也为我们研究提供了广阔的空间。我们有责任不断推进领导角色的研究向前发展。

由于个人能力和时间关系，本书只是初步构建了领导角色基本框架，还缺乏深度的理论研究，必然存在诸多问题，敬请读者提出宝贵意见，以便笔者今后进一步修改完善。本书参考了大量的相关资料，均尽力注明了出处，在此向这些专家学者表示诚挚的谢意。硕士研究生宫小琪、王雨虹、张晓妍、毕孝茹帮助我收集了相关资料，对她们表示十分感谢。丛书主编胡月星教授为本书出版付出的辛勤劳动，在此表示衷心的感谢！

孙立樵
2016年重阳节于大连